Rudolf Möckel

Christus in mir

Durch den Glauben persönlich reifen

Ein Gang durch das elfte Kapitel des Hebräerbriefs

AF538189

Rudolf Möckel

CHRISTUS IN MIR

Durch den Glauben persönlich reifen

Ein Gang durch das elfte Kapitel des Hebräerbriefs

Rudolf Möckel
Christus in mir
Durch den Glauben persönlich reifen
Ein Gang durch das elfte Kapitel des Hebräerbriefs

Best.-Nr. 271978
ISBN 978-3-86353-978-8
Christliche Verlagsgesellschaft Dillenburg

Es wurde folgende Bibelübersetzung verwendet:
Lutherbibel, revidierter Text 2017
© 2016 Deutsche Bibelgesellschaft, Stuttgart (LUT)

Außerdem wurden verwendet:
Elberfelder Bibel 2006, © 2006 by SCM R.Brockhaus in der
SCM Verlagsgruppe GmbH Witten/Holzgerlingen (ELB)
NeÜ bibel.heute, © 2010 Karl-Heinz Vanheiden
und Christliche Verlagsgesellschaft (NeÜ)
Neue Genfer Übersetzung, © Genfer Bibelgesellschaft
Romanuel-sur-Lausanne, Schweiz, Erste Auflage 2011 (NGÜ)
Schlachter-Übersetzung, © 2000, CLV, Bielefeld (SLT)

1. Auflage
© 2024 Christliche Verlagsgesellschaft Dillenburg
www.cv-dillenburg.de

Satz und Umschlaggestaltung: Christliche Verlagsgesellschaft Dillenburg

CPI Books GmbH, Leck
Printed in Germany

Wenn Sie Rechtschreib- oder Zeichensetzungsfehler entdeckt haben,
können Sie uns gern kontaktieren: info@cv-dillenburg.de

Inhalt

Wir alle aber spiegeln
mit aufgedecktem Angesicht
die Herrlichkeit des Herrn wider,
und wir werden verwandelt in sein Bild
von einer Herrlichkeit zur andern
von dem Herrn, der der Geist ist.

2. Korinther 3,18

VORWORT

Worum es in diesem Buch geht

Ratgeber zur Entwicklung der Persönlichkeit gibt es viele: auf dem Büchermarkt, im Internet und im persönlichen Coaching. Diese Angebote verfolgen unterschiedliche Ansätze. Eines allerdings verbindet sie in der Regel: Im Wesentlichen setzen sie auf menschliche Kraft, psychologische Erkenntnisse und emotionale Intelligenz.[1]

Auch für Christen stellt die Entwicklung ihrer Persönlichkeit oft ein ungelöstes Problem dar. Viele sehnen sich nach einer bleibenden Veränderung ihres Wesens. Sie möchten mit ihrer menschlichen Persönlichkeit der Persönlichkeit Gottes entsprechen, stoßen aber nur allzu bald an ihre Grenzen. Sie wären gern liebevoller, standfester, mutiger und selbstloser. Doch sie müssen trotz besten Bemühens feststellen: Die Kraft reicht nicht. Alte Fehlhaltungen und eingefahrene Verhaltensmuster verweigern sich bleibender Veränderung. Dieser Erkenntnis folgen oft genug Entmutigung und Resignation.

Doch es gibt Hoffnung. Eine tiefgehende Veränderung und ein nachhaltiges Wachstum der Persönlichkeit sind keine Illusion. Sie werden möglich, wenn Menschen in der Hingabe ihres Lebens an Jesus, Gottes Sohn, leben.

Wie das praktisch aussehen und ohne Selbst-Überforderung gelebt werden kann, darum geht es in diesem Buch. Dabei spielt das elfte Kapitel des Hebräerbriefes aus dem Neuen Testament eine wichtige Rolle: Hier werden prominente, biblische Personen vorgestellt, die in der Hingabe ihres Lebens an

---

1 Vgl. z. B. Daniel Golemann: *EQ. Emotionale Intelligenz.* München: dtv 1997.

den lebendigen Gott starke, herausragende Persönlichkeiten wurden.

Hannover, im April 2023
Der Autor

KAPITEL 1

Ein geheimnisvoller Slogan

Sie wurde am 20. April 1983 in New York gegründet und am 2. September 1995 in der 9. Straße, unter der Hausnummer 1100 E, in Cleveland (USA) eröffnet: Die „Rock & Roll Hall of Fame". Seitdem ist diese Ruhmeshalle der Sehnsuchtsort für die wichtigsten und einflussreichsten Musiker, Produzenten und Persönlichkeiten im Umfeld des Rock 'n' Roll. Die ersten, deren Namen Eingang in die „Hall of Fame" fanden, waren Chuck Berry, Elvis Presley, Buddy Holly, James Brown und Ray Charles. Im Laufe der Jahre kamen rund 400 weitere Künstler hinzu, darunter Muddy Waters, die Beatles, Simon and Garfunkel, Jimi Hendrix, Joni Mitchel, Cat Stevens, Elton John, Carlos Santana, Eric Clapton, Michael Jackson, Miles Davis, Leonard Cohen, Madonna, Tom Waits, Bon Jovi, Tina Turner, Duran Duran, und natürlich: Bob Dylan.

Herbert Grönemeyer hat's bisher übrigens noch nicht in die „Hall of Fame" geschafft. Und selbst dem Altrocker Udo Lindenberg wurde der Zugang zu diesem Sehnsuchtsort bislang verwehrt. Aber was nicht ist, kann ja noch werden.

Auch in der Bibel gibt es eine „Hall of Fame". Die Namen derer, die dort auftauchen, haben jedoch nichts mit Rock 'n' Roll zu tun. Sie erscheinen in dieser „Ruhmeshalle" aus einem anderen Grund: Das, was sie in besonderer Weise auszeichnet, ist die Tatsache, dass sie allesamt Persönlichkeiten des Glaubens waren. Das heißt, der Glaube an den Gott der Bibel prägte ihr Leben und ihre Persönlichkeit nachhaltig und ließ sie zu einem herausragenden Vorbild werden. Sie waren Menschen, deren Charaktere durch die Hingabe an Gott, den Vater Jesu Christi, geformt und gestaltet wurden. Darum sind sie in der „Ruhmeshalle des Glaubens" versammelt.

Die „Hall of Fame" der Bibel findet sich im elften Kapitel des Hebräerbriefes. Alle dort beschriebenen Persönlichkeiten waren Persönlichkeiten des Glaubens. Fragt sich nur: Warum taucht diese „Hall of Fame" der Bibel im Hebräerbrief auf? Warum platzierte der Verfasser dieses neutestamentlichen Buches sie ausgerechnet in diesem Kapitel? Die Antwort erschließt sich, sobald man einen Blick auf den gesamten Hebräerbrief wirft, sich also in die „Vogelperspektive" begibt.

Ab in die Vogelperspektive

Worum geht es im Hebräerbrief, und welche Rolle spielt sein elftes Kapitel?

Manche seufzen innerlich, wenn sie das Stichwort „Hebräerbrief" hören. Unter Christen gilt er allgemein als schwer verständlich. Man befasst sich nur zögernd mit ihm. Das ist zunächst einmal verständlich. Denn der Hebräerbrief wendet sich an Menschen, die tief im alttestamentarischen Glauben, also im Glauben des Alten Bundes, verwurzelt waren. Deren Lebenswelt ist heute jedoch vielen Menschen fremd, auch wenn sie das Alte Testament vielleicht ein bisschen kennen. Und so fällt der Zugang zu diesem in der Tat genialen Brief zunächst schwer.

Der Verfasser des Hebräerbriefs wird nicht namentlich genannt. Aber es ist klar, dass ihn jemand geschrieben haben muss, der mit dem jüdischen Glauben sehr vertraut war und das Alte Testament wie seine Westentasche kannte. Und da liegt die Vermutung am nächsten, dass es sich um den Apostel Paulus handelt. Beweisen lässt sich das allerdings nicht. Doch unabhängig vom

Verfasser gilt: Der Hebräerbrief stellt eine wunderbare Ergänzung zu den anderen neutestamentlichen Briefen dar. Denn die wenden sich eher an Christen aus heidnischem Hintergrund. Der Hebräerbrief aber hat ausschließlich Menschen jüdischen Glaubens im Blick. Er hat ihnen ausgesprochen viel zu sagen. Und dabei geht es immer um Jesus.

So erklärt der Schreiber seinen Adressaten hingebungsvoll, warum Jesus viel größer ist, als Engel es je sein können (Hebr 1–2). Er zeigt, dass die Einhaltung von religiösen Gesetzen und Vorschriften niemals den Weg in den Himmel öffnen kann (Hebr 6), dass Jesus der einzige vollkommene Hohe Priester ist (Hebr 7–8) und dass sein Opfer auf Golgatha das vollkommene Sühneopfer ist – viel, viel besser, als es alle Tier- und Speiseopfer nach den Gesetzen des Alten Testaments je sein konnten (Hebr 9–10). Und dann, in dem entscheidenden Kapitel 11, das uns in diesem Buch beschäftigen wird, präsentiert uns der Hebräerbrief die „Hall of Fame des Glaubens". Er stellt eine lange Reihe biblischer Persönlichkeiten vor, in deren Leben eben nicht die Befolgung religiöser Gesetze und Normen, sondern allein der Glaube entscheidend war. Das heißt: Nachdem der Hebräerbrief die Bibel in ihrer Tiefe geöffnet, erklärt und verständlich gemacht hat, stellt er konkrete Personen vor, die wirklich gelebt haben und deren Leben die Kraft des Glaubens eindrucksvoll sichtbar werden lassen. Er stellt klar: „Was ich euch in den Kapiteln 1 bis 10 vorgestellt habe, ist mitnichten tote Theorie! Nein, real existierende Menschen haben das ge- und erlebt, Menschen, von denen die Bibel konkret berichtet."

Warum aber taucht der Hebräerbrief derart tief in die Welt des Alten Testaments ein? Nun, er tut das, weil er weiß, dass er Menschen vor sich hat, die in ihrem Denken, Fühlen und Wollen zutiefst davon geprägt sind, dass ein geistliches Leben im genauen Befolgen zahlloser religiöser Gesetze und Vorschriften besteht. Sie sind so stark daran gebunden, dass sie sich nur schwer davon lösen können.

Heutzutage kann man sich kaum noch vorstellen, wie enorm stark diese Bindung war. Wer zu den (irdischen) Lebzeiten von Jesus und Paulus als frommer Jude lebte, folgte in der Regel den Lehren der Pharisäer. Diese wiederum folgten der Mischna, einer Auslegung der Thora (der fünf Bücher Mose, also des Gesetzes). Was bedeutete das? Das bedeutete, dass jedes noch so kleine Detail ihres Lebens durch eine Unzahl großer, kleiner und kleinster Vorschriften geregelt war, an die man sich halten musste. Hier sind ein paar Beispiele[2], die allesamt die Einhaltung des Sabbats regeln:

- Es war verboten, am Sabbat mehr als 1000 Meter zurückzulegen. Ausnahme: Wer am Tag vor dem Sabbat 1000 Meter von seinem Haus entfernt Nahrungsmittel platzierte, durfte von dort aus noch einmal 1000 Meter gehen. Das wurde mit dem Satz begründet: „Wo dein Essen steht, ist dein Zuhause." Eine weitere Ausnahmeregelung besagte: Wer am Ende einer langen, schmalen Straße lebte, konnte am Sabbat ein Stück Holz oder ein Seil mitnehmen und dieses am Anfang der Straße hinlegen bzw. anbinden. Das galt dann als Torbogen des eigenen Hauses, und man konnte von dort aus noch einmal 1000 Meter weitergehen.
- Es war verboten, am Sabbat irgendetwas zu tragen, das mehr als eine getrocknete Feige wog (also 25 Gramm). Brieftasche oder Portemonnaie schieden damit aus. Sie konnten nicht mitgeführt werden. Wer nach einem Nahrungsmittel griff und dabei vom Beginn des Sabbats überrascht wurde, musste die Speise fallen lassen – andernfalls hätte er eine Last transportiert und damit gesündigt.
- Es war verboten, am Sabbat bestimmte Speisen zu sich zu nehmen. Und die Liste dieser Speisen war lang.

---

2 Vgl.: https://www.gty.org/library/sermons-library/42-69/jesus-the-divine-truthteller abgerufen 24.06.2024.

- Es war verboten, am Sabbat zu kochen. Nur übrig gebliebene oder am Vortag zubereitete Speisen durften gegessen werden.
- Ein Schneider durfte nicht seine Nadel mit sich führen, sobald der Sabbat anbrach, ein Schreiber nicht seinen Stift und ein Schüler nicht seine Bücher.
- Am Sabbat durfte auch kein Feuer angezündet oder gelöscht werden. Darum war man gezwungen, es permanent in Gang zu halten.
- Es war verboten, ein Bad zu nehmen, weil die Gefahr bestand, dass das Wasser über den Boden fließen und ihn dabei waschen könnte.
- Es durfte kein Sessel bewegt werden. Schließlich bestand die Gefahr, dass das auf dem Fußboden einen Kratzer verursachen würde. Das würde dem Pflügen auf dem Feld sehr nahekommen und war demzufolge nicht erlaubt.
- Eine Frau, die im Spiegel ein weißes Haar bei sich entdeckte, durfte es nicht ausreißen.
- Wer einen Gegenstand in die Luft warf, musste ihn mit demselben Arm wieder auffangen, mit dem er ihn geworfen hatte. Wenn er den anderen Arm dafür benutzte, zählte das als unzulässige Arbeit.

Und dies sind nur wenige Beispiele aus 24 Kapiteln Sabbat-Vorschriften in der Mischna.

Auch heute noch zeigen sich diese Vorschriften. In den USA gibt es zum Beispiel sogenannte Sabbat-Aufzüge. Am Sabbat halten sie einfach regelmäßig in jedem Stockwerk an, sodass keine Knöpfe gedrückt werden müssen, was Arbeit und somit nicht erlaubt wäre. Sabbat-Zeituhren sorgen dafür, dass die Wohnung am Sabbat Licht hat. Denn das Anschalten des Lichts per Hand wäre – analog zum Anzünden eines Feuers – nicht erlaubt.

Der Hebräerbrief taucht nun tief in diese Welt des Alten Testaments ein. Doch er zeigt, dass ein Leben, das Gott gefällt, niemals durch die eiserne Einhaltung von religiösen Gesetzen und Vorschriften erreicht werden kann. Stattdessen legt er einen anderen Weg für die geistliche Charakterbildung dar. Warum? Weil es bitter nötig war.

Der Schreiber hatte allen voran die Pharisäer vor Augen, als er den Weg zu einem wirklich geistlichen Leben beschreiben wollte. Die galten nämlich als die Frommen im Land und genossen beim Volk Respekt und Anerkennung. Für viele Menschen in Israel war klar: „Das sind unsere Vorbilder! An denen müssen wir uns ein Beispiel nehmen!"

Doch wer waren die Pharisäer wirklich? Waren sie tatsächlich die Vorbilder und Beispielgeber? Die Pharisäer waren diejenigen, die eines in Reinkultur präsentierten: Sie zeigten, wie weit man im geistlichen Leben kommen kann, wenn man Gottes Gebote und Maßstäbe erfüllt – aus eigener, menschlicher Kraft. Darin vollbrachten sie in der Tat Höchstleistungen, die nicht zu toppen waren: Sie wollten aus eigener Kraft zu geistlichen Persönlichkeiten heranreifen. Sie wollten aus eigener Kraft gut dastehen vor Gott. Sie wollten aus eigener Kraft etwas darstellen vor Gott. Darum setzten sie auf sich selbst und ihre menschliche Kraft. Darin waren sie Vorbilder. Aber auch nur darin! Denn sie verfehlten das Wichtigste: das erste Gebot, das die unbegrenzte Liebe und Hingabe an den Gott des Lebens befiehlt.

Das hatte nun ernste Folgen: Die Pharisäer (und mit ihnen die Schriftgelehrten, die Gesetzeskundigen und die Priester) wurden nämlich schon zu einem sehr frühen Zeitpunkt[3] zu Gegnern Jesu. Denn dieser zeigte ihnen, dass ihre Herzen in Wahrheit weit weg von Gott waren, und das konnten sie nicht ertragen.

---

3 Bereits zu Beginn der irdischen Wirksamkeit Jesu planten die Pharisäer, *„wie sie ihn umbringen könnten"* (Mk 3,6; ELB).

Deshalb fingen sie an, seinen Tod zu planen[4]. Eigentlich waren die Pharisäer damals privilegiert, denn sie waren stets nahe an Jesus dran. Jesus lebte physisch (körperlich) mitten unter ihnen. Sie sahen mit eigenen Augen die messianischen Wunder, die er in großer Zahl tat. Sie erlebten das Maximum an Offenbarung. Aber sie weigerten sich, das Nächstliegende zu tun: Sie weigerten sich, Jesus als den Messias anzuerkennen und sich ihm vorbehaltlos unterzuordnen. Sie nannten ihn wider besseres Wissen einen *„samaritanischen Teufel"*[5]. Noch einmal: Sie erlebten das Maximum an Offenbarung. Und dennoch bezeichneten sie Jesus als dämonisch besessen.

Später folgte ihnen die überwiegende Mehrheit des Volkes Israel darin, als es den Hinrichtungstod des Messias forderte (Mt 27,22-23). Pharisäer, Schriftgelehrte, Gesetzeskundige, Priester und am Ende auch die große Masse des Volkes Israel begingen damit das, was man die „Sünde gegen den Heiligen Geist" (Mt 12,31-32) nennt, also die Sünde, die nicht vergeben werden kann. Die gesamte damals lebende Nation Israel war von dieser Sünde betroffen.[6] Sie bekamen das Maximum an Offenbarung.

---

4 *„Da wurden sie von sinnloser Wut gepackt und berieten miteinander, was sie gegen ihn unternehmen könnten."* (Lk 6,11; NGÜ)

5 *„Du bist ein samaritanischer Teufel, ein Dämon hat dich in seiner Gewalt!"* (Joh 8,48; NeÜ)

6 *„Daraufhin sagten einige der Gesetzeslehrer und Pharisäer zu ihm: ‚Rabbi, wir wollen ein Zeichen von dir sehen!' ‚Diese verdorbene Generation, die von Gott nichts wissen will, verlangt nach einem Zeichen!', antwortete Jesus. ‚Doch es wird ihr keins gegeben werden, nur das des Propheten Jona. Denn wie Jona drei Tage und drei Nächte im Bauch des großen Fisches war, so wird der Menschensohn drei Tage und drei Nächte im Schoß der Erde sein. Im Gericht werden die Männer von Ninive auftreten und diese Generation schuldig sprechen. Denn sie haben ihre Einstellung auf Jonas Predigt hin geändert – und hier steht einer, der mehr bedeutet als Jona. Die Königin des Südens wird beim Gericht gegen die Männer dieser Generation auftreten und sie verurteilen. Denn sie kam vom Ende der Erde, um die Weisheit Salomos zu hören – und hier steht einer, der mehr bedeutet als Salomo."* (Mt 12,38-42; NeÜ)

Jesus lebte mitten unter ihnen. Doch sie unterstellten ihm, er sei mit dem Teufel im Bund.

Heute kann die Sünde gegen den Heiligen Geist nicht mehr begangen werden. Von keinem Menschen! Denn die Zeit, in der Jesus physisch (körperlich) auf der Erde lebte, ist vorbei. Christen haben heute Gottes Offenbarung in der Bibel. Aber sie können Jesus nicht physisch (körperlich) sehen.[7] Dieses Privileg, dieses Maximum an Offenbarung, hatte nur die Generation des Volkes Israel zu den irdischen Lebzeiten Jesu. Darum konnte auch nur sie die Sünde gegen den Heiligen Geist begehen.

Doch zurück zu den Pharisäern! Sie wollten aus eigener Kraft gut sein vor Gott und setzten deshalb auf sich selbst. Von diesem Lebensstil, von dieser „Denke", waren damals in Israel viele Menschen tief geprägt. Und diejenigen von ihnen, die irgendwann Christen wurden, hatten Mühe, diese Prägung dauerhaft und endgültig abzulegen. Deshalb waren sie an dieser Stelle weiterhin angreifbar. Darum verwendet der Hebräerbrief so viel Mühe darauf, zu zeigen, dass der scheinbar so beeindruckende Weg der Pharisäer direkt in die Irre und Verlorenheit führt.

Doch welche Alternative für die geistliche Charakterbildung bietet der Hebräerbrief nun seinen Lesern an? Wenn der Weg der Pharisäer nicht zum Ziel führt, welcher tut es dann? Oder anders gefragt: Wie kann geistliches Leben so gelebt werden, dass es dem Willen und dem Wesen Gottes entspricht? Wie kann das Leben in der Hingabe an Gott gestaltet werden, dass Jesus damit geehrt wird? Oder noch mal anders gefragt: Was ist das Geheimnis geistlicher Charakterbildung?

Die Antworten auf diese Fragen finden sich im elften Kapitel des Hebräerbriefes: Der Verfasser geht mit viel Sorgfalt und Mühe

7 *„Ihn liebt ihr ja, obwohl ihr ihn noch nie gesehen habt, an ihn glaubt ihr, obgleich ihr ihn auch jetzt nicht seht, und jubelt in unsagbarer, von Herrlichkeit erfüllter Freude."* (1Petr 1,8)

vor, um das Geheimnis geistlicher Charakterbildung nicht nur im Allgemeinen zu erklären, sondern es anhand einiger herausragender Persönlichkeiten der Bibel seinen Lesern auch persönlich nahezubringen. Damit ist er nahe an der Lebenswirklichkeit heutiger Christen, denn viele haben ihre liebe Not mit der geistlichen Charakterbildung. Sie halten morgens ihre „Stille Zeit" und beten. Sie gehen zu Gottesdienst und Bibelstunde in ihrer Gemeinde. Sie nehmen am Abendmahl teil und geben sich wirklich Mühe, ein geistliches Leben zu führen und eine geistliche Persönlichkeit zu werden. Sie disziplinieren sich. Sie reißen sich zusammen. Sie gehen an die Grenzen ihrer Kraft. Sie kämpfen. Aber wenn sie zwischendurch Bilanz ziehen und auf ihr Leben blicken, stellt sich umgehend Frustration ein. Sie bemerken, dass sie immer noch bestimmte Lieblingssünden haben, von denen sie nicht lassen wollen. Sie bemerken weiter, dass bestimmte ungute, alte Verhaltensmuster immer noch höchst aktiv sind und sich störrisch gegen jede Veränderung sperren. Sie bemerken kein geistliches Wachstum in ihrem Leben. Stattdessen sehen sie Versagen zuhauf! Sie sind deprimiert und missmutig. Sie schämen sich. Sie stehen kurz vor dem Aufgeben. *Es hat doch alles keinen Sinn mehr!,* sagen sie zu sich selbst. *Die ganze Quälerei über all die Jahre, alles umsonst! Was ist nur los mit mir? Und warum lässt Gott mich so im Stich?*

Dann gibt es andere, bei denen ist es ganz anders. Sie haben ein positives Naturell. Ihnen gelingt es, grobe Sünden in ihrem Leben weitgehend zu vermeiden. Auch sie machen morgens regelmäßig ihre „Stille Zeit". Sie begehen keinen Ehebruch, bleiben in der Regel bei der Wahrheit und tragen die Verantwortung für ihre Familie. Sie sind meist freundlich zu ihren Mitmenschen, spenden großzügig für ihre Gemeinde und engagieren sich dort auch nach Kräften. Sie sehen auf ihr Leben und sind ganz zufrieden mit dem, was sie da sehen. *Läuft doch!,* sagen sie zu sich selbst. Und sie blicken ein bisschen mitleidig und auch ein klein wenig selbstgefällig auf diejenigen in ihrer Gemeinde, die sich in ihrem geistlichen Leben zwar abmühen, aber nur wenig zuwege bringen und frustriert darüber sind. Sie entwickeln eine leise und meist verborgen gehaltene Überheblichkeit: *Na,* denken sie, *der und der und die da auch, die könnten sich schon mal eine Scheibe abschneiden von meinem geistlichen Leben. Die bemühen sich halt nicht genug! Oder sie geben zu früh auf. Die können doch an mir sehen, wie man es machen muss!*

Was sie meistens jedoch nicht sehen: Tatsächlich sind sie kein bisschen besser dran als die anderen, die „Versager". Ihr positives Naturell hilft ihnen zwar dabei, grobe Sünden wenigstens einigermaßen zu vermeiden. Doch auch bei ihnen geht es nicht voran im geistlichen Leben. Allerdings nehmen sie das kaum wahr. Ihr „vorzeigbares Leben" verstellt ihnen den Blick dafür.

Warum ist das so? Weil sie sich nur mit anderen Menschen *in der Gemeinde* vergleichen, aber nicht mit Persönlichkeiten *in der Bibel.* Und mit *Jesus* schon gar nicht. Dadurch schneiden sie in ihren eigenen Augen ganz gut ab. Aber das kommt nur dadurch zustande, weil sie ihre Maßstäbe für sich passend zurechtgeschnitten haben. Beunruhigend!

Deshalb noch einmal die Frage: Welche Alternative bietet der Hebräerbrief seinen Lesern an? Wie kann man tatsächlich zu einer geistlichen Persönlichkeit werden? Was ist das Geheimnis geistlicher Charakterbildung?

Ein einprägsamer Slogan

Einprägsame Slogans finden sich vor allem in der Werbebranche. Sie dienen dazu, eine denkbar einfache Botschaft so zu formulieren, dass sie sich im Denken und Fühlen der Konsumenten unvergesslich verfestigt und ihr Kaufverhalten beeinflusst. Hier sind ein paar Beispiele:

- „Das gibt´s doch gar nicht! – Doch, bei Roller!“ (Möbelhaus)[8]
- „Puddis Pudding schmeckt wie Muttis Pudding.“ (Süßspeise)[9]
- „Überall. Fruchtigkühl und fruchtigprall.“ (O-Saft)[10]
- „Mehr Kräuter auf engstem Raum findet man nur in Amsterdam.“ (Getränk)[11]
- „Habenmuss Papa.“ (Biermarke)[12]
- „Mann, sind die dick, Mann!“ (Schokoprodukt)[13]
- „Weck den Killer in Dir!“ (Energydrink)[14]
- „Es geht ein Prickeln durch Berlin.“ (Sekt)[15]

Auch das elfte Kapitel des Hebräerbriefs enthält einen einprägsamen Slogan. Doch in diesem Fall geht es nicht um triviale Dinge wie Bier, Möbel, Süßspeisen oder Sekt. Es geht um sehr viel mehr. Der Slogan besteht aus drei kleinen Worten, die in diesem Kapitel erstaunliche 23-mal vorkommen.[16] Und diese drei Worte – beziehungsweise die Wirklichkeit, die sie beschreiben – sind der Schlüssel zu dem Geheimnis geistlicher Charakterbildung. Sie lauten: *„durch den Glauben“* (Elberfelder Übersetzung).

---

8 https://www.moms-blog.de/nervige-werbesprueche-tv-radio/ abgerufen 24.06.2024.

9 https://ordersmart.de/slogans/ abgerufen 24.06.2024.

10 https://neuroflash.com/de/blog/slogans-claims-von-getrankemarken/ abgerufen 24.06.2024.

11 https://ordersmart.de/slogans/ abgerufen 24.06.2024.

12 https://ordersmart.de/slogans/ abgerufen 24.06.2024.

13 https://ordersmart.de/slogans/ abgerufen 24.06.2024.

14 https://neuroflash.com/de/blog/slogans-claims-von-getrankemarken/ abgerufen 24.06.2024.

15 https://neuroflash.com/de/blog/slogans-claims-von-getrankemarken/ abgerufen 24.06.2024.

16 Hebr 11,3.4(3x).5.7(3x).8.9.11.17.20.21.22.23.24.27.28.29.30.33.39.

Diese drei Worte sind im elften Kapitel des Hebräerbriefes von besonderer Bedeutung. Direkt in Vers 3 geht es los, wenn über die Gläubigen gesagt wird: *„Durch den Glauben erkennen wir, dass die Welt durch Gottes Wort geschaffen ist"* (LUT). Und dann werden die einzelnen Vorbilder eingeleitet:

- *„Durch den Glauben hat Abel Gott ein besseres Opfer dargebracht als Kain"* (Vers 4);
- *„Durch den Glauben wurde Henoch entrückt"* (Vers 5);
- *„Durch den Glauben hat Noah Gott geehrt und die Arche gebaut"* (Vers 7);
- *„Durch den Glauben wurde Abraham gehorsam"* (Vers 8);
- *„Durch den Glauben segnete Isaak den Jakob"* (Vers 20);
- *„Durch den Glauben segnete Jakob, als er starb, die beiden Söhne Josefs"* (Vers 21);
- *„Durch den Glauben redete Josef, als der starb, vom Auszug der Israeliten"* (Vers 22);
- *„Durch den Glauben wurde Mose, als er geboren war, drei Monate verborgen von seinen Eltern"* (Vers 23);
- *„Durch den Glauben kam die Hure Rahab nicht mit den Ungehorsamen um"* (Vers 31; alle LUT)
- usw. usf.

Immer und immer wieder tauchen diese drei geheimnisvollen Worte auf. Sie müssen also überaus wichtig sein. Tatsächlich liegt darin das Geheimnis einer gelingenden geistlichen Charakterbildung: *durch den Glauben.* Wer zu einer geistlichen Persönlichkeit werden will, kann das nur *durch den Glauben* tun. Wer etwas anderes versucht, wird zwangsläufig scheitern. Der Hebräerbrief hämmert seinen Lesern diese biblische Wahrheit förmlich ein.

Dabei ist eines besonders wichtig: Der Begriff *„Glauben"* darf keine unscharfe Worthülse, keine gestanzte und leere Formulierung oder ein durch häufigen Gebrauch abgeblasstes

Wort bleiben! Deshalb definiert der Hebräerbrief auch gleich im ersten Vers sehr präzise, was es mit dem Glauben auf sich hat und wie er „funktioniert“: *„Es ist aber der Glaube eine feste Zuversicht dessen, was man hofft, und ein Nichtzweifeln an dem, was man nicht sieht“* (Hebr 11,1; LUT).

Der Glaube ist also *„eine feste Zuversicht“*. Eine Zuversicht worauf? *„Eine Zuversicht dessen, was man hofft.“ Glaube* und *Hoffnung* hängen also direkt miteinander zusammen. Sie sind sozusagen „ein Kuchen“. Der Glaube hat etwas, auf das er sich ausrichtet: Hoffnung. Er geht mit fester Zuversicht davon aus, dass diese Hoffnung zur Erfüllung kommen wird bzw. bereits gekommen ist. Er weiß, dass aus seiner Hoffnung schöne, gerade, starke Wirklichkeit werden wird. Der biblische Glaube ist also einerseits nach vorne gerichtet und gründet zugleich auf der Wirklichkeit der Dinge, die über alle sinnliche Wahrnehmung des Menschen hinausgehen *(„ein Nichtzweifeln an dem, was man nicht sieht“).* Das unterscheidet den biblischen Glauben von allen anderen Religionen oder anderweitigen Weltanschauungen.

Die Ausrichtung des Glaubens wird in Vers 26 sehr anschaulich beschrieben. Dort heißt es nämlich von Mose: *„Er hielt die Schmach Christi für größeren Reichtum als die Schätze Ägyptens; denn er sah auf die Belohnung“* (LUT). Doch wo war die Belohnung? Hielt er sie bereits in seinen Händen? Nein, sie wartete erst in der Zukunft auf ihn. Aber Mose richtete sich mit seiner Blickrichtung, seinem gesamten Fokus schon jetzt auf diese Belohnung aus. Er hatte eine *„feste Zuversicht“*, dass seine Hoffnung auf die Belohnung von Gott zu ihrer Zeit schöne, gerade, starke Wirklichkeit werden würde.

Nun ist es mit der Hoffnung so eine Sache. Da gab es einmal einen zum Tod verurteilten Mann. Der erhielt einen Aufschub, indem er dem König versicherte, er werde dem Pferd seiner Majestät innerhalb eines Jahres das Fliegen beibringen. Er sagte: „Majestät, wenn es mir nicht gelingt, Ihrem Pferd innerhalb eines Jahres das Fliegen beizubringen, können Sie mich hinrichten lassen. Aber wenn es mir gelingt, kann ich als freier Mann davongehen." Der Mann erklärte später: „Innerhalb eines Jahres kann der König sterben, oder ich kann sterben, oder das Pferd kann sterben. Außerdem, in einem Jahr, wer weiß? Vielleicht lernt das Pferd ja wirklich fliegen."[17]

Wie soll man die Hoffnung dieses Mannes bewerten, auf die er sein ganzes Leben ausrichtete? Wie sicher konnte er sein, dass diese Hoffnung innerhalb eines Jahres tatsächlich Wirklichkeit werden würde? Wie wahrscheinlich war es, dass der König starb, das Pferd verendete oder es tatsächlich fliegen lernte?

Bei Licht besehen handelte sich um eine vage, unbestimmte Hoffnung. Es handelte sich um eine Hoffnung, die nicht verlässlich war. Sie konnte *vielleicht* eintreffen, aber auch enttäuschen. Genauso sind viele menschliche Hoffnungen: Sie können eintreffen oder auch nicht. Sie sind unbestimmt und vage.

Wie steht es demgegenüber um die Hoffnung, von der in Hebräer 11,1 die Rede ist? Wie sieht es mit der biblischen Hoffnung aus? Ist sie genauso vage und unbestimmt, oder ist sie anders: fest, klar und verlässlich?

Sie *muss* anders als normale Hoffnungen sein. Denn der Hebräerbrief betont, dass *„der Glaube eine feste Zuversicht dessen, was man hofft"* ist. Und eine feste Zuversicht kann man nur dann haben, wenn die Hoffnung mehr als nur eine vage Annahme darstellt. Was also ist das Besondere an der biblischen Hoffnung, dass man tatsächlich mit fester Zuversicht auf ihre Erfüllung hinleben kann?

---

17 Vgl. Bernard M. Baruch: http://www.sermonillustrations.com/a-z/h/hope.htm abgerufen 24.06.2024.

Die biblische Hoffnung gründet sich auf Dinge, die man nicht sieht. Der Hebräerbrief stellt das unumwunden fest: „*… ein Nichtzweifeln an dem, was man nicht sieht*". Doch die nicht sichtbaren Dinge sind so fest, stark und verlässlich, dass man sein Leben *mit fester Zuversicht* und *ohne Zweifel* nach ihrer (bereits geschehenen) Erfüllung ausrichten kann.

Welche Dinge sind das? Wiederum liefert der Hebräerbrief die Antwort: „*Durch den Glauben verließ [Mose] Ägypten und fürchtete nicht den Zorn des Königs; denn er hielt sich an den, den er nicht sah, als sähe er ihn*" (Vers 27; LUT). Mit „*den, den er nicht sah*" ist natürlich Gott selbst, Gott in Person gemeint. Auf diesen unsichtbaren Gott richtete Mose seinen Fokus aus und war fester Zuversicht, dass dieser viel größer war als der Zorn des Pharaos von Ägypten. Der unsichtbare Gott ist viel, viel verlässlicher als jede menschliche Hoffnung. Denn am Ende wird er sich als schöne, gerade und starke Wirklichkeit erweisen.

Damit ist jetzt klar: Der biblische Glaube ist ein Glaube, der sich in fester Zuversicht auf das Unsichtbare ausrichtet. Es ist ein Glaube, der in fester Zuversicht darauf hofft, dass es den unsichtbaren Gott in seiner unsichtbaren Welt wirklich gibt. Nur: Woher hat der Glaube diese *feste Zuversicht,* da er Gott doch nie gesehen hat?

Diese feste Zuversicht hat der Glaube von Gott selbst. Denn biblischer Glaube ist von Anfang bis Ende ein Geschenk Gottes. Man kann sich diesen Glauben nicht erarbeiten. Man kann ihn nicht durch ethisch gute Taten erwerben. Man kann ihn auch nicht erzwingen. Man kann ihn sich nur von Gott schenken lassen. Die Bibel lässt daran keinen Zweifel. So heißt es im Epheserbrief (Eph 2,8-9a; NeÜ): „*Denn aus Gnade seid ihr gerettet – durch Glauben. Dazu habt ihr selbst nichts getan, es ist Gottes Geschenk und nicht euer eigenes Werk.*" Der geschenkte Glaube öffnet den Blick für den unsichtbaren Gott und dessen unsichtbare Welt. Wenn ein Mensch sich für das Evangelium öffnet, wird ihm dieser Glaube von Gott geschenkt. Und dann weiß er auch, dass der unsichtbare Gott schöne, gerade und starke Wirklichkeit ist. Der norwegische Bischof Ole Hallesby hat diesen Vorgang mit folgenden Worten beschrieben:

> *Eines Tages, unerwartet und plötzlich, geschieht das Wunder an dir wie an Millionen vor dir. Meistens ist es ein kleines Wort der Bibel, das der Seele plötzlich „lebendig" wird. Wie durch ein kleines Fenster siehst du durch dieses Wort hinein in die unsichtbare Welt, und alles liegt klar vor deinem inneren Auge: Den Erlöser, das Kreuz, Gottes ewige Liebe siehst du nun in ganz neuem Licht. Alle deine Zweifel und Schwierigkeiten sind wie weggefegt. Du erkennst nun, was du in deinem Erlöser besitzt. Alle deine Sünden und dein böses Herz verschwinden im endlosen Meer der Gnade. Sie bedeuten nicht mehr als ein Funke, der in den Ozean fällt. Nun bist du überzeugt, dass deine Sünden vergeben sind, dass du von Gott geliebt wirst und sein Kind bist. – Das Ganze ist nun sonnenklar für dich. Du begreifst nicht, wie du die ganze lange Zeit hindurch nicht fassen konntest, was so einfach ist, dass Christus an deiner Stelle hingegangen ist und für alle deine Sünden gesühnt hat, damit du frei bist. Nun hast du eine Gewissheit erhalten, wie du sie dir früher nie erträumtest. […] Das Wunder besteht darin, dass Gottes Geist dir auf eine neue Weise die unsichtbare, ewige Welt öffnet, denn es ist das Werk des Geistes innerhalb der Erlösungsoffenbarung, die Verbindung zu schaffen zwischen der ewigen und der zeitlichen Welt, zwischen der unsichtbaren und sichtbaren Wirklichkeit. Er gibt dem aufrichtigen Sünder ein neues, geistliches Sehvermögen, welches die unsichtbare Welt zu erkennen vermag.*[18]

18 Ole Hallesby: *Wie ich Christ wurde.* Wuppertal: SCM Hänssler 1962; S. 45–46.

Dieser von Gott geschenkte Glaube hat nun in alle möglichen Richtungen Auswirkungen. Zum Beispiel begreift der Glaube, dass es gar nicht anders sein kann, als dass der unsichtbare Gott der Schöpfer dieser Welt ist. Doch woher hat er diese Gewissheit? Er hat sie aus der Bibel, die ihm glaubwürdig bezeugt, dass Gott im Zeitraum von sechs Tagen das Universum, den Planeten Erde, die Pflanzen, die Tiere und den Menschen geschaffen hat (1Mo 1–2). In Hebräer 11,3 wird das bekennend aufgegriffen: *„Durch den Glauben erkennen wir, dass die Welt durch Gottes Wort geschaffen ist, dass alles, was man sieht, aus nichts geworden ist."* Der Glaube liest in der Bibel über die Schöpfung. Er nimmt auch die vielen naturwissenschaftlichen Fakten zur Kenntnis, die darauf hindeuten, dass weder das Universum noch das Leben zufällig entstanden sind.[19] So nimmt er das Wort Gottes an und baut sein Leben darauf. Er freut sich daran, dass Gott die ganze Welt in seinen Händen hält und ihn sicher zum Ziel führen wird. So wird er mit einer Hoffnung erfüllt, die sich verlässlich erfüllen wird. Denn Gottes Wort kann nicht lügen!

Aber da ist noch mehr: Der Glaube begreift auch, dass Gott ein Gott ist, der handelt und der in das Leben seiner Kinder, in das Leben der Menschen allgemein und auch in das Leben der Nationen eingreift. Doch woher hat er diese Gewissheit? Er hat sie ebenfalls aus der Bibel, die ihm glaubwürdig bezeugt, dass es

---

19 Werner Gitt: *Logos oder Chaos. In 6 Tagen vom Chaos zum Menschen.* Holzgerlingen: SCM Hänssler 1998.
John F. Ashton (Hg.): *Die Akte Genesis. Warum es 50 Wissenschaftler vorziehen, an die Schöpfung in 6 Tagen zu glauben.* CH-Berneck: Schwengeler 2003.
Reinhard Junker (Hg.): *Genesis, Schöpfung und Evolution. Beiträge zur Auslegung und Bedeutung des ersten Buches der Bibel.* Holzgerlingen: SCM Hänssler 2015.
Reinhard Junker, Siegfried Scherer: *Evolution. Ein kritisches Lehrbuch.* Gießen: Weyel Lehrmittel 1998.

sich mit Gott in ebendieser Weise verhält: *„Ich will dich unterweisen und dir den Weg zeigen, den du gehen sollst. Ich will dich beraten und immer meinen Blick auf dich richten"* (Ps 32,8; NGÜ). Er nimmt auch die Ergebnisse der Historiker zur Kenntnis, die die Berichte der Bibel über Gottes Handeln in der Geschichte der Menschheit bestätigen.[20] Der Glaube liest in der Bibel vom Handeln Gottes im Leben der Menschen, nimmt es an und baut sein Leben darauf. Er freut sich daran, wie souverän der Gott der Bibel handelt. So wird er mit einer Hoffnung erfüllt, die sich verlässlich erfüllen wird. Denn Gottes Wort kann nicht lügen!

Und noch mehr: Der Glaube begreift auch, dass Jesus der Retter ist, der in seinem Sühnetod am Kreuz einen unübertreffbaren Gegenwert zur Sünde und zur Schuld des Menschen geschaffen hat. Er begreift, dass Jesus der einzige Weg in die persönliche Beziehung zu Gott hinein und in den Himmel ist. Doch woher hat er diese Gewissheit? Er hat sie wieder aus der Bibel, die ihm glaubwürdig bezeugt, dass Jesus der menschgewordene Sohn Gottes, sein Heiland, ist, der am Kreuz alle Dunkelheit auf sich genommen hat: *„Viele Male und auf verschiedenste Weise sprach Gott in der Vergangenheit durch die Propheten zu unseren Vorfahren. Jetzt aber, am Ende der Zeit, hat er durch seinen eigenen Sohn zu uns gesprochen"* (Hebr 1,1-2; NGÜ). Darüber hinaus staunt er darüber, wie zuverlässig die Evangelien über das Leben Jesu berichten und zeigen, dass

---

20 Roger Liebi: *Die Bibel – absolut glaubwürdig!* Bielefeld: Christliche Literaturverbreitung 2017.
Josh McDowell: *Die Fakten des Glaubens: Die Bibel im Test. Fundierte Antworten auf herausfordernde Fragen an Gottes Wort.* Holzgerlingen: Hänssler 2003.
Paul Rhodes Eddy & Gregory A. Boyd: *The Jesus Legend. A Case for the Historical Reliability of the Synoptic Jesus Tradition.* Grand Rapids: Baker 2007.
Stefan Gustavsson: *Kein Grund zur Skepsis! Acht Gründe für die Glaubwürdigkeit der Evangelien.* Cuxhaven: Neufeld Verlag 2018.

er wirklich der Messias und Gottes Sohn ist, der sein Leben als Sühneopfer gab.[21] Der Glaube liest in der Bibel über den Sühnetod Jesu am Kreuz, nimmt es an und baut sein Leben darauf. Er freut sich daran, dass Gott so wunderbar alle Verlorenheit besiegt hat. So wird er mit einer Hoffnung auf den Himmel erfüllt, die sich verlässlich erfüllen wird. Denn Gottes Wort kann nicht lügen!

Aber noch mehr: Der Glaube begreift auch, dass Jesus zu einem bereits festgelegten Zeitpunkt machtvoll auf die Erde zurückkehren wird. Er wird dann jedoch als Richter kommen, und nicht noch einmal als Retter. Die alte Erde wird aufhören zu existieren, und eine neue Welt ohne den zerstörerischen Einfluss der Sünde wird kommen. Doch woher hat der Glaube diese Gewissheit? Er hat sie aus der Bibel, die ihm glaubwürdig bezeugt, dass sich in Jesus die Geschichte der Menschheit vollendet: *„Und er sprach zu mir: Es ist geschehen. Ich bin das A und das O, der Anfang und das Ende. Ich will dem Durstigen geben von der Quelle des lebendigen Wassers umsonst“* (Offb 21,6; LUT). Er nimmt dabei mit Staunen zur Kenntnis, wie viele Zukunftsvorhersagen der Bibel sich bereits erfüllt haben.[22] Darum hat er keine Schwierig-

---

21 Stefan Gustavsson: *Kein Grund zur Skepsis! Acht Gründe für die Glaubwürdigkeit der Evangelien.* Cuxhaven: Neufeld Verlag 2018.
Craig Blomberg: *The Historical Reliability Of The Gospels.* Leicester: Inter Varsity 1987.
Carsten Peter Thiede: *Ein Fisch für den römischen Kaiser.* München: Luchterhand 1998.
Carsten Peter Thiede [versus] Gerd Lüdemann: *Die Auferstehung Jesu – Fiktion oder Wirklichkeit? Ein Streitgespräch.* Basel: Brunnen 2001.
Carsten Peter Thiede: *Wer bist du, Jesus? Schlaglichter auf den Mann, der in kein Schema passt.* Basel und Gießen: Brunnen 2000.

22 Roger Liebi: *Erfüllte Prophetie. Messianische Prophetie – ihre Erfüllung und historische Echtheit.* CH-Berneck: Schwengeler 1988.
Werner Gitt: *Wahrscheinlichkeit und biblische Prophetie. Vom Denken zum Glauben.* https://wernergitt.de/podcast/wahrscheinlichkeit-und-biblische-prophetie abgerufen 24.06.2024.

keiten, die Aussagen der Bibel über die Wiederkunft Jesu wörtlich anzunehmen. Der Glaube liest darüber in der Bibel, nimmt es an und baut sein Leben darauf. Er freut sich daran, dass Gott so viel größer als die Mächtigen dieser Welt ist. So wird er mit einer Hoffnung erfüllt, die sich verlässlich erfüllen wird. Denn Gottes Wort kann nicht lügen!

Zwischenergebnis: Der biblische Glaube ist von A bis Z ein Geschenk. Man kann ihn nicht machen, sondern nur geschenkt bekommen. Er richtet sich auf unsichtbare Dinge: den unsichtbaren Gott und sein unfehlbares Wort. Darum ist er angefüllt mit einer Hoffnung, die sich verlässlich erfüllen wird.

Doch jetzt kommt das Entscheidende: Dieser Glaube ist auch bei der geistlichen Persönlichkeitsentwicklung das Allerwichtigste.

Zwei Seiten einer Medaille

Diese wichtige Funktion des Glaubens erschließt sich, wenn man einen konzentrierten Blick auf das wirft, was Jesus Christus für uns Menschen getan hat. Es sind im Wesentlichen zwei Dinge, die er für uns getan hat und die zusammengehören wie die zwei Seiten einer Medaille. Sie sehen verschieden aus. Aber sie gehören zusammen.

Die Bibel beschreibt die beiden Seiten des Erlösungswerks Jesu mit zwei Redewendungen: Zum einen die Redewendung *„Ich in Christus“*, und zum anderen *„Christus in mir“*. Beide beschreiben die wesentlichen Aspekte des Erlösungswerks Christi. Beide gehören zusammen. Beide sind nur im Glauben zugänglich. Beide sind unsichtbar. Und beide sind an der geistlichen Persönlichkeitsentwicklung maßgeblich beteiligt.

Zunächst die Redewendung „Ich in Christus"

„In Christus" bedeutet: in der Rettung, in der Gnade, in der Vergebung, in der Erlösung aus Verlorenheit und Gottesferne, im ewigen Leben sein. Als Jesus sein vollkommenes, göttliches Leben am Kreuz auf dem Kalvarienberg bei Jerusalem als Sühneopfer gab, machte er Rettung und Gnade und Vergebung und Erlösung und ewiges Leben in Fülle zugänglich. Für wen? Für alle, die glauben. All diese fünf Dinge sind real vorhanden und können in Anspruch genommen werden.

- Im Römerbrief (6,23) heißt es darum: *„Denn der Sünde Sold ist der Tod; die Gabe Gottes aber ist das ewige Leben* ***in Christus Jesus,*** *unserm Herrn."*
- Der Galaterbrief spricht die Gotteskindschaft an: *„Denn ihr seid alle durch den Glauben Gottes Kinder* ***in Christus Jesus****"* (3,26).
- Der 1. Korintherbrief (1,4) thematisiert die Gnade, die *„in Christus"* zugänglich ist: *„Ich danke meinem Gott allezeit euretwegen für die Gnade Gottes, die euch gegeben ist* ***in Christus Jesus****".*
- Der Römerbrief (8,1) weist auf die Rettung hin, die uns *„in Christus"* zur Verfügung steht: *„So gibt es nun keine Verdammnis für die, die* ***in Christus Jesus*** *sind."*
- Und der 2. Korintherbrief (5,17) fasst das alles zusammen und stellt fest: *„Ist jemand* ***in Christus,*** *so ist er eine neue Kreatur; das Alte ist vergangen, siehe, Neues ist geworden"* (alle LUT).

Die Wirkung des Glaubens besteht also darin, dass er den Menschen *„in Christus"* versetzt. Wer zum Glauben an Jesus Christus (Christus = Messias) gekommen ist, ist *sofort* und *für immer* (!) *„in Christus".* Dort stehen ihm all die wunderbaren

Dinge zur Verfügung, die ihm den Himmel erschließen: Rettung, Gnade, Vergebung, Erlösung und ewiges Leben.

Das ist die eine Seite der Medaille: Durch den Glauben ist der Mensch *„in Christus"*. Und dieses *„In Christus"*-Sein hat zur Folge, dass er aus Sünde, Schuld und Verlorenheit herauskommt, ein Kind Gottes wird und den sicheren Zugang zum Himmel bekommt. Aber damit ist Gottes gnädiges Handeln noch nicht an seinem Ziel angekommen.

Die zweite Seite: „Christus in mir"

Was geschah am dritten Tag nach der Kreuzigung Jesu? Richtig: Er wurde von den Toten auferweckt, verließ auf eigenen Füßen sein Felsengrab und erschien den Jüngern (Mt 28,1-4; Lk 24,36-43). Wie denn? Mit einem neuen Auferstehungsleib, der es ihm zum Beispiel ermöglichte, einen Raum zu betreten, ohne die Tür zu öffnen (Joh 20,19-20). Was geschah danach? Jesus blieb vierzig Tage bei seinen Jüngern (Apg 1,3) und kehrte dann in die für uns noch unsichtbare Welt seines Vaters zurück (Lk 24,50-52; Apg 1,9-11). Und was geschah danach? Das, was Jesus selbst angekündigt hatte: *„Aber ich sage euch die Wahrheit"*, hatte Jesus kurz vor seinem Tod gesagt, *„es ist gut für euch, dass ich weggehe. Denn wenn ich nicht weggehe, kommt der Tröster nicht zu euch. Wenn ich aber gehe, werde ich ihn zu euch senden. […] Wenn aber der Tröster kommen wird, den ich euch senden werde vom Vater, der Geist der Wahrheit, der vom Vater ausgeht, der wird Zeugnis geben von mir"* (Joh 16,7; 15,26; LUT).

Diese Ankündigung erfüllte sich: Die ersten Christen in Jerusalem wurden mit dem Heiligen Geist ausgerüstet (Apg 2,1-13). Dieser stellt seither die Verbindung zwischen jedem einzelnen Christen und Jesus her. Das heißt: Jesus selbst wohnt seitdem durch den Heiligen Geist in jedem einzelnen

Glaubenden. Der Römerbrief (8,10) fasst diese Tatsache mit folgenden Worten zusammen: „*Wenn aber* ***Christus in euch*** *ist, so ist der Leib zwar tot um der Sünde willen, der Geist aber ist Leben um der Gerechtigkeit willen*" (LUT).

Hier stößt man auf die zweite Seite der Medaille: Menschen, die zum Glauben an Jesus gekommen sind, sind nicht nur *in Christus.* Nein, Christus ist auch *in ihnen.* Das „*Ich in Christus*" wird vervollständigt durch das „*Christus in mir*". Im Römerbrief werden diese beiden Seiten sogar in einem Satz gleichzeitig angesprochen. Dort heißt es (Röm 5,10): „*Denn wenn wir mit Gott versöhnt worden sind durch den Tod seines Sohnes, als wir noch Feinde waren, um wie viel mehr werden wir gerettet werden durch sein Leben, nachdem wir nun versöhnt sind*" (LUT).

Hier sind die beiden Seiten der Medaille: „*Wir sind mit Gott versöhnt worden durch den Tod seines Sohnes, als wir noch Feinde waren.*" Das ist die eine Seite: Menschen sind „in Christus" mit Gott versöhnt worden. Der Sühnetod Jesu hat das bewirkt. Er hat sie gerettet. Dieser Vorgang ist abgeschlossen. Er liegt in der Vergangenheit, erschließt ihnen aber die Zukunft, das Leben im Himmel. Aber dann geht der Satz noch weiter, und jetzt wird die andere Seite sichtbar. Nun wird die Gegenwart angesprochen. Wieder ist von Rettung die Rede: „*Um wie viel mehr werden wir gerettet werden durch sein Leben, nachdem wir nun versöhnt sind.*"

Was bedeutet das? Es bedeutet: Der auferstandene Jesus lebt durch den Heiligen Geist in jedem Glaubenden, also „*Christus in mir*". Genauer: Der auferstandene Jesus lebt durch den Heiligen Geist sein herrliches und unendlich kraftvolles Auferstehungsleben in jedem Glaubenden.[23] Der Apostel Paulus

---

23 Wer ist dieser Jesus, der sein Auferstehungsleben in den Glaubenden lebt? Er ist Gott in Person: „*Denn es hat Gott gefallen, alle Fülle in ihm wohnen zu lassen*" (Kol 1,19). „*Denn in ihm wohnt die ganze Fülle der Gottheit leibhaftig, und ihr seid erfüllt durch ihn, der das Haupt aller Mächte und Gewalten ist*" (Kol 2,9-10; beide LUT).

betont deshalb: *„Ich lebe, doch nun nicht ich, sondern **Christus lebt in mir**"* (Gal 2,20; LUT). Und im Kolosserbrief (3,4) fasst er das in diese Worte: *„Wenn aber Christus, euer Leben, offenbar wird, dann werdet ihr auch offenbar werden mit ihm in Herrlichkeit"* (LUT). *„Christus in mir"* ist das Leben. Denn er lebt sein unbesiegbares Auferstehungsleben in allen, die an ihn glauben und ihn als den Sohn Gottes und als ihren Retter bekennen. Das bewirkt Hoffnung: gute, starke, nicht totzukriegende Hoffnung: Denn was soll noch groß schiefgehen, wenn Jesus sein Auferstehungsleben in den Christen lebt? Der Kolosserbrief (1,27) spricht diese Hoffnung direkt an: *„Denn Gott wollte kundtun, was der herrliche Reichtum dieses Geheimnisses unter den Völkern ist, nämlich **Christus in euch, die Hoffnung der Herrlichkeit**"* (LUT). Christus in mir, die Hoffnung der Herrlichkeit.

Auch Jesus selbst waren diese beiden Seiten der Medaille sehr wichtig, denn er spricht es deutlich an:

- *„**Bleibt in mir und ich in euch.** Wie die Rebe keine Frucht bringen kann aus sich selbst, wenn sie nicht am Weinstock bleibt, so auch ihr nicht, wenn ihr nicht **an mir bleibt.**"* (Joh 15,4)
- *„Ich bin der Weinstock, ihr seid die Reben. **Wer in mir bleibt und ich in ihm,** der bringt viel Frucht; denn ohne mich könnt ihr nichts tun."* (Joh 15,5)
- *„Wenn ihr **in mir bleibt** und meine Worte **in euch bleiben,** werdet ihr bitten, was ihr wollt, und es wird euch widerfahren."* (Joh 15,7)
- *„Wer mein Fleisch isst und trinkt mein Blut, der bleibt in mir und ich in ihm. Wie mich gesandt hat der lebendige Vater und ich lebe um des Vaters willen, so wird auch, wer mich isst, leben um meinetwillen."* (Joh 6,56-57; alle LUT)

Zwei Seiten derselben Medaille: *„Ich in Christus"* und *„Christus in mir"*. Der Theologe und Evangelist Ian W. Thomas schreibt dazu:

> *„In Christus sein" bedeutet Erlösung – aber „Christus in dir" bedeutet Heiligung. „In Christus sein" bedeutet zubereitet sein für den Himmel – aber „Christus in dir" bedeutet zubereitet sein für die Erde. „In Christus sein" bedeutet eine neue Zukunft – aber „Christus in dir" bedeutet eine neue Gegenwart. „In Christus sein" macht den Himmel zu deiner Heimat – „Christus in dir" macht die Erde zur Werkstatt Gottes.*[24]

Und der Seelsorger und Prediger Bob George schreibt: „Jesus Christus gab sein Leben für uns hin, damit er uns sein Leben geben konnte, damit er sein Leben durch uns leben konnte! Das ist, kurz gesagt, das gesamte Evangelium."[25]

Sowohl der Christus, in dem die Christen sind, als auch der Christus in ihnen ist unsichtbar. Aber jeder Glaubende weiß ganz gewiss, dass dieser eine Christus höchst real ist, und richtet sich darum mit seinem gesamten Fokus auf ihn aus.

Doch woher hat er diese Gewissheit? Er hat sie aus der Bibel, die ihm glaubwürdig bezeugt, dass er durch den Glauben wirklich *in Christus* ist und dass Christus wirklich *in ihm* wohnt und dort sein Auferstehungsleben lebt. Der Glaube liest, was die Bibel über *„Ich in Christus"* und *„Christus in mir"* sagt. Er nimmt das an, er freut sich daran, dass er *„in Christus"* leben darf und dass Christus selbst in ihm lebt. Und so wird er mit einer Hoffnung erfüllt, die Wirklichkeit werden wird.

---

24 Ian W. Thomas: *Christus in euch. Dynamik des Lebens.* Holzgerlingen: SCM R.Brockhaus 2008; S. 17.

25 Bob George: *Das Leben ist zu kurz, um die Hauptsache zu verpassen.* Witten: SCM R.Brockhaus 2011; S. 222.

Das bedeutet also: Der Zugang zu einem Leben *„in Christus"* und das Leben mit dem *„Christus in mir"* laufen ausschließlich über den Glauben und das Wort Gottes. Der Zugang zu Jesus läuft nicht so, dass man in sich hineinhorcht und dann spekulativ eine Beziehung zu ihm am Wort Gottes vorbei aufbaut. Das würde einen nur in die Irre führen. Nein, das Leben *„in Christus"* und mit *„Christus in mir"* kommt allein durch das Wort Gottes und durch den Glauben zustande. Jesus hat extra auf diese Tatsache hingewiesen. Er selbst in Person hat sich nämlich umfassend mit dem Wort Gottes identifiziert: Er und das Wort Gottes (die Bibel) sind eins. Nur deshalb kann Jesus sagen: *„Wenn* ***ihr in mir*** *bleibt und meine Worte* ***in euch*** *bleiben, werdet* ***ihr*** *bitten, was* ***ihr*** *wollt, und es wird euch widerfahren"* (Joh 15,7; LUT). Darum ist der Zugang zu ihm nur über das geschriebene Wort Gottes möglich.

Das Geheimnis geistlicher Persönlichkeitsentwicklung

Das Geheimnis hinter der geistlichen Persönlichkeitsentwicklung liegt in der Blickrichtung, die Christen in ihrem ganz normalen Alltagsleben einnehmen: die Blickrichtung des Glaubens. Sie sieht so aus, dass Christen ihren Blick konsequent auf den unsichtbaren Gott ausrichten, den sie durch sein Wort kennengelernt haben. Genauer: Sie richten ihren Fokus konsequent auf Jesus aus, der sein unüberwindbares, herrliches Auferstehungsleben durch den Heiligen Geist in ihnen lebt. Denn Jesus will sich und sein Auferstehungsleben durch sie ausdrücken. Von ihm erwarten sie darum alles. An ihm freuen sie sich jeden Tag neu. Sein Wesen entdecken sie immer neu und immer tiefer in Gottes Wort, der Bibel.

Manche halten das für selbstverständlich, doch leider ist das nicht immer der Fall. Viele Christen sind, was ihr Leben in der Heiligung angeht, in einer unguten Introspektive gefangen. Das heißt, sie sehen in sich hinein. Ihre Blickrichtung ist auf sie selbst statt auf den lebendigen, auferstandenen Jesus gerichtet. Die Folge: Je länger sie in dieser Haltung leben, desto mehr verkrümmen sie in sich selbst.

Wie läuft das im Einzelnen ab? Man stelle sich einen beliebigen Christen vor. Jeden Tag hat er viele Begegnungen: Zu Hause, an der Arbeitsstelle, in der Gemeinde. Manchmal läuft alles gut. Aber es kommen auch Tage, da blickt er in sich hinein. Und was sieht er dort? Er sieht dort in Abgründe hinein. Er erlebt, wie er mit anderen umgeht; erlebt, wie abweisend er sein kann, wie hart, wie ungeduldig, wie wankelmütig oder entscheidungsschwach. Er erlebt, wie er immer wieder spitze, verletzende Kommentare über andere abgibt, hinter ihrem Rücken herabsetzend über sie spricht und es dabei mit der Wahrheit nicht gerade genau nimmt. Er erlebt, wie zynisch er sein kann, wie herablassend, jähzornig, ungerecht und selbstbezogen. Manchmal erlebt er auch seine eigene Feigheit und schämt sich bis auf die Knochen. Er sieht das alles, und es graut ihm vor sich selbst. *Was bin ich überhaupt für ein Mensch?*, fragt er sich. Dann versinkt er in seine Gedankenwelt. Da geht es noch viel schlimmer zu, denn in seinen Gedanken ist er manchmal ein brutaler Mörder und ein rachedurstiger Feind, der niemals verzeiht. Dadurch graut es ihm noch viel mehr vor sich selbst. Er begreift, dass bei ihm von geistlicher Persönlichkeitsentwicklung nicht viel zu sehen ist.

Dann denkt er an seine Lieblingssünden, die ihn schon sein Leben lang verfolgen. Seit 25 Jahren ist er jetzt schon Christ, aber an seinen Lieblingssünden hat sich nichts geändert. Die tummeln sich weiterhin munter in seinem Leben, und das hängt ihm zum Hals heraus. Er sieht auch die negativen Verhaltensmuster gegenüber seinem Ehepartner, denen er folgt. Und er spürt: *Ich komme nicht gegen meine eigenen zerstörerischen Verhaltensmuster an.*

Im Gegenteil: Sie beherrschen mich! Was bin ich überhaupt für ein Christ?, fragt er sich dann. *In der Gemeinde tue ich so, als wäre ich wunder wer und wunder was. Aber in Wirklichkeit ist alles äußerlich, alles Maske und Schein. Ich bin ein Heuchler!* So blickt er in sich hinein und schaudert vor seinen inneren Abgründen, blickt aber immer wieder und immer tiefer in sie hinein. Mit der Zeit wird er mutlos, hoffnungslos und dunkel, kann sich aber trotzdem nicht von seinen inneren Abgründen lösen, die ihn gegen seinen Willen faszinieren. Er ist verkrümmt in sich selbst.

So oder doch so ähnlich sieht die Lebenswirklichkeit im Leben mancher Christen aus. Sie wissen nicht weiter. Sie sehen keine Veränderung, obwohl sie diese herbeisehnen. Sie sind zutiefst entmutigt.

Was ist ihr Problem? Ihre Blickrichtung! Sie blicken nur auf sich selbst *(in sich selbst)*, jedoch nicht auf den zwar unsichtbaren, aber höchst realen Jesus, der sein herrliches Auferstehungsleben in ihnen und durch sie leben will *(in Christus)*. Eigentlich wäre es selbstverständlich, dass ihre Blickrichtung im Alltag auf ihn gerichtet ist. Denn Jesus, der Herr, ist schließlich viel, viel größer und machtvoller als sie selbst. Doch ihr Blick ist auf sie selbst gerichtet. Und dort finden sie leider immer wieder viel, viel Dunkles!

An dieser Stelle drängt sich eine Frage auf: Wie kann das denn nun praktisch aussehen mit der Blickrichtung auf Jesus? Wie wirkt sich das aus, wenn der Fokus konsequent auf Jesus gerichtet ist, der sein Auferstehungsleben *in einem* und *durch einen* leben will? Wie kann man das einüben und dadurch von eingefahrenen, ungeistlichen Verhaltensmustern wegkommen?

Man stelle sich noch einmal den beliebigen Christen vor. Jeden Tag hat er viele Begegnungen: Zu Hause, an der Arbeitsstelle, in der Gemeinde. Manchmal läuft alles gut. Aber es kommen auch Tage, da blickt er in sich hinein. Und was sieht er dort? Er sieht dort in Abgründe.

Jetzt kommt es darauf an: Was kann er jetzt tun? Wie kann er jetzt reagieren? Ein Vorschlag:

Er sieht dort in Abgründe. Er erschrickt. Doch dann denkt er an die große Wahrheit, dass Jesus, der Auferstandene, in ihm ist und in ihm und durch ihn sein herrliches Auferstehungsleben leben will. Diese Wahrheit hat er in der Bibel kennengelernt. In diesem Moment fühlt er sie vielleicht nicht, aber er weiß: *Diese Wahrheit ist auf jeden Fall wahr, auch wenn meine Gefühle im Moment dunkel sind.* So dreht er sich von den dunklen Abgründen weg, in die er eben noch geblickt hat, umarmt diese Wahrheit und hält sich an ihr fest mit aller Kraft. Dann fängt er an und spricht mit Jesus (laut oder im Stillen). Er sagt sinngemäß:

> „Jesus, Sohn Gottes, Überwinder und Herr, du bist auferstanden von den Toten und lebst heute. Ja, mehr noch: Du lebst auch in mir. Sogar in mir. Es ist kaum zu fassen, aber es ist wahr: Du lebst auch in mir! Und du willst dein wunderbares, starkes, siegreiches Auferstehungsleben auch durch mich leben. Darum komme ich jetzt zu dir. Jesus, ich habe eben in Abgründe geblickt – meine Abgründe. Aber ich will mich nicht in diesen Abgründen verlieren. Deshalb bringe ich dir jetzt meine Feigheit, meine Härte, meinen Zynismus, meine Wankelmütigkeit und noch manches andere. Ich lege jetzt all diese dunklen Dinge in deine Hände und sehe nur auf dich. Ich sehe jetzt auf dich, immer wieder auf dich allein. Denn du bist mein Herr und mein Licht und die Zukunft meines Lebens! Du bist es. Bitte verändere mein dunkles Ich durch dein helles, herrliches Auferstehungsleben! Ich lasse mein Ich jetzt los und lasse es bei dir. Auch meine düstere Stimmung lasse ich bei dir. Und ich sehe auf dich! Danke, dass du in mir lebst und dass sich daran nichts ändert! Du bist der Herr aller Herren und der König aller Könige. Ich bekenne es! Amen."

So betet er und wendet sich wieder seiner Arbeit zu, oder seinem Ehepartner oder Menschen in seiner Gemeinde. Vielleicht ertappt er sich bereits nach 15 Minuten dabei, dass er schon wieder in seinen Abgründen herumwühlt. Sofort wendet er sich erneut Jesus zu. Wieder denkt er an die große Wahrheit, dass Jesus, der Auferstandene, in ihm ist und sein herrliches Auferstehungsleben in ihm und durch ihn leben will. Diese Wahrheit hat er in der Bibel kennengelernt. Er fühlt sie zwar auch in diesem Moment nicht, doch er weiß: *Diese Wahrheit ist auf jeden Fall wahr.* So dreht er sich von den dunklen Abgründen weg, in die er eben noch geblickt hat, umarmt diese Wahrheit und hält sich an ihr fest mit aller Kraft. Dann fängt er wieder an und spricht mit Jesus (laut oder im Stillen). Genauso wie eben vor 15 Minuten. Dieses Mal geht er in die Anbetung Gottes hinein und richtet auf diese Weise seinen Blick auf den lebendigen Gott. Bekanntlich bedeutet „Anbetung“, Gott wahre Dinge über ihn selbst zu sagen. Und das tut unser beliebiger Christ jetzt. Er sagt (wiederum sinngemäß):

> „Du bist der Gott, der mich sieht, auch in diesem Augenblick. Du bist der Schöpfer, der alles in seinen Händen hält, auch meine heutige Lage. Du bist der, der alles mit seinem kraftvollen Wort erhält, auch mich. Du bist der Richter, der einmal jeden Menschen zur Verantwortung ziehen wird. Du bist der Heilige, in dem es kein Dunkel und kein Zwielicht gibt, sondern nur Licht, Licht, Licht! Du bist der, der mich liebt wie niemand sonst. Du, Jesus Christus, bist der, der sich nicht scheut, auch in meinem Leben zu wohnen. Du bist das Lamm Gottes, das sein Leben für mich gab. Du bist das Brot des Lebens, das mich sättigt. Du bist die Wahrheit und die Tür. Mit dir öffnet sich der Himmel für mich. Du bist der Auferstandene, der in mir lebt. Du bist der Lebendige, der Weinstock, der sein herrliches

Auferstehungsleben auch durch mich leben will. Dieser Tag, diese Stunde gehört dir. Längst und für immer."

Was passiert dann? Er erlebt, wie der dunkle Sog nachlässt. Die Abgründe ziehen ihn nicht mehr nach unten. Er wird frei. Wieder strömen Worte des Dankes, der Anbetung und des Lobpreises Gottes aus ihm heraus. So beginnt sein Alltag sich zu drehen. Wann immer er wieder in die alten, falschen Verhaltensmuster zurückfällt und fasziniert in das Dunkle starrt, umarmt er die Wahrheit, die die Bibel ihn gelehrt hat: dass Jesus, der Auferstandene, in ihm ist und sein herrliches Auferstehungsleben auch in Zukunft *in ihm* und *durch ihn* leben will. Er hört auf, in sich herumzuwühlen. Er hört auf, sich selbst zu verabscheuen. Er hört auf, sich selbst zu verachten. Er hört auf, sich selbst zu verurteilen. Er beschäftigt sich mit sich selbst nicht mehr in der alten, destruktiven Art und Weise. Sondern er richtet seinen Blick immer und immer wieder konsequent auf den zwar unsichtbaren, aber höchst realen Jesus, der sein unbesiegbares Auferstehungsleben in ihm und durch ihn leben will. Sein Fokus bleibt auf Jesus, den Auferstandenen, gerichtet. Und wenn irgendwann wieder dunkle Abgründe in ihm auftauchen und ihn quälen wollen, dann richtet er seinen Blick umso fester auf Jesus, seinen Herrn, sein Licht und seine Zukunft.

Was wird geschehen, wenn dieser Christ das jeden Tag und jede Situation aufs Neue so tut? Das Auferstehungsleben Jesu wird sich auch in seiner Persönlichkeit bemerkbar machen. Er wird erleben, dass er in seiner Persönlichkeit verändert wird.

An dieser Stelle ist eines besonders wichtig: Der beliebige Christ ist an diesem Prozess voll beteiligt. Er bleibt nicht passiv. Der 2. Petrusbrief macht das ganz klar. Dort heißt es (1,5): *„So wendet allen Fleiß daran und erweist in eurem Glauben Tugend"* (LUT). Unser beliebiger Christ kann das Tempo der Veränderung nicht bestimmen. Denn Jesus gibt das Tempo vor, nicht er selbst.

Jesus bestimmt auch, wann und wo was in seiner Persönlichkeit verändert wird. Tempo und Eigenart der Veränderung seiner Persönlichkeit liegen deshalb allein in Jesu Hand. Sie sind Frucht des Heiligen Geistes. Jesus selbst macht das deutlich, wenn er sagt: *„Ich bin der Weinstock, ihr seid die Reben. Wer* ***in mir bleibt und ich in ihm,*** *der bringt viel Frucht;* ***denn ohne mich könnt ihr nichts tun*** *"* (Joh 15,5; LUT).

Das bedeutet, dass jede geistliche Persönlichkeitsentwicklung eine Frucht des Heiligen Geistes ist. Im Galaterbrief (5,22-23) wird sogar detailliert beschrieben, welche Persönlichkeitsmerkmale der Heilige Geist bei jedem Christen anstrebt: *„Die Frucht aber des Geistes ist Liebe, Freude, Friede, Geduld, Freundlichkeit, Güte, Treue, Sanftmut, Keuschheit"* (LUT). Diese Persönlichkeitsmerkmale werden dadurch entstehen, dass Jesus sein starkes Auferstehungsleben *in* und *durch* den Christen lebt. Aber der Christ bestimmt nicht, wann und wo was wächst.

Das lässt sich mit einem Apfelbaum im Garten vergleichen: Man kann eine Menge tun, um diesen Apfelbaum zu fördern. Man kann ihn im Herbst mit Kali-Perlen und im Frühjahr mit Kalkstickstoff düngen. Man kann ihn im Sommer regelmäßig bewässern und im Winter seine Zweige zurückschneiden und den Wildwuchs entfernen. Das alles kann man tun, und es wird das Wachstum der Frucht fördern. Doch eines kann man nicht: Man kann nicht bestimmen, wie viel Frucht wächst. Und vor allem: Man kann das Entstehen der Frucht nicht beschleunigen. Das Entstehen von Frucht (= Äpfel) hat sein eigenes Tempo. Darauf hat man keinerlei Einfluss. Man kann es nur geschehen lassen.

Ohne Bild gesprochen: Man kann die geistliche Persönlichkeitsentwicklung bei sich fördern: Man kann sich in der „Stillen Zeit" und im Gottesdienst der Wahrheit der Bibel aussetzen. Man kann mit anderen das Abendmahl feiern. Man kann Jesus immer wieder neu sein Leben zur Verfügung stellen und mit ihm regelmäßig vertrauensvoll über alles reden, was einen bewegt. Man kann dafür sorgen, dass sein Auferstehungsleben in einem viel Platz bekommt. Man kann den eigenen Willen einsetzen und sein Verhalten an bestimmten Stellen bewusst ändern. Aber die *bleibende Veränderung* der Persönlichkeit liegt außerhalb des eigenen Zugriffs. Denn die geschieht allein durch Jesus, der durch den Heiligen Geist in einem lebt. Sie ist die Frucht des Heiligen Geistes. Dieser Zusammenhang lässt sich an einem banalen Beispiel aus dem Alltag einmal durchbuchstabieren.

Man stelle sich ein letztes Mal den beliebigen Christ vor, der gerade dabei ist, mit dem Auto durch die Stadt zu fahren. Er hat es ein bisschen eilig, aber vor ihm fährt ein Auto mit 29 km/h, obwohl 50 km/h erlaubt sind. Nach kurzer Zeit schwillt ihm der Kamm: „Warum fährt der denn nicht?" wütet er laut. „Der muss doch fahren!" Doch der Wagen vor ihm bleibt bei seiner Geschwindigkeit von 29 km/h. Da geht´s mit ihm richtig durch: „Los, Opa", schreit er, „das Gaspedal ist rechts!" Natürlich kann der Opa ihn nicht hören. Aber der Christ hinterm Steuer wütet trotzdem weiter, Blutdruck zügig steigend. Irgendwann zieht er in einem etwas waghalsigen Manöver an dem tumben Opa vorbei. Da sieht er, dass der tumbe Opa eine junge Frau ist, die ängstlich das Lenkrad umklammert und starr geradeaus guckt. „Natürlich", grollt er, „war ja klar: Frau am Steuer!"

Als er abends nach Hause kommt, geht ihm die Sache noch einmal durch den Kopf. Er spürt, dass sein Verhalten im Straßenverkehr überhaupt nicht zu seinem Leben mit Jesus passt. Er schämt sich sehr, übergibt im Gebet die ganze Sache Jesus, stellt ihm sein Leben gerade in diesem Bereich neu zur Verfügung und bittet ihn darum, dass das Auferstehungsleben Jesu seine Persönlichkeit verändert.

Am folgenden Tag ist er mit dem Auto auf der Landstraße unterwegs. Vor ihm fährt ein Wagen mit Tempo 70 km/h, obwohl man hier locker 100 km/h fahren könnte. Doch diesmal wütet er nicht. Zwar würde er gern überholen, aber dafür ist der Gegenverkehr zu dicht. So stellt er sich auf die Situation ein und akzeptiert sie ohne Groll. Als er dann wenig später an einem Blitzer vorbeifährt, ist er sogar dankbar, dass der Fahrer vor ihm das Schild mit der Tempobegrenzung 70 km/h nicht übersehen hat. Er entspannt sich und freut sich über die Veränderung seiner Persönlichkeit.

In den folgenden Wochen kommen dann Rückschläge. Seine alten Verhaltensmuster brechen von Zeit zu Zeit immer wieder durch. Das betrübt ihn sehr. Aber er versinkt nicht in Frust. Stattdessen bleibt sein Fokus auf Jesus gerichtet, der immer noch sein großartiges Auferstehungsleben in ihm und durch ihn leben will. So geht das eine Weile. Irgendwann vergisst er die ganze Sache. Aber dann, eines Tages, als er gerade mit seiner Frau im Auto unterwegs ist, sagt diese plötzlich zu ihm: „Du, mir ist aufgefallen, dass du in den letzten drei Wochen überhaupt nicht mehr über vorausfahrende Autofahrer geschimpft hast. Was ist denn da passiert?" Er lächelt und dankt Jesus im Stillen, dass dieser die geistliche Frucht der Sanftmut und der Geduld in ihm hat wachsen lassen.

So oder so ähnlich funktioniert es, wenn Jesus die geistliche Persönlichkeitsentwicklung bei Christen vorantreibt. Er ist in allem der Herr, aber man selbst ist nicht unbeteiligt. Wenn all das nun passiert, darf das jedoch nicht dazu führen, dass man fasziniert ausforscht, wie sehr man schon verändert worden ist. Denn dadurch würde man nur wieder in die alte, unglückselige Nabelschau zurückfallen. Nein, der Fokus bleibt konsequent auf den zwar unsichtbaren, aber höchst realen Jesus ausgerichtet. Man bleibt im Lesen der Bibel, im Dank und im Lobpreis Gottes. Weiter und weiter und weiter. Die Persönlichkeit verändert sich. Das siegreiche Auferstehungsleben Jesu durchdringt einen mehr und mehr und lässt einen Jesus ähnlicher werden.

Im 2. Korintherbrief (3,18) heißt es: *„Wir alle aber spiegeln mit aufgedecktem Angesicht die Herrlichkeit des Herrn wider, und wir werden verwandelt in sein Bild von einer Herrlichkeit zur andern von dem Herrn, der der Geist ist*" (LUT).

Das ist das Geheimnis geistlicher Persönlichkeitsentwicklung.

Damit ist es Zeit, herauszufinden, wie es mit der geistlichen Persönlichkeitsentwicklung bei herausragenden Persönlichkeiten der Bibel gelaufen ist. Es ist Zeit, die „Hall of Fame" der Bibel zu betreten.

KAPITEL 2

Abel – oder: Die Anbetung im Glauben

Durch den Glauben hat Abel Gott ein besseres Opfer dargebracht als Kain; durch den Glauben wurde ihm bezeugt, dass er gerecht sei, da Gott selbst es über seinen Gaben bezeugte; und durch den Glauben redet er noch, obwohl er gestorben ist.

Hebräer 11,4 (LUT)

Zur Zeit der Pioniere in den Vereinigten Staaten von Amerika durchquerte ein Mann eine ausgedehnte Wüste. Er geriet in Schwierigkeiten und war bereits am Verdursten, als er plötzlich eine verlassene Hütte und eine Pumpe daneben entdeckte. Nun muss jede Pumpe zunächst mit Wasser gefüllt werden, bevor sie Wasser liefern kann. Der Mann hatte jedoch kein Wasser. Als er näher herankam, entdeckte er allerdings eine handgeschriebene Notiz, die an einen verschlossenen Krug neben der Pumpe geheftet war. Darauf stand geschrieben: „In diesem Krug ist gerade genug Wasser, um die Pumpe zu füllen. Es wird aber nicht reichen, wenn du jetzt etwas davon trinkst. Dieser Brunnen ist nie ausgetrocknet, auch in den heißesten und trockensten Sommern nicht. Darum: Schütte das Wasser in die Pumpe und bewege schnell den Pumpenschwengel. Wenn du genug getrunken hast, fülle diesen Krug wieder für den Nächsten, der hier vorüberkommt."

Was sollte der Mann tun? Sollte er dem Versprechen auf der Notiz Glauben schenken und das Wasser in die Pumpe füllen? Was aber würde geschehen, wenn der Brunnen kein Wasser liefern würde und er dann umso sicherer dem Tod durch Verdursten ausgeliefert wäre? War es nicht doch klüger, wenigstens das Wasser im Krug zu trinken, auch wenn es nicht ausreichen würde, um seinen Durst zu stillen und seine Wasserflasche zu füllen? Sollte er sein ganzes Leben auf ein schriftliches Versprechen bauen? Was sollte er nur tun?[26]

Es ist nicht bekannt, wie der durstige Mann sich am Ende entschieden hat. Fest steht aber, dass jeder Mensch im Laufe seines Lebens irgendwann unausweichlich vor einer ganz anderen Frage steht, die aber mindestens ebenso schwerwiegend ist wie jene, die der einsame Wüstenwanderer für sich zu beantworten hatte. Jeder muss nämlich die Frage beantworten, ob er dem Wort Gottes, der Bibel, Glauben schenken soll oder nicht. Wer sich auf den Glauben an den Gott der Bibel einlässt, wird über kurz oder lang eine Veränderung seines Charakters erleben. Er entwickelt sich zu einer geistlichen Persönlichkeit, denn der auferstandene Jesus lebt jetzt sein herrliches Auferstehungsleben *in ihm* und *durch ihn.* Da muss Veränderung geschehen! Denn durch den Glauben kommt es immer zu Veränderung.

Damit öffnet sich die Tür zur „Hall of Fame" der Bibel. In dieser sind Persönlichkeiten versammelt, die den Glauben in markanter Weise gelebt haben. An ihnen kann man beobachten, was es bedeutet, zu einer geistlichen Persönlichkeit zu reifen und eine geistliche Charakterbildung zu erfahren.

---

26 Michael P. Green (Hg.): *Illustrations for Biblical Preaching.* Grand Rapids: Baker 1990, S. 135f.

Die erste Person, die einem in dieser „Hall of Fame" entgegentritt, ist eine Persönlichkeit, deren Lebensumstände zunächst etwas durchaus Rätselhaftes an sich haben. Es handelt sich um Abel, den Sohn Adams und Evas, zusammen mit seinem Bruder Kain.

Zwei Brüder

Abel ist die erste Person, die in Hebräer 11 als Vorbild des Glaubens vorgestellt wird. Die Tatsache, dass ausgerechnet er diese Liste anführt, ist interessant. Denn man könnte sich (zu Recht) fragen: Wenn der Verfasser des Hebräerbriefes schon so weit in die Vergangenheit zurückgreift, dass er uns Abel als das erste Vorbild des Glaubens vor Augen malt, warum geht er dann nicht gleich noch ein bisschen weiter zurück bis hin zu Adam und Eva, den beiden ersten Menschen? Warum ist erst ihr Sohn als vierter Mensch der erste auf der Liste?

Die Antwort ist einfach: Adam und Eva hatten eine grundsätzlich andere Ausgangslage als Kain und Abel, ihre Söhne. Denn vor dem Sündenfall waren sie noch direkt mit Gott umgegangen, von Angesicht zu Angesicht. Im Garten Eden hatten sie Gott zumindest hören[27] und ihm direkt begegnen können. Damals brauchten sie also noch nicht zu glauben. Außerdem waren sie (wiederum vor dem Sündenfall) noch nicht erlösungsbedürftig gewesen. Die Erlösungsbedürftigkeit trat erst nach ihrer fatalen Fehlentscheidung am Baum der Erkenntnis ein (1Mo 3,6). Die geistliche Ausgangslage der beiden ersten Menschen war darum eine andere als die ihrer Söhne Kain und Abel. Denn die beiden Brüder kamen *außerhalb* des Gartens Eden zur Welt. Sie kannten Gott nicht mehr von Angesicht zu Angesicht. Sie waren

27 *„Und sie hörten Gott den Herrn, wie er im Garten ging, als der Tag kühl geworden war."* (1Mo 3,8; LUT)

auch – anders als ihre Eltern – von Anfang an erlösungsbedürftig, so wie es heute ohne Ausnahme bei jedem Mensch der Fall ist (Röm 3,10). Deshalb greift der Verfasser des Hebräerbriefes auf Abel als das erste Glaubensvorbild zurück.

Aber warum nur Abel und nicht auch Kain? Der Grund ist dieser: Kain glaubte zwar auch, dass Gott existiert, aber ein Glaubender im biblischen Sinn war er nicht. Das heißt: Kain lebte (wie sich gleich zeigen wird) nicht in der Liebe und Hingabe seines ganzen Herzens an den lebendigen Gott. Im sogenannten Schma Israel heißt es: *„Höre Israel! Der HERR ist unser Gott, der HERR allein. Du sollst den HERRN, deinen Gott, lieben von ganzem Herzen, mit ganzer Hingabe und mit all deiner Kraft"* (5Mo 6,4-5; NGÜ). Glaube im biblischen Sinn bedeutet also immer die umfassende Hingabe des eigenen Lebens an den Gott der Bibel in Vertrauen und Liebe. Diese umfassende Hingabe fehlte Kain allerdings.

Nun findet sich in Hebräer 11, 4 ein geheimnisvoller Satz über Abel, der einem Rätsel aufgibt: *„Und durch seinen Glauben redet Abel heute noch zu uns, obwohl er längst gestorben ist"* (NGÜ). Rätselhaft! Wie soll man diesen Satz verstehen? In welcher Weise redet Abel heute noch, obwohl er tot ist? Vielleicht hilft an dieser Stelle ein Statement des kanadischen Schriftstellers James Moffat (1922–1993) weiter. Er schreibt:

> *Der Tod ist nie das letzte Wort im Leben eines […] Menschen. Wenn ein Mensch diese Welt verlässt, ob er nun gerecht oder ungerecht ist, hinterlässt er etwas in der Welt. Er kann etwas hinterlassen, das wächst und sich ausbreitet wie ein Krebsgeschwür oder ein Gift, oder er kann etwas hinterlassen wie den Duft eines Parfüms oder eine Blüte der Schönheit, die die Atmosphäre mit Segen durchdringt.*[28]

---

28 https://gracequotes.org/author-quote/james-moffatt/ abgerufen 25.06.2024.

Jeder Mensch hinterlässt etwas, wenn er diese Welt verlässt. So auch Abel. Sein Leben ist wie eine Botschaft an die Nachgeborenen des 21. Jahrhunderts. Und genau diese Botschaft gilt es herauszufinden.

Dazu ist es unerlässlich, Abel und seinen Bruder Kain zunächst einmal näher kennenzulernen. Im 1. Buch Mose, Kapitel 4, Verse 1-4 finden sich die ersten Informationen über sie:

Und Adam erkannte seine Frau Eva; und sie ward schwanger und gebar den Kain und sprach: Ich habe einen Mann gewonnen mithilfe des Herrn. Danach gebar sie Abel, seinen Bruder. Und Abel wurde ein Schäfer, Kain aber wurde ein Ackermann. Es begab sich nach etlicher Zeit, dass Kain dem Herrn Opfer brachte von den Früchten des Feldes. Und auch Abel brachte von den Erstlingen seiner Herde und von ihrem Fett.

(LUT)

„*Abel wurde ein Schäfer, Kain aber wurde ein Ackermann*“: Manche haben an dieser Stelle einen scheinbar berechtigten Einwand: „Wie kann es sein, dass Kain wusste, wie man ein Feld bestellt, einsät und aberntet? Woher wusste er, wie man Feldfrüchte richtig lagert, damit sie nicht verderben? Das alles war doch noch völlig unbekannt! Kain konnte das also gar nicht wissen. Und Abel? Woher hatte der seine Kenntnisse, wie man eine Schafherde pflegt, Wolle gewinnt, sie zu Fäden verspinnt und Kleidung daraus fertigt? Das war doch auch für ihn komplettes Neuland! Kain und Abel konnten all diese Dinge gar nicht wissen.“ Wirklich nicht?

Eines ist auf jeden Fall klar: Die Intelligenz der ersten vier Menschen muss extrem hoch gewesen sein. Denn sie war noch nicht so stark durch den Sündenfall geschädigt, wie das heute der Fall ist. Adam war zum Beispiel in der Lage, der großen Tierwelt um sich herum Namen zu geben und sich an alle diese Namen zu erinnern! Im 1. Buch Mose (2,19-20) heißt es: *„Und Gott der Herr machte aus Erde alle die Tiere auf dem Felde und alle die Vögel unter dem Himmel und brachte sie zu dem Menschen, dass er sähe, wie er sie nennte; denn wie der Mensch jedes Tier nennen würde, so sollte es heißen. Und der Mensch gab einem jeden Vieh und Vogel unter dem Himmel und Tier auf dem Felde seinen Namen"* (LUT). Das war eine gewaltige kognitive Leistung, zu der heute kein Mensch mehr in der Lage wäre.

Auch die Brüder Kain und Abel müssen also hochintelligent gewesen sein, intelligenter als die sogenannten „Hochbegabten" von heute. Doch woher hatten sie die Informationen über Ackerbau und Viehzucht? Sehr wahrscheinlich bekamen sie die nötigen Informationen von Gott selbst. Denn ein paar Verse vor der Namensvergabe heißt es: *„Und der HERR, Gott, nahm den Menschen und setzte ihn in den Garten Eden, ihn zu bebauen und ihn zu bewahren"* (1Mo 2,15; ELB). Gott gab den Menschen damals einen Auftrag, der bis heute unverändert gilt: Die Erde *„zu bebauen"* und *„zu bewahren"*. Und wenn Gott einen Auftrag gibt, dann stellt er immer auch die nötigen Mittel zur Verfügung, um diesen auszuführen. Das heißt: Er hat den ersten beiden Menschen, Adam und Eva, erklärt, wie sie den Garten Eden bebauen und bewahren sollten. Das wiederum bedeutet, dass er ihnen gezeigt hat, wie man einen Acker bestellt, wie man Früchte lagert, wie man Tiere hält und wie man ihre Erzeugnisse (z. B. Milch oder Wolle) verwendet. Dadurch war es für Kain und Abel durchaus kein unlösbares Problem, ein „Ackermann" oder ein „Schäfer" zu werden.

Als nächstes Rätsel geraten die Opfer in den Blick, die Kain und Abel in einem Akt der Anbetung Gott darbrachten.

Ein ungleiches Paar

An den biblischen Bericht über die Opfer Kains und Abels haben sich viele Fragen und Spekulationen angeschlossen. Immer wieder haben Menschen gefragt: „Was war anders, was war besser am Opfer Abels? Wieso nahm Gott sein Opfer an, das von Kain aber nicht?“ Rätsel über Rätsel. Und doch erschließt sich die Sache ganz gut, wenn man die Aussagen der Bibel nur genau genug wahrnimmt.

Es begab sich aber am Ende der Tage, dass Kain dem Herrn Opfer brachte von den Früchten des Feldes. Und auch Abel brachte von den Erstlingen seiner Herde und von ihrem Fett.

1. Mose 4,3-4a (LUT)

Beide Brüder bringen Gott ein Opfer. Sehr wahrscheinlich wurden sie an ein und demselben Tag und auch am selben Ort dargebracht. Denn Kain konnte schließlich das Opfer seines Bruders Abel sehen. Er konnte beobachten, wie Abels Opfer von Gott angenommen wurde, seines jedoch nicht. In der Fortsetzung der obigen Verse heißt es dazu:

Der HERR blickte freundlich auf Abel und nahm sein Opfer an, aber Kain und seinem Opfer schenkte er keine Beachtung. Da packte Kain der Zorn, und er starrte finster vor sich hin.

1. Mose 4,4b-5 (NGÜ)

Was folgt aus alledem? Die beiden Brüder hatten offensichtlich Informationen darüber, wie ihre Anbetung Gottes und wie ihre Opfergabe aussehen sollten. Sie hatten auch Informationen darüber, wann und wo dieses Opfer gebracht werden sollte. Vielleicht stand dort sogar ein Altar. Das heißt: Sie haben das mit dem Opfer nicht nach „Gefühl und Wellenschlag" gemacht. Sie wussten, was wann zu tun war!

Woher hatten sie diese Informationen? Sehr wahrscheinlich hat Gott selbst ihnen das nötige Wissen zugänglich gemacht. Die beiden Brüder hatten also wahrscheinlich eine Anweisung, ein Wort von Gott, wie sie das mit dem Opfer und mit der Anbetung Gottes machen sollten. Aber die beiden Brüder gingen unterschiedlich mit dieser Anweisung Gottes um. Sie waren ein ungleiches Paar.

In diesem Zusammenhang wird ein Detail wichtig, das sehr gut zeigt, wie es in ihren Herzen ausgesehen haben mag. In 1. Mose 4,4 wird berichtet, dass Abel sein Opfer *„von den Erstlingen seiner Herde"* (LUT) brachte. Das heißt: Abel brachte das Beste von seiner Herde. Sein Opfer drückte sein Vertrauen und seine Hingabe an Gott aus. Es war ein Opfer *„durch den Glauben"* (Hebr 11,4; LUT).

Aber wie steht es mit Kain? Von ihm heißt es, dass er sein Opfer *„von den Früchten des Feldes"* (1Mo 4,3; LUT) brachte. Das heißt: Kain brachte *nicht* das Beste seiner Feldfrüchte. Er brachte einfach das, was er gerade zur Hand hatte. Das wiederum bedeutet: Kain handelte nachlässig. Es war ihm nicht wichtig, Gott ausschließlich das Beste zu bringen. An sich war es in Ordnung, Gott Feldfrüchte zu opfern. Es hat später auch im Volk Israel Opfer von Feldfrüchten gegeben.[29] Aber Bei Kain gab es ein

---

29 *„Willst du aber ein Speisopfer dem Herrn darbringen von den ersten Früchten, so sollst du Ähren am Feuer rösten, die Körner zerstoßen und darbringen als das Speisopfer deiner ersten Früchte und sollst Öl darauftun und Weihrauch*

Problem. Sein Opfer war *nicht* Ausdruck seines Vertrauens und seiner umfassenden Hingabe an Gott. Sein Opfer war ein Ritual, das er vollzog, ohne jedoch mit dem Herzen bei der Sache zu sein. Es geschah nicht *„durch den Glauben"*. Aus diesem Grund war Abels Opfer ein *„besseres Opfer"* (Hebr 11,4). Aus diesem Grund wurde Abels Opfer angenommen, Kains aber nicht. Die unterschiedliche innere Haltung der beiden Brüder machte den Unterschied!

Der Bibellehrer Warren Wiersbe bringt es auf den Punkt: „Kain wurde nicht aufgrund seines Opfers, sondern vielmehr das Opfer infolge des Opfernden verworfen. Kains Herz befand sich nicht in der rechten Stellung vor Gott. ‚Durch Glauben' brachte Abel ein besseres Opfer dar als Kain (Hebr 11,4). Dies bedeutet, dass er an Gott glaubte und die rechte Beziehung zu Gott hatte."[30]

Daran wird deutlich: Kains Herz ging eigene Wege. Er folgte seiner, der Kain-Linie. Seinem Herzen fehlte die umfassende Hingabe und Liebe zu Gott. Äußerlich stimmte zwar alles an seinem Opfer, aber innerlich war er auf fremden Pfaden unterwegs. Natürlich war Kain davon überzeugt, dass Gott existierte, und er wollte auch unbedingt dessen Anerkennung haben. Aber er wollte diese Anerkennung zu seinen, zu Kains Bedingungen: durch ein rein äußerlich korrekt vollzogenes Opfer. Und das ging nicht.

Im Buch des Propheten Jeremia wird das Herz des Menschen beschrieben. Dort heißt es: *„Abgründig ist das menschliche Herz, beispiellos und unverbesserlich. Wer kann es durchschauen?"* (Jer 17,9; NeÜ). Jedes Menschenherz ist so. Von Natur aus sind also alle Menschen Kains Nachkommen und folgen seiner Linie. Von

---

darauflegen. Das ist ein Speisopfer. Und der Priester soll das Gedenkopfer von dem Zerstoßenen und vom Öl mit dem ganzen Weihrauch in Rauch aufgehen lassen als ein Feueropfer für den Herrn." (3Mo 2,14-16; LUT)

30 Warren W. Wiersbe: *Wiersbe Kommentar AT. Band I: 1. Mose bis Ester.* Dillenburg: Christliche Verlagsgesellschaft 2023; S. 77.

Natur aus spielt Gott in jedem Menschenleben nur die Rolle eines Zaungastes. Von Natur aus wollen alle Gottes Anerkennung *zu ihren Bedingungen.* Von Natur aus trotzen alle Gottes Wort und wollen es nicht wahrhaben.

Erst wenn ein Mensch zum Glauben an Jesus kommt, ändert sich das. Denn dann verlässt er die verhängnisvolle Kain-Linie und folgt der Abel-Linie, der Linie des Glaubens, die bekennt, dass jeder Mensch von Natur aus ein verlorener Sünder ist und Rettung braucht.

An dieser Stelle ist eines wichtig: Es ist uns nicht bekannt, wie moralisch gut Abel insgesamt war. Ganz sicher hatte auch er Sünden, genau wie Kain. Aber bei dem Opfer, das er Gott darbrachte, ging es auch nicht darum, wie gut er moralisch war. Es ging auch nicht darum, ob Abel darin womöglich ein bisschen besser abschnitt als Kain. Als Abel sein Opfer brachte, war nur klar und relevant, dass er ein Sünder war, der Vergebung brauchte. Abel nahm Gottes Wort im Glauben an, *„durch welchen er das Zeugnis erhielt, gerecht zu sein“* (Hebr 11,4; ELB), und setzte es in die Tat um.

Moralisieren ist hier also der falsche Ansatz. Doch es geschieht leicht, dass Kain in der eigenen Vorstellung zum moralischen Finsterling wird, weil er einen Mord begangen hat. Und es geschieht ebenfalls recht leicht, dass Abel ein strahlendes moralisches Vorbild wird, das immer alles richtig gemacht hat. Sobald sich diese Vorstellung verfestigt hat, rutscht man innerlich weg und denkt: *Ja, Abel war moralisch wirklich besser als Kain. Kein Wunder, dass Gott ihn und nicht Kain angenommen hat. Der war schließlich von vornherein ein Krimineller! Aber sein Bruder Abel ist eine Lichtgestalt!* Fakt ist: Niemand weiß, wie die beiden Brüder moralisch abschnitten. Vielleicht war Kain bis zu jenem verhängnisvollen Tag, an dem er seinen Bruder erschlug, ein sympathischer Typ. Die Bibel sagt dazu nichts. Klar ist nur, dass Kain auf Abwege geriet, als er sich entschied, Gottes Wort zu ignorieren. Denn der Entschluss, den eigenen Bruder zu töten, kam erst dann in ihm auf, nachdem er sich trotzig gegen Gottes Wort gestellt hatte. Kain sah voller Wut und Eifersucht, dass Gott nur Abels Opfer anerkannte. Mörderische Gedanken loderten in ihm auf, und alles lief im Handumdrehen ab.

Vor diesem Hintergrund stellt sich gleich noch eine Frage: Wie hat Kain überhaupt gemerkt, dass Gott Abels Opfer annahm, aber seines verwarf? Wie ist ihm das klargeworden? Der Hebräerbrief verrät es uns: *„Weil Abel Gott vertraute, nahm Gott seine Gaben an und* ***stellte ihm damit das Zeugnis aus,*** *dass er vor ihm bestehen konnte“* (Hebr 11,4; NGÜ).

Gottes Zeugnis über Abels Gaben muss etwas Deutliches und Sichtbares gewesen sein. Wahrscheinlich tat er etwas über der Opfergabe Abels. Denn schließlich konnten sowohl Abel als auch Kain dieses Zeugnis mit ihren Sinnen wahrnehmen. Bei Kain führte das sogar dazu, dass er eifersüchtig und wütend wurde und den Blick trotzig senkte (1Mo 4,5). Nun sagt die Bibel nichts darüber, wie dieses *„Zeugnis“* von Gott konkret aussah. Aber sie gibt uns doch zumindest einen Hinweis. An immerhin fünf Stellen in der Bibel zeigt Gott nämlich auf eine sehr augenfällige Weise, dass er mit dem jeweiligen Opfer einverstanden ist: durch das Herabfallenlassen von Feuer.

- als Aaron sein erstes Opfer als Priester brachte (3Mo 9,22-24);
- als Gideon ein Opfer brachte (Ri 6,19-21);
- als Elia auf dem Berg Karmel ein Opfer darbrachte (1Kö 18,30-39);
- als David auf dem zukünftigen Tempelplatz ein Opfer brachte (1Chr 21,26);
- als der Tempel durch ein Opfer eingeweiht wurde (2Chr 7,1).

Immer ließ Gott Feuer auf das Opfer herabfallen und bestätigte auf diese direkt wahrnehmbare Weise, dass er das

Opfer angenommen hatte. Darum ist es möglich, dass „*Abel das Zeugnis erhielt, gerecht zu sein*“ (Hebr 11,4; ELB), indem Gott Feuer auf sein Opfer fallen ließ. Bei Kain jedoch wäre das Feuer bei diesem Bestätigungszeichen ausgeblieben. Inzwischen ist klar, warum.

Als Kain daraufhin wütend und eifersüchtig auf Abel wurde, stieß Gott ihn nicht weg, sondern redete freundlich und zugleich sehr ernst mit ihm: „*Der HERR fragte ihn: ‚Warum bist du zornig? Warum starrst du so finster vor dich hin? Wenn du Gutes im Sinn hast, kannst du den Blick frei erheben. Wenn du jedoch Böses vorhast, dann lauert die Sünde schon vor deiner Tür und will dich haben. Du aber sollst sie beherrschen!*‘“ (1Mo 4,6-7; NGÜ).

Was war die Botschaft in diesen Worten? Es war, als ob Gott Kain damals ermahnte: „Kain, warum bist du so zornig und eifersüchtig? Sei wachsam: Deine Wut und deine Eifersucht werden dich nur zu bald tiefer in Sünde führen. Sieh mal: Das nächste Mal, wenn es wieder Zeit für ein Opfer ist, kannst du doch alles richtig machen. Du kannst deine besten Früchte nehmen und mir dadurch zeigen, dass du mir wirklich glaubst und vertraust, dass ich dich versorge. Das nächste Mal kannst du mein Wort annehmen und es mit Hingabe in die Tat umsetzen! Dann wirst du Vergebung von mir bekommen, und ich werde dich annehmen. Danach sehnst du dich doch so sehr. Gib also deinem Zorn und deiner Eifersucht keinen Raum, sondern herrsche über sie und folge meinem Wort!“

Klar ist: Kain hat nicht auf Gott gehört. Stattdessen hat er sein trotziges Herz weiterhin in Wut und Eifersucht verhärtet. Wenig später kam es zum Mord an seinem Bruder. Tragisch. Kain ist seiner verhängnisvollen Kain-Linie also immer weiter gefolgt. Auch später noch. Er wurde zum Kind des Bösen, wie der 1. Johannesbrief betont:

Denn das ist die Botschaft, die ihr gehört habt von Anfang an, dass wir uns untereinander lieben sollen, nicht wie Kain, der von dem Bösen stammte und seinen Bruder umbrachte. Und warum brachte er ihn um? Weil seine Werke böse waren und die seines Bruders gerecht.

1. Johannes 3,11-12; LUT

Jetzt sei noch einmal gefragt: Warum waren Kains Werke „böse" und Abels „gerecht"? Weil Kains Werke aus dem Unglauben heraus kamen. Seine Opfergabe offenbarte diesen Unglauben, der Gottes Wort einfach ignorierte. Abels Werke jedoch geschahen *„durch den Glauben"*. Seine Opfergabe offenbarte seinen Glauben. Er hörte Gottes Wort (Gottes Anweisungen), nahm es im Vertrauen an und setzte es voller Hingabe in die Tat um.

Bleiben noch folgende Fragen: Wie sieht *unsere* Anbetung Gottes aus? Wie können Christen von heute zu geistlichen Persönlichkeiten werden, deren Anbetung dem Willen Gottes entspricht? In welcher Weise will Jesus, der *in ihnen* und *durch sie* sein Auferstehungsleben leben will, sie verändern, damit sie zu Anbetern werden, die Gott gefallen?

Unverfälschte Anbetung

Die erste Frage im *Kleinen Westminster Katechismus* (1647) lautet: „Was ist das höchste Ziel des Menschen?" Und die Antwort heißt: „Das höchste Ziel des Menschen ist, Gott zu verherrlichen und sich für immer an ihm zu erfreuen."[31] Dieser Satz

---

31 https://www.epkd.de/wp-content/uploads/2018/11/Katechismus-.pdf abgerufen 25.06.2024.

fasst die Botschaft der Bibel sehr treffend zusammen. Das Leben der Kinder Gottes soll eine einzige und große Anbetung Gottes sein, die ihn verherrlicht, mit allem, was sie haben und sind.

Die Anbetung Gottes geschieht einerseits in Form von Worten und Liedern im Gottesdienst. Sie geschieht aber auch mit dem Leben, also mit allem, was die Menschen tun und lassen. Beides, die Worte der Anbetung im Gottesdienst und das praktische Tun im Leben, muss zusammenpassen. Sonst wird die Anbetung Gottes beschädigt.

Bei Kain passten Anbetung und Leben nicht zusammen. Er ignorierte Gottes Wort und entwertete auf diese Weise seine Anbetung im Gottesdienst. Er setzte seine Interessen gegen Gottes Willen durch. Er beharrte auf seinem falschen Weg. Er folgte trotzig seiner Linie. So war seine Anbetung Gottes verfälscht.

Bei Abel war das anders. Er lebte im Glauben und in der Hingabe an den Gott der Bibel. Das führte dazu, dass er Gottes Wort (Gottes Anweisungen bezüglich des Opfers) nicht nur hörte, sondern sie auch im Glauben und Vertrauen annahm und sie mit großer Hingabe in die Tat umsetzte. Bei ihm passten Leben und Gottesdienst zusammen. Seine Anbetung Gottes war unverfälscht.

An dieser Stelle kommen sehr persönliche Fragen auf:

- Wo stehe ich? Welcher Linie folge ich? Der Kain- oder der Abel-Linie?
- Gibt es auch bei mir vitale Interessen, die ich beharrlich gegen Gottes Willen durchsetze, obwohl ich es eigentlich besser weiß?
- Passen bei mir praktisches Leben und Gottesdienst zusammen?
- Ist meine Anbetung Gottes unverfälscht, oder haben sich störende Dinge eingeschlichen?
- Welche sind die Stellen in meinem Leben, wo Jesus ansetzen will, um mich durch sein Auferstehungsleben zu verändern?

Jesus will sein starkes, unbesiegbares Auferstehungsleben auch *in mir* und *durch mich* leben. Um das noch plastischer werden zu lassen, sind hier ein paar Fallbeispiele:

Fallbeispiel 1: Ein siebzehnjähriger Schüler ist Christ geworden. In seiner Schule gehört er zu einer Clique, in der er anerkannt ist und gemocht wird. Die Clique bedeutet ihm viel. Doch nur zu bald bemerkt er, dass seine Maßstäbe sich geändert haben, seit er Christ geworden ist. Sie passen nicht mehr zu den Maßstäben, denen seine Clique folgt. Doch er fürchtet, die Anerkennung der Gruppe zu verlieren, sobald er sich als Christ outet. So macht er weiter mit, allerdings mit schlechtem Gewissen. In seiner Gemeinde hingegen verhält er sich ganz anders. Dort halten ihn alle für einen strahlenden Christen. Je mehr Zeit vergeht, desto unglücklicher fühlt er sich, kann sich aber nicht dazu entschließen, sein Verhalten zu ändern.

Fallbeispiel 2: Eine Frau Ende dreißig lebt mit ihrer Familie in einer Hochhaussiedlung. Sie kämen finanziell halbwegs über die Runden, wenn da nicht ihre Neigung zum Bestellen bei einem bekannten Internet-Händler wäre. Immer wieder kann sie nicht widerstehen und bestellt Dinge, die viel Geld verschlingen. Gegen Ende des Monats landen sie regelmäßig in den Miesen. Der Überziehungskredit verschlingt zusätzlich Geld. Die Frau hat ein schlechtes Gewissen, kann aber nicht von ihrer Gewohnheit lassen. Wenn sie und ihre Familie sonntags den Gottesdienst besuchen, fühlt sie sich unbehaglich. Sie spürt, dass ihr Lebensstil nicht zu ihrem Leben mit Jesus passt.

Fallbeispiel 3: Ein Mann Ende dreißig ist in seinem Beruf recht erfolgreich. Er verdient gut und erfährt hohe Wertschätzung vonseiten der Kollegen und Chefs. Er arbeitet viel. 60 bis 70 Stunden pro Woche sind keine Seltenheit. Auch in seiner Gemeinde ist er aktiv. Oft fährt er von der Arbeit gar nicht erst nach Hause, sondern steuert direkt die Gemeinde an, wo er Gruppen leitet und als Ältester viel Wertschätzung erlebt. Alle halten ihn für einen vorbildlichen Christen. Gleichzeitig vernachlässigt er aber seine Frau und seine Kinder, die ihn nur noch selten sehen. Seine Frau ist unglücklich. Gleichgültigkeit und Verbitterung ziehen in ihr Herz ein. Sie spricht ihn wiederholt darauf an, dass er Ehe und Familie vernachlässigt. Aber er wehrt ab. Er will nicht auf die Wertschätzung verzichten, die ihm in Beruf und Gemeinde entgegengebracht wird. Irgendwann zieht seine Frau sich innerlich von ihm zurück. Die Ehe besteht rein äußerlich zwar weiter, ist aber belastet. In Beruf und Gemeinde ahnt jedoch niemand etwas.

Alle drei Beispiele zeigen Menschen, die ihre eigenen, ungeistlichen Interessen gegen Jesus durchsetzen. Sie alle spüren, dass das nicht in Ordnung ist. Sie spüren, dass Leben und Gottesdienst bei ihnen nicht zusammenpassen. Sie spüren, dass sie in wichtigen Bereichen ihres Lebens der Kain-Linie folgen. Tief in ihrem Innern sind sie unglücklich darüber.

Wie geht man nun mit so einer Situation um, wenn man geistlich wachsen und zu einer geistlichen Persönlichkeit werden will?

Der erste Schritt ist der, dass man das Fehlverhalten, das einem längst bewusst ist, erkennt und dazu steht. Konkret: Wenn zum Beispiel der Ehepartner oder ein guter Freund oder ein Seelsorger in der Gemeinde einen auf die falschen Verhaltensmuster anspricht, tun man gut daran, nicht alles empört und beleidigt zurückzuweisen, sondern die Wahrheit anzuerkennen. Das wird in der Regel sehr demütigend und schmerzhaft sein. Deshalb scheuen auch viele davor zurück. Sie wollen die Komfortzone nicht verlassen. Doch dadurch bringen sie sich von vornherein um die Chance, dass das Auferstehungsleben Jesu sie verändert. Darum: Wenn sie dunkle Wahrheiten in ihrem Leben erkennen, dann sind sie gut beraten, den Schmerz und die Demütigung auszuhalten, auch wenn es schwerfällt. Es geht nicht anders.

Im zweiten Schritt wird es oft gut sein, die verfahrene Situation mit einem Seelsorger ausführlich zu besprechen und gemeinsam im Gebet alles ungeschönt und ehrlich vor Jesus zu bringen. Oft wird dann eigene Sünde zu bekennen sein, und konkrete, praktische neue Schritte müssen verabredet werden. Anschließend kommt das Entscheidende: Man versinkt in den darauffolgenden Situationen des Versagens nicht in Schuldgefühlen und Selbstvorwürfen, sondern richtet den Blick, den Fokus konsequent auf Jesus. Denn der lebt durch den Heiligen Geist sein wunderbares Auferstehungsleben *in einem* und *durch einen*. Das ist Fakt. Das ist die Wahrheit. Nun umarmt man diese Wahrheit und hält sich auf Biegen und Brechen an ihr fest. Man geht eingeübte falsche Verhaltensmuster *durch den Glauben* an. Man probiert neue Schritte aus, die das Verhalten im Alltag auf neue Wege führen sollen. Dabei erlebt man kleine Erfolge, aber auch Rückschläge. Man begreift, dass sich falsche Verhaltensmuster nicht so schnell ändern lassen. Aber inmitten der Erfolge und Rückschläge begeht man nicht mehr den Fehler, nun wieder betrübt und frustriert in sich hineinzusehen und Nabelschau zu betreiben. Nein, sondern man hält den Blick konsequent auf Jesus gerichtet. Immer wieder dankt man ihm dafür, dass sein Auferstehungsleben einen in diesem Moment an den neuralgischen Punkten des eigenen Lebens verändert. Man bleibt im Lob Gottes und im Danken. Man bleibt fröhlich!

Irgendwann kommt dann der Tag, an dem einen der Ehepartner, Freunde, Kollegen oder jemand aus der Gemeinde darauf ansprechen wird, dass man sich verändert hat. Das ist der Punkt, an dem man in tiefer Freude begreift, dass die Veränderung begonnen hat. Jesus hat sein Auferstehungsleben *in einem* und *durch einen* gelebt und Dinge verändert, die lange Zeit felsenfest und unveränderbar erschienen waren. Durch den Glauben an ihn ist manches neu geworden. Gottesdienst und Leben passen jetzt schon viel besser zusammen. Man erlebt das Geheimnis geistlicher Charakterbildung im eigenen Leben! Und man staunt über die Größe und die Freundlichkeit Gottes.

KAPITEL 3

Henoch – oder: Die Treue des Glaubens

Aufgrund des Glaubens wurde Henoch von Gott aufgenommen ohne sterben zu müssen. Niemand konnte ihn mehr finden, weil Gott ihn weggenommen hatte. Bevor die Schrift von diesem Geschehen berichtet, stellt sie ihm das Zeugnis aus, dass sein Leben Gott gefallen hatte. Aber ohne Glauben ist es unmöglich, Gott zu gefallen. Wer zu Gott kommen will, muss glauben, dass es ihn gibt und dass er die belohnt, die ihn aufrichtig suchen.

Hebräer 11,5-6 (NeÜ)

Es ist eine Liebesgeschichte wie im Märchen: Im Zweiten Weltkrieg verliebten sich ein italienischer Kriegsgefangener und eine ukrainische Zwangsarbeiterin, die sich nach 60 Jahren wiederfanden.

Luigis und Mokrinas Liebe beginnt 1943 in einer Fabrik im heutigen Österreich. Der italienische Kriegsgefangene hilft der ukrainischen Zwangsarbeiterin und deren Tochter mit Lebensmitteln aus; schließlich verlieben sich die jungen Leute ineinander. Gemeinsam überleben sie einen Bombenangriff. Doch nach Kriegsende trennen sich die Wege des Paares. Die Sowjetbehörden lassen Luigi nicht einreisen, und Mokrina darf auch nicht nach Italien. Fast 60 Jahre lang sehen sich die beiden nicht wieder. Doch vergessen können sie einander nicht.

Es ist der Italiener, der schließlich – mit über achtzig Jahren – den ersten Schritt macht. Aus Kriegszeiten hat er außer einer Bluse und einer Haarlocke seiner Angebeteten auch deren damalige Adresse aufbewahrt, und die wird nun zum Schlüssel ihres gemeinsamen Glücks. Luigi wendet sich an die Fernsehsendung „Warte auf mich" beim größten ukrainischen Privatsender, und die Reporter werden fündig. Im Jahr 2004 kann Luigi seine geliebte „Mokrina" wieder in seine Arme schließen. Als Symbol ewiger Treue steht das Paar nun in Kiew als Denkmal für immer vereint.[32]

Für den Mann aus der Bibel, um den es in diesem Kapitel geht, stellte die Treue so etwas wie ein Markenzeichen dar. Das Markenzeichen seines Lebens. Er hatte einen treuen Begleiter an seiner Seite und brachte ihm seinerseits eine beeindruckende Treue entgegen.

Sein Name taucht in der Bibel insgesamt nur an drei Stellen auf.[33] Verglichen mit prominenten biblischen Persönlichkeiten wie Abraham oder Mose ist er eher ein Nobody. Vielen ist er darum auch nur beiläufig bekannt. Jedoch sehr zu Unrecht! Denn dieser Mann namens Henoch war eine wirklich eindrucksvolle Persönlichkeit, und man kann viel von ihm lernen, wenn es um geistliche Charakterbildung geht.

Henochs Leben ist besonders. Es ist ein ungewöhnliches, aber dennoch beispielhaftes Leben, das in mancherlei Hinsicht aus dem Rahmen fällt.

---

32 WELT AM SONNTAG – 12.5.2013. http://www.welt.de/print/wams/vermischtes/article116089731/Monument-der-ewigen-Liebe.html abgerufen 26.06.2024.

33 1Mo 5,21-24; Hebr 11,5-6; Jud 14-15.

Eine ungewöhnliche Liste

Informationen über Henochs Leben finden sich (neben den zwei Versen aus dem Hebräerbrief) vor allem im 1. Buch Mose, Kapitel 5, Verse 21-24. Wenn man in dieses Kapitel hineinsieht, so stellt man sehr schnell fest, dass es sich um eine Art Liste handelt, und zwar um eine ziemlich ungewöhnliche. Man könnte sie die „Bis-er-starb-Liste" nennen. Sie beginnt mit Adam und endet mit Noah. Viele Namen tauchen dort auf. Hier sind ein paar Beispiele:

Als Enosch 90 Jahre gelebt hatte, zeugte er Kenan. Nach dessen Geburt lebte er noch 815 Jahre und zeugte weitere Söhne und Töchter, bis er im Alter von 905 Jahren starb.

Kenan war 70 Jahre alt, als er Mahalalel zeugte. Nach dessen Geburt lebte er noch 840 Jahre und zeugte weitere Söhne und Töchter, bis er im Alter von 910 Jahren starb.

Als Mahalalel 65 Jahre alt war, zeugte er Jered. Nach dessen Geburt lebte er noch 830 Jahre und zeugte weitere Söhne und Töchter, bis er im Alter von 895 Jahren starb.

1. Mose 5,9-17 (NeÜ)

So geht das weiter und weiter, immer nach demselben Schema: Zuerst wird der Name einer Person genannt. Dann erfährt man, in welchem Alter ihr der erste Sohn geboren wurde. Danach geht es um weitere Söhne und Töchter sowie die Lebensdauer. Und am Ende heißt es jeweils: *„bis er im Alter von … starb"*. Eben eine „Bis-er-starb-Liste". Die Liste hat also immer denselben Wortlaut. Nur die Namen und Zahlen wechseln. Sonst ist alles immer gleich!

Bis auf eine Ausnahme. In dieser Liste taucht ein Name auf, bei dem es am Ende nicht heißt „bis er starb". Das ist Henoch. Von ihm heißt es stattdessen:

Als Henoch 65 Jahre alt war, zeugte er Metuschelach. Danach lebte er ***300 Jahre lang in Gemeinschaft mit Gott*** *und zeugte noch weitere Söhne und Töchter. Die ganze Lebenszeit Henochs betrug 365 Jahre.* ***Henoch hatte beständig mit Gott gelebt, und dann war er plötzlich nicht mehr da, weil Gott ihn weggenommen hatte.***

1. Mose 5,21-24 (NeÜ)

Man staunt: Was ist bloß mit Henoch passiert? Von ihm heißt es nicht, dass er starb. Sondern es wird berichtet: Er *„ward nicht mehr gesehen, denn Gott hatte ihn entrückt"* (Vers 24; LUT). Was ist davon zu halten? Der Hebräerbrief klärt dieses Rätsel auf und stellt Folgendes klar: *„**Aufgrund des Glaubens** wurde Henoch von Gott aufgenommen ohne sterben zu müssen. Niemand konnte ihn mehr finden, weil Gott ihn weggenommen hatte"* (Hebr 11,5; NeÜ). Bei Henoch fand das Sterben nicht statt. Es wurde übersprungen. An irgendeinem Tag in seinem 366. Lebensjahr wurde Henoch in den Himmel aufgenommen. In einer Liste, in der die geringste Lebenszeit bei 777 und die längste bei 969 Jahren liegt, ist das sehr wenig. Henoch fällt aus dem Rahmen. Dadurch ist klar: Es muss etwas sehr Besonderes mit ihm gewesen sein. Denn Gott griff in sehr besonderer Weise in sein Leben ein. Henoch erlebte keinen Sterbeprozess. Kein Siechtum. Kein Krankenlager. Keine Schmerzen. Eines Tages war er einfach weg, von einem Moment zum anderen. Weil Gott das genau so wollte.

„Wo ist Papa?“, werden vielleicht seine Kinder gefragt haben. Und seine Frau hat vielleicht gerufen: „Das Essen ist fertig! Wo ist Papa?“[34] Aber Papa kam nicht. Er kam nie wieder. *„Niemand konnte ihn mehr finden, weil Gott ihn weggenommen hatte.“*

Das, was Henoch als Einzelnem widerfuhr, ist genau dasselbe wie das, was in der Endzeit der Menschheitsgeschichte vielen widerfahren wird. Auch sie werden keinen Sterbeprozess durchleiden. Kein Siechtum. Kein Krankenlager. Keine Schmerzen. Eines Tages werden sie einfach weg sein, von einem Moment zum anderen. Sie werden das erleben, was die Bibel die „Entrückung der Christen“ nennt. Im 1. Thessalonicherbrief heißt es dazu: *„Danach werden wir, die Lebenden, die übrig bleiben, zugleich mit ihnen entrückt werden in Wolken dem Herrn entgegen in die Luft; und so werden wir allezeit beim Herrn sein“* (1Thes 4,17; ELB). „Wo ist Papa?“, werden auch dann viele Kinder fragen. „Wo ist Mama?“ – „Wo sind unsere Eltern?“ – Wo sind meine Geschwister, meine Großeltern, Freunde und Bekannte?“ *Niemand wird sie finden, weil Gott sie weggenommen haben wird.*

Was aber war nun das Besondere an Henoch, dass Gott in seinem Leben so ganz anders handelte? Irgendetwas in seinem Leben muss doch so sehr anders gewesen sein, dass Gott dazu veranlasst wurde, bei diesem einen Menschen das Sterben ausfallen zu lassen! Was aber war es?

Henochs Glaube

Der Grund, warum Gott mit Henoch in so besonderer Weise umging, war sein Glaube: *„**Aufgrund des Glaubens** wurde Henoch von Gott aufgenommen ohne sterben zu müssen“* (Hebr 11,5a; NeÜ).

34 https://www.gty.org/library/sermons-library/90-383/enoch-the-walk-of-faith abgerufen 26.06.2024.

Gott sah den Glauben Henochs und handelte. „Glauben" bedeutet, dass Gott sein Wort gibt und dass die Menschen dieses Wort Gottes vertrauensvoll annehmen, ihm folgen und ihr Leben darauf bauen: *„Aber ohne Glauben ist es unmöglich, Gott zu gefallen. Wer zu Gott kommen will, muss glauben, dass es ihn gibt und dass er die belohnt, die ihn aufrichtig suchen"* (Vers 6; NeÜ). Glaube fängt immer damit an, dass Gott die Initiative ergreift und sein Wort gibt. In dem Moment, in dem Menschen dieses Wort Gottes vertrauensvoll annehmen und ihr Leben darauf bauen, fangen sie an zu glauben. So war es schon bei Abel. So war es später auch bei Noah, Abraham, Mose und den anderen Vorbildern. Und so war es auch bei Henoch.

Voraussetzung des Glaubens ist immer, dass Gott zuerst sein Wort gibt, welches die Menschen dann im Vertrauen annehmen können. Ohne Gottes Wort kein Glaube! Aber hatte Henoch Worte von Gott? Ja, Henoch hatte von Gott Offenbarungen erhalten. Gott hatte ihm, auf welche Weise auch immer, sein Wort gegeben. Woher kann man das wissen? In 1. Mose 5, wo Henochs Leben im Telegrammstil dargestellt wird, ist davon schließlich nicht die Rede. Doch es gibt noch eine dritte Stelle, an der Henoch erwähnt wird: im Judasbrief im Neuen Testament. Dort heißt es, dass Henoch seinen Zeitgenossen predigte. In diesem Zusammenhang erscheint eine Kurzfassung dessen, was Henoch den Leuten damals gesagt hat:

Schon Henoch, der Nachkomme Adams in siebter Generation, hat ihnen diese Strafe angekündigt: „Passt auf! Der Herr kommt mit Abertausenden, die alle zu ihm gehören, und wird Gericht halten. Er wird all die Gottlosen von ihrer Auflehnung gegen ihn überführen und sie für ihr bösartiges Treiben und ihr gottloses Reden bestrafen."

Judas 14-15 (NeÜ)

Woher hatte Henoch die Inhalte seiner Predigt? Er hatte sie als Offenbarung von Gott. Bestimmt wurde ihm noch nicht so viel offenbart wie später einem Mose oder einem David. Henoch wusste zum Beispiel noch nichts Konkretes über den Messias. Er wusste auch noch nichts vom Sühnetod Jesu. Aber er nahm das, was er an Offenbarung von Gott hatte, und baute sein Leben darauf. Er wusste zum Beispiel, dass Gott wirklich existiert, dass er heilig ist, dass er das Böse verabscheut, aber auch Umkehr und Rettung möglich macht. Henoch reagierte auf diese Offenbarung Gottes mit Glauben.

Der Hebräerbrief erklärt das mit dem Glauben noch ein bisschen genauer. Er beschreibt, wie der Glaube bei einem Menschen anfängt und zustande kommt: *„Wer zu Gott kommen will, muss glauben, dass es ihn gibt und dass er die belohnt, die ihn aufrichtig suchen“* (Hebr 11,6b; NeÜ). Hier wird beschrieben, wie der Glaube im Leben eines Menschen Fuß fasst. Das geschieht in insgesamt drei Schritten.

Schritt 1

Der erste Schritt besteht darin, dass ein Mensch daran glaubt, dass es Gott gibt, dass er also die Existenz Gottes bejaht. Wie läuft das ab? In aller Regel funktioniert das so, dass ein Mensch irgendwann und irgendwo davon erfährt, dass es Gott gibt: von einem Christen, aus einem christlichen Buch, in einem Gottesdienst, direkt aus der Bibel oder über eine andere Form der Begegnung. Dann sieht er sich um und überlegt, ob das wahr sein könnte, was er gehört hat. Er beginnt, in der Welt um sich herum nach Spuren Gottes zu suchen. Der Mensch wird fündig! Denn wahrnehmbare Hinweise auf die Existenz Gottes gibt es in Hülle und Fülle. Die Bibel selbst macht darauf aufmerksam: *„Denn was man von Gott erkennen kann, ist unter ihnen bekannt, weil Gott* *es ihnen längst vor Augen gestellt hat. Seine unsichtbare Wirklichkeit, seine ewige Macht und göttliche Majestät sind nämlich seit Erschaffung der Welt in seinen Werken zu erkennen*" (Röm 1,19-20; NeÜ). Es ist möglich, bestimmte Eigenschaften Gottes, nämlich seine Macht und Majestät, in der Welt der Natur zu erkennen. Hier sind ein paar Beispiele:

Beispiel 1: Die große Mehrheit der Naturwissenschaftler ist sich darin einig, dass die Materie sich nicht selbst erschaffen kann. Das Universum ist aber (neben großen leeren Räumen) voller Materie. Wenn es nicht zu den Eigenschaften der Materie gehört, sich selbst aus dem Nichts erschaffen zu können, dann muss es einen nicht-materiellen Grund für die Existenz der Materie geben. Dieser Grund aber kann folgerichtig nur ein geistiges Wesen sein. Ein anderer Ursprung materieller Art kommt nicht infrage. Es gibt ihn nicht. Damit ist klar: Für die Erschaffung der Materie kann nur ein geistiges Wesen verantwortlich sein: Gott. Der Naturwissenschaftler und Theologe Shaun Doyle schreibt:

Nichts fängt an zu existieren, ohne eine Ursache zu haben. Das ist ein grundlegendes Prinzip von Wissenschaft und Vernunft. Alles, was wir sehen und einen Anfang hatte, braucht irgendeine Ursache. Aber wir wissen auch, dass das Universum einen Anfang hatte. Denn die Gesetze der Thermodynamik implizieren unmissverständlich, dass das Universum einen Anfang hatte. […] Und ein unendlicher Regress von sekundären Ursachen kann ebenfalls nicht existieren, denn es kann mathematisch gezeigt werden, dass dies zu Absurditäten führen würde! Das bedeutet aber, dass das Universum selbst eine Ursache hatte. Was könnte die Ursache für das Universum sein? Das Universum besteht nur aus Raum, Zeit und Materie, also kann die Ursache nicht in diesen Dingen liegen. Und sie muss mächtig genug sein, ein Universum zu verursachen! Die einfachste Lösung ist eine ewige, nicht materiegebundene, nicht verursachte Ursache. Wie aber kann ein zeitlicher Effekt von einer ewigen Ursache stammen? Die Antwort ist: Die Ursache muss einen freien Willen gehabt haben, um zu erschaffen; mit anderen Worten, die Ursache muss eine Person sein. Also ist die einfachste Ursache für das Universum eine einzige, persönliche, ewige, nicht materiegebundene, nicht verursachte Ursache – das klingt sehr nach Gott![35]

Beispiel 2: Die enorme Vielfalt und Komplexität des tierischen und pflanzlichen Lebens auf dem Planeten Erde kann nur durch eine planende Intelligenz erklärt werden, einen Designer. Wenig bekannt, aber dennoch wahr: Eine wachsende Zahl[36] von Naturwissenschaftlern erkennt das auch. Sie begreifen, dass mit der Evolutionstheorie etwas nicht stimmen kann. Was sind die Gründe?

Die Theorie von der zufälligen Entstehung und Höherentwicklung des Lebens (Evolutionstheorie) steht im Widerspruch zum Zweiten Hauptsatz der Thermodynamik. Dieser besagt Folgendes: Jedes wie auch immer geartete geordnete System tendiert dazu, sich in Unordnung aufzulösen, wenn es sich selbst überlassen bleibt.[37] Das gilt

---

35 https://creation.com/arguments-for-god-german abgerufen 04.07.2024.

36 Eine aktuelle Liste (2021) mit den Namen von Naturwissenschaftlern, die die Evolutionstheorie aufgrund ihrer Forschungen als Erklärungsgrundlage für die Komplexität des Lebens ablehnen, findet sich unter diesem Link: https://www.discovery.org/m/securepdfs/2021/07/Scientific-Dissent-from-Darwinism-List-07152021.pdf abgerufen 26.06.2024.
Vgl.: Kurt Eggenstein: *Alles Zufall? Die Zweifel der Wissenschaftler an der Richtigkeit der materialistischen Evolutionstheorie.* Neunkirchen: Hanno Herbst 2015.

37 Vgl.https://de.wikipedia.org/wiki/Zweiter_Hauptsatz_der_Thermodynamik abgerufen 26.06.2024.

für alle geordneten Systeme. Ausnahmslos. Der Zweite Hauptsatz der Thermodynamik besagt also einfach ausgedrückt, dass Ordnung niemals von selbst entsteht. Von selbst entsteht immer nur Unordnung.

Tatsächlich behauptet die Evolutionstheorie nun aber das exakte Gegenteil. Sie stellt nämlich die These auf, dass die hochkomplexe Ordnung alles Lebendigen von selbst durch Zufall entstanden sei. Ferner behauptet sie, dass sogar der hochkomplexe Ur-Baustein des Lebens, die Erbsubstanz DNA, die sich selbst kopieren und dadurch vervielfältigen kann, zufällig und sich selbst überlassen entstanden sei. Das aber ist nur dann denkbar, wenn man den Zweiten Hauptsatz der Thermodynamik leugnet, was wissenschaftlicher Unsinn wäre. Denn Ordnung entsteht eben nicht von selbst aus Unordnung. Von selbst entsteht immer nur Unordnung.[38] Das heißt: Nur ein superintelligenter, planender Designer kann die hochkomplexe Tier- und Pflanzenwelt hervorgebracht haben: Gott. Ein weiterer, klarer Hinweis auf die Existenz Gottes.

---

38 An dieser Stelle wird oft ein Einwand erhoben. Er hat mit dem Faktor Zeit zu tun und lautet: Die Entwicklung des Lebens aus unbelebter Materie hat sich eben nicht kurzfristig, sondern in Jahrmillionen bzw. Jahrmilliarden vollzogen. Das heißt, in langen Zeiträumen soll eben doch das möglich sein, was der Zweite Hauptsatz der Thermodynamik grundsätzlich ausschließt: die zufällige Entstehung von Ordnung aus Unordnung. Faktisch verhält es sich jedoch genau andersherum: Die postulierten langen Zeiträume verschärfen das Problem. Denn je länger ein Zeitraum andauert, desto mehr Möglichkeiten sind für die Entstehung von Unordnung gegeben. Eine Alarmanlage, die eine Million Jahre lang sich selbst überlassen bliebe, würde keine wie auch immer geartete Ordnung bewahren oder gar hervorbringen. Sondern sie würde vollständig in ihre Elemente zerfallen und nicht mehr gefunden werden. Das heißt: Lange Zeiträume stehen der zufälligen Entstehung des Lebens (der DNA) immer entgegen. Je länger der Zeitraum, desto höher die Unordnung (Entropie). Geordnete Systeme entstehen grundsätzlich nur durch Information, also intelligente Planung.

Beispiel 3: Alle Menschen rund um den Globus haben ein Gottesbewusstsein. Eine Archäologin, deren Spezial-Forschungsgebiet die Vor- und Frühgeschichte war, untersuchte und analysierte die ältesten erhaltenen Spuren aus der Geschichte der Menschheit. Auf die Frage „Sind Sie bei Ihren Ausgrabungen irgendwann und irgendwo einmal auf Völker oder Völkergruppen gestoßen, die nicht religiös waren, die also keine Vorstellung von Gott hatten?" antwortete sie ohne Zögern: „Nie! Alle Völker oder Völkergruppen, die in den Anfängen der Menschheitsgeschichte existierten, waren religiös. Sie alle hatten eine Vorstellung von Gott. Es gibt in der gesamten Vor- und Frühgeschichte kein Volk ohne Religion.[39]

Das gilt bis heute! Alle Menschen haben eine Vorstellung von der Macht und der Größe Gottes. Jeder Mensch hat wenigstens eine Vorstellung davon, was das Wort „Gott" bedeutet. Selbst der kämpferischste Atheist, der Gott ablehnt und lächerlich zu machen versucht (zum Beispiel Richard Dawkins), weiß, was er bekämpft. Auch er hat eine Vorstellung von Gott. Und auch die vielen, vielen Menschen, die längst aus der Kirche ausgetreten sind oder sogar nie dazugehört haben: Sie alle wissen, was gemeint ist, wenn man sie auf Gott anspricht. Sie haben ein unmittelbares Empfinden dafür. Es ist in allen da. Ohne Zutun von außen! Noch ein klarer Hinweis auf die Existenz Gottes. Und es gibt noch viele mehr.[40]

---

39 Persönliche Begegnung des Autors mit einer Archäologin aus dem Saarland.

40 „Die Naturkonstanten sind jene physikalischen Größen, deren Wert sich durch nichts beeinflussen lässt – Sie sind konstant im ganzen Weltraum und ändern sich auch nicht mit der Zeit. Aus der Vielzahl der Naturkonstanten greifen wir hier beispielhaft vier heraus:

- Lichtgeschwindigkeit: $c = 299\ 792\ 458\ \frac{m}{s}$ (einzige ganzzahlige Naturkonstante!)

- Gravitationskonstante: $G = 6{,}67408 \times 10^{-11} \frac{m^3}{kg \times s^2}$
- Planck'sches Wirkungsquantum: $h = 6{,}626\ 070\ 040 \times 10^{-34}$ Js
- Feinstrukturkonstante: $\alpha = 1/137{,}0360$ (dimensionslos) […]

Keine der Naturkonstanten kann durch eine physikalische Theorie erklärt oder gar berechnet werden. Die Physiker sind auf der Suche nach einer ‚Theorie für alles', von der sie sich erhoffen, dass die Naturkonstanten [durch sie] errechenbar werden. Ob es diese Theorie überhaupt gibt, ist zurzeit völlig ergebnisoffen. […] Unsere Existenz hängt also an dem hauchdünnen seidenen Faden der Naturkonstanten – genauer: an ihren präzise aufeinander abgestimmten Werten.

Der britische Biologe Rupert Sheldrake (*1942) schreibt: ‚Weshalb sind die Naturgesetze so, wie sie sind, und weshalb haben die Grundkonstanten die Werte, die sie haben? [...] Hätten die Konstanten andere Werte, gäbe es keine Sterne, keine Atome, keine Planeten, keine Menschen. Wenn die Konstanten auch nur ein wenig anders wären, gäbe es uns nicht. Wäre beispielsweise das Kräfteverhältnis zwischen den Kernkräften und der elektromagnetischen Kraft nur minimal anders, als es ist, dann gäbe es keine Kohlenstoffatome und folglich kein auf Kohlenstoff beruhendes Leben wie auf unserem Planeten.' […]

Es sind die Naturkonstanten, die unserem Universum seine Existenz gewähren. Hätten diese Konstanten andere Werte, würde es schlichtweg keine Menschen geben. Nicht nur unser Leben, auch alles sonstige Leben hängt an diesem dünnen Seidenfaden jener aufs Feinste abgestimmten Zahlenwerte in den Naturkonstanten. Der Karlsruher Physiker [Prof. Dr.] Thomas Schimmel fand heraus: ‚Selbst wenn die Naturkonstanten nur für eine tausendstel Sekunde schwanken, wäre danach alles biologische Leben auf diesem Planeten ausgelöscht." Die hohe Präzision der Feinabstimmung der Naturkonstanten lässt sich vergleichen mit der Zielsicherheit eines Scharfschützen, der eine Euromünze als Ziel treffen muss, die sich am anderen Ende des Universums befindet. Er muss also eine Entfernung überwinden, für deren Durchquerung das Licht bei der o. g. Geschwindigkeit von etwa 300 000 $\frac{km}{s}$ weit mehr als 10 Milliarden Jahre brauchen würde.'

Unser Universum hat einen göttlichen Urheber. Diese Schlussfolgerung drängt sich geradezu auf. […] Der bekannte britische Astronom und Mathematiker Sir Fred Hoyle (1915–2001) bekannte von sich: ‚Nichts hat meinen Atheismus so sehr erschüttert wie die Feinabstimmung der Naturkonstanten.'"

Text entnommen aus: Werner Gitt: *Der Gottesbeweis durch die Naturkonstanten.* https://wernergitt.de/traktate/evangelistische-traktate/3202/der-gottesbeweis-durch-die-naturkonstanten-detail abgerufen 26.06.2024.

Die Hinweise auf Gottes Existenz sind also zahlreich. Die Menschen können sie wahrnehmen und innerlich davon bewegt werden. Sie begreifen dann: *Die Bibel hat recht! Gott existiert wirklich. Es muss ihn geben! Viele Dinge in der Welt sind nicht anders zu erklären.* So beginnen sie, an die Existenz Gottes zu glauben. Damit haben sie den ersten Schritt zum Glauben getan.

Schritt 2

Der zweite Schritt besteht dann darin, dass die Menschen anfangen, Gott zu suchen. Dazu noch einmal der Hebräerbrief (11,6): *„Wer zu Gott kommen will, muss glauben, dass es ihn gibt und dass er die belohnt, die ihn aufrichtig suchen"* (NeÜ).

So weit, so klar! Aber was bedeutet das: Gott *„aufrichtig suchen"?* Wie sieht das konkret aus? Die Antwort erschließt sich, wenn man die Worte zur Kenntnis nimmt, die dem vorausgehen: *„dass er die belohnt".* Es besteht ein Zusammenhang zwischen *Gott aufrichtig suchen* und *von Gott belohnt werden.* Diejenigen (und nur diejenigen!), die Gott aufrichtig suchen, werden von ihm belohnt. Natürlich stellt sich jetzt die Frage: Welche Belohnung stellt Gott denn in Aussicht? Die Antwort: Gottes Belohnung besteht in der Rettung aus der Verlorenheit, der Vergebung der Sünden, der ewigen Gotteskindschaft und dem ewigen Leben.

Wer wird sich nach dieser Belohnung ausstrecken? Wer wird sie haben wollen? Wem wird diese Belohnung so wertvoll sein, dass er alles dafür einsetzt, um sie zu bekommen? Die Antwort liegt nahe: Es werden all die Menschen sein, die begriffen haben, dass sie von Natur aus Konkurrenten Gottes, ja, Feinde Gottes sind.[41] Wie begreifen sie das? Sie erfahren aus der Bibel, dass Gott

---

41 *„Wisst ihr nicht, dass Freundschaft mit der Welt Feindschaft mit Gott ist?"* (Jak 4,4; LUT)

heilig ist und das Böse hasst. Dort lernen sie auch Gottes Maßstäbe kennen. Dann wenden sie all das auf sich und ihr Leben an. So kommt es dazu, dass sie sich als verlorene Sünder erkennen. Sie begreifen, dass sie Sünden in ihrem Leben haben, die sie von Gott trennen. Sie begreifen, dass sie in Verlorenheit leben und dringend Rettung für die Ewigkeit brauchen. Daraufhin beginnen sie, sich nach Gottes Belohnung zu sehnen. Sie wissen jetzt, dass diese Belohnung Gottes das einzig Erstrebenswerte ist, weil sie ihnen Frieden und Versöhnung mit Gott bringt und ihnen das Leben im Himmel sichert. So setzen sie alles daran, diese Belohnung zu bekommen.

Damit wird auch klar, was es heißt, Gott mit aufrichtigem Herzen zu suchen. Ein Herz, das *„ihn aufrichtig sucht"*, ist ein Herz, das erkannt hat, dass es in Sünde und Verlorenheit lebt und Rettung braucht. Ein Herz, das *„ihn aufrichtig sucht"*, ist ein Herz, das weiß, dass es vor Gott ein Sünder ist und sich darum intensiv nach Frieden mit Gott sehnt. Der zweite Schritt zum Glauben besteht also darin, dass Menschen begreifen, dass sie von Natur aus Sünder sind und in Verlorenheit leben, und dass sie darum anfangen, Frieden mit Gott mit aufrichtigem Herzen zu suchen.

Schritt 3

Der letzte und dritte Schritt zum Glauben gestaltet sich so, dass die Menschen Gottes Belohnung (Vergebung, Rettung, Gotteskindschaft) bewusst in Empfang nehmen.

Auch Henoch hat irgendwann einmal in seinem Leben diesen Schritt getan: Er wusste, dass er ein Sünder war. Deshalb bekannte er seine Sünden vor Gott. Henoch wusste durch das, was er an Offenbarung von Gott bekommen hatte, dass Gott wirklich existiert und *„dass er die belohnt, die ihn aufrichtig suchen"*. Auf diese Offenbarung reagierte er mit Vertrauen. Er baute sein

Leben darauf. Er outete sich als Sünder und bekam Vergebung und Gnade.

Das ist ein sehr entscheidender Punkt: Kein Mensch kann einfach so vor Gott auftauchen, frei nach dem Motto: „Hallo, da bin ich!" Wer sein Leben in der Beziehung mit Gott leben will, muss als erstes die Vergebung seiner Sünden und die Gnade Gottes annehmen. Geschieht das nicht, ist ein solches Leben mit Gott von vornherein ausgeschlossen. Das lässt sich an folgendem Beispiel erkennen:

> Ein Pastor berichtet: „Ich habe einmal eine Rap-Session[42] mit Studenten durchgeführt. Ich sagte ihnen, sie könnten mir jede Frage zu jedem Thema stellen, und ich würde versuchen, sie zu beantworten. Ihre Fragen waren typisch für diejenigen, die ich in ähnlichen Sitzungen schon oft gestellt bekommen hatte. Als die Sitzung sich dem Ende zuneigte, hob ein Mädchen aus der hinteren Reihe, das noch nichts gesagt hatte, die Hand. Ich nickte, und sie sagte: ‚In der Bibel steht, dass Gott alle Menschen liebt. Dann steht da, dass Gott Menschen in die Hölle schickt. Wie kann ein liebender Gott das tun?' [...] Ich fragte sie: ‚Darf ich dir etwas mitteilen?' Sie sagte: ‚Ja.' Also führte ich sie durch eine grundlegende Darstellung des Evangeliums. Als ich zu Römer 3,23 kam und sagte, dass wir alle Sünder sind, begann sie zu weinen. In diesem Moment gab die Schülerin zu, dass sie eine Affäre mit einem verheirateten Mann gehabt hatte. Das, was sie brauchte, war Vergebung. Als ich den Vortrag über das Evangelium beendet hatte, vertraute sie Christus. Der Grund, warum sie nicht an die Hölle geglaubt hatte, war, dass sie gewusst hatte, dass sie

---

42 Englisch (ugs.): ein Treffen, bei dem eine Personengruppe informell über ein bestimmtes Thema spricht.

dorthin gehen würde. In ihrem Herzen wusste sie, dass sie gesündigt hatte. Ihr Gewissen verurteilte sie; aber anstatt sich der Tatsache ihrer Schuld zu stellen, leugnete sie einfach jedes zukünftige Gericht oder die zukünftige Hölle."[43]

Henoch hatte die Offenbarung von Gott, wie er mit seiner Sünde umzugehen hatte, genauso wie Abel diese Offenbarung hatte. Und wie Abel nahm auch Henoch diese Offenbarung an und baute seine Beziehung zu Gott auf ihr auf. So wurde er ein Mensch, der Frieden mit Gott hatte und mit ihm unterwegs sein konnte. Wer zu einer geistlichen Persönlichkeit werden will, kommt an diesem Punkt nicht vorbei. Es gilt: ohne Sündenvergebung kein Frieden mit Gott, und ohne Frieden mit Gott kein Wachstum als geistliche Persönlichkeit. Doch warum ist das so?

Jeder Mensch trägt alte Schuld mit sich herum. Sie stammt aus seinem alten Leben und trennt ihn vollständig von Gott. Es kann nun bitterschwer sein, diese alte Schuld schonungslos vor Jesus offenzulegen. Der menschliche Stolz wehrt sich mit aller Kraft dagegen – denn wo Sünde vorbehaltlos und offen bekannt wird, muss er sterben. Aber es muss doch sein, sonst gibt es kein Leben mit Gott. Vielen Menschen hilft es in dieser Situation, ihre Sünden gemeinsam mit einem Seelsorger laut vor Jesus zu bekennen. Manche notieren auch im Vorfeld all das, was ihnen an Sünde und Schuld bewusst geworden ist, auf einem Zettel und lesen in Gegenwart ihres Seelsorgers einfach das Geschriebene vor. Das hilft ihnen, ehrlich zu sein und nichts zu verschweigen. Der konkrete Zuspruch der Vergebung, den sie durch den Seelsorger nach dem Bekennen ihrer Schuld hören, ist dann eine riesengroße Befreiung. Die Vergebung wirkt tief in ihre Persönlichkeit hinein. Manche meinen, diese Beichte sei eine Erfindung

43 M. Cocoris: *Evangelism: A Biblical Approach.* Chicago: Moody 1984; S. 163. http://www.sermonillustrations.com/a-z/g/guilt.htm abgerufen 26.06.2024.

der katholischen Kirche. Aber das ist falsch. Die Bibel selbst fordert ausdrücklich zur „Beichte“ vor Gott in Gegenwart eines anderen Christen auf: *„Bekennt also einander die Sünden und betet füreinander, damit ihr geheilt werdet“* (Jak 5,16; NeÜ).

Noch einmal: Der dritte Schritt hinein in den Glauben besteht darin, dass Menschen Gottes Belohnung (Vergebung, Rettung, Gotteskindschaft) bewusst in Empfang nehmen. Erst mit dem Vollzug dieses Schrittes ist ein Mensch im biblischen Sinn zum Glauben gekommen.

Henochs Treue

Die drei Schritte in den Glauben hinein öffnen die Zukunft. Konkret: Sie öffnen das Leben im Glauben, die Praxis des Glaubens im Alltag. Die Bibel hat dafür einen Spezialausdruck: „Wandel im Glauben“. Dieser „Wandel im Glauben“ hat zuinnerst mit Treue zu tun.

Über Henoch wird gesagt, dass er genau das tat und lebte: *„Und Henoch wandelte mit Gott“* (1Mo 5,22.24; ELB). Für „wandeln“ steht im Hebräischen das Wort „halach“ (הלך). Dieser Ausdruck hat ein großes Bedeutungsspektrum. Er bedeutet einerseits „gehen“, andererseits aber auch „Gemeinschaft mit Gott haben“[44] oder einfach „leben“. Deshalb lässt sich auch übersetzen: *„Henoch führte sein Leben in enger Verbindung mit Gott“* (1Mo 5,22; NGÜ). Damit wird klar, was gemeint ist: Henoch ging jeden Schritt seines Lebens mit Gott. Sein Leben war ein Leben, das in jeder seiner Bewegungen von der Gemeinschaft mit Gott geprägt war. Es ging zwischen Gott

---

44 Diese spezielle Bedeutung hat halach nur in der Verwendung des Konjugationsstamms Hitpael, wie sie in 1Mo 5,22.24 vorliegt. Vgl. Wilhelm Gesenius: *Hebräisches und Aramäisches Handwörterbuch über das Alte Testament.* Berlin, Göttingen, Heidelberg: Springer 1962; S. 182.

und ihm sehr persönlich zu. Henoch „wandelte" durch seinen Alltag mit Gott. Und er tat das mit nicht nachlassender Treue.

Die griechische Übersetzung des Alten Testaments, die sogenannte Septuaginta (= Siebzig[45]), übersetzt die Wendung aus 1Mo 5,22.24 mit den Worten *„Henoch gefiel Gott"*.[46] Genauso verfährt der Hebräerbrief. Auch er sagt, dass Henochs *„Leben Gott gefallen hatte"* (Hebr 11,5; NeÜ). Damit ist klar: Das, was Gott an Henoch gefiel, war die Tatsache, dass Henoch mit Gott im Glauben „wandelte". Er stellte sein Leben komplett auf Gott ein. Er lebte mit Gott im Glauben, und er war darin treu. Auf die drei Schritte in den Glauben hinein folgte bei Henoch ein sehr persönliches Leben mit Gott.

Doch welche Bedeutung hat dieser Wandel im Glauben im Einzelnen? Ein Satz aus dem Buch des Propheten Amos hilft weiter. Denn dort findet sich eine Redewendung, in der der Ausdruck „halach" wieder auftaucht: *„Gehen auch zwei miteinander, ohne dass sie übereingekommen sind?"* (Am 3,3; SLT). Der Prophet will damit sagen: Schon wenn zwei Menschen miteinander eine Strecke weit gehen wollen, müssen sie sich über den Weg einig sein. Wie viel mehr ist das der Fall, wenn ein Mensch mit Gott wandelt? Es muss dann zwischen Gott und ihm eine Einigkeit über den Lebensweg bestehen, der zu gehen ist.

Das ist so ähnlich, wie wenn zwei Menschen miteinander auf dem Tandem-Fahrrad unterwegs sind. Ein Zeitungsreporter berichtet:

---

45 Die griechische Übersetzung des Alten Testaments entstand im 3./2. Jahrhundert v. Chr. Der sogenannte Aristeasbrief behauptet, die Septuaginta sei von 72 Gelehrten in 72 Tagen angefertigt worden. Daher die Bezeichnung „Siebzig" (LXX). Vgl: Uwe Swarat (Hg.): *Evangelisches Lexikon für Theologie und Gemeinde, Band 3*. Wuppertal und Zürich: SCM R.Brockhaus 1994; S. 1829f.

46 https://www.gty.org/library/sermons-library/90-383/enoch-the-walk-of-faith abgerufen 26.06.2024.

> Auf den ersten wackeligen Metern herrscht noch Leere im Schädel. […] Mit wachsender Sicherheit strampelt man sich allerdings langsam frei. […] Für den Hintermann ist es ungewohnt, sich ganz dem Steuermann auf der vorderen Position zu unterwerfen. Auf dem vorderen Sattel dauert es auch ein paar Minuten, um sich an den Passagier am blinden Fleck hinter dem Rücken zu gewöhnen. Das Anfahren ist gelegentlich noch etwas wackelig, aber die Fahrt zu zweit beginnt rasch Spaß zu machen.[47]

Genauso war es bei Henoch und Gott! Henoch war sozusagen der Hintermann, der sich dem Steuermann unterordnet. Er ließ sich den Weg, auf dem er unterwegs sein sollte, von Gott vorgeben. Er hatte darin eine Einigkeit mit Gott. Und in dieser Weise wandelte er mit ihm und zeigte darin eine große Beständigkeit. Er war treu.

Im Neuen Testament findet sich ein Wort, das genau dieselbe Bedeutung wie das hebräische *halach* hat und auch in derselben Weise gebraucht wird. Dieses Wort heißt *peripatein* (περίπατειν) und bedeutet „gehen" oder eben auch wieder „Gemeinschaft mit Gott haben". Es wird im Deutschen ebenfalls meistens mit „wandeln" wiedergegeben, kann aber auch hier anders ausgedrückt werden:

- Eph 2,10: *„… dass wir darin wandeln sollen"* (LUT), *„… dass wir damit unser Leben gestalten"* (NeÜ);
- Eph 5,2: *„Wandelt in der Liebe"* (LUT), *„Lasst euer Verhalten von Liebe bestimmt sein!"* (NeÜ);

47 Sebastian Herrmann: *Erzwungene Harmonie. Unterwegs mit einem Tandem.* Süddeutsche Zeitung, 21.09.2013. https://www.sueddeutsche.de/auto/unterwegs-mit-einem-tandem-erzwungene-harmonie-1.1500747 abgerufen 26.06.2024.

- Eph 5,8: „*Wandelt als Kinder des Lichts!*“ (ELB; LUT), „*Verhaltet euch so, wie Menschen des Lichts sich verhalten*“ (NGÜ);
- Eph 5,15: „*Wandelt nicht als Unweise, sondern als Weise!*“ (ELB), „*Verhaltet euch klug*“ (NGÜ);
- Gal 5,25: „*Lasst uns auch im Geist wandeln*“ (LUT), „*... wollen wir uns jetzt auch auf Schritt und Tritt von diesem Geist bestimmen lassen*“ (NGÜ).

All dieses „Wandeln“ ist etwas Dauerhaftes, Beständiges. Es hat mit Treue zu tun. Damit ist klar: Der Wandel im Glauben ist ein biblisches Prinzip, das von den ersten Kapiteln des Alten Testaments (Henoch) bis in das Neue Testament durchläuft. Dabei geht es immer darum, dass Menschen ihr Leben in der Einigkeit mit Gott gestalten, also mit ihm wandeln und darin treu sind.

Ein Leben in der Einigkeit mit Gott

Wie sah die Einigkeit aus, die zwischen Henoch und dem Gott der Bibel bestand? Wie prägte sie seinen Wandel im Glauben, also das praktische Leben Henochs? Und welche Bedeutung hat das für die Entwicklung einer geistlichen Persönlichkeit?

Die Einigkeit zwischen Henoch und Gott sah so aus, dass Henoch seinen eigenen, menschlichen Willen dem Willen Gottes unterordnete. An dieser Stelle wird noch einmal die Aussage aus Amos 3,3 wichtig: „*Gehen auch zwei miteinander, ohne dass sie übereingekommen sind?*“ Ein gemeinsamer Wandel mit Gott ohne Einigkeit ist unmöglich! Wenn zwei Menschen sich über etwas einig werden wollen, dann führen sie Gespräche und einigen sich irgendwie. Vielleicht schließen sie auch einen Kompromiss. Eine Einigkeit mit dem lebendigen Gott kann so allerdings nicht zustande kommen. Wir Menschen können mit

Gott nicht in Verhandlungen eintreten, einen Kompromiss mit ihm aushandeln und so mit ihm einig werden. Denn der Gott der Bibel verhandelt nicht. Er schließt auch keine Kompromisse, um uns Menschen zufriedenzustellen. Schließlich ist er der Herr aller Herren und der König aller Könige, und das bedeutet: Sein Wille gilt absolut. Wir Menschen können uns diesem seinem Willen nur unterordnen, uns in diesen Willen einfügen, ihn aber nicht verändern. Und das ist auch gut so! Denn dem Willen Gottes zu folgen, bedeutet immer, Leben, Zukunft und ein Maximum an Freude zu haben. Dem eigenen, menschlichen Willen zu folgen und Gottes Willen zu missachten, bedeutet dagegen immer Zerstörung. Im Buch der Sprüche (14,12) heißt es: *„Mancher wähnt sich auf dem richtigen Weg, doch am Ende führt er ihn in den Tod“* (NeÜ). Das folgende Beispiel veranschaulicht das:

> Der Kapitän des Schiffes blickte in die dunkle Nacht und sah schwache Lichter in der Ferne. Sofort befahl er seinem Signalmann, eine Nachricht zu senden: „Ändern Sie Ihren Kurs um 10 Grad nach Süden!“ Prompt kam eine Gegenmeldung: „Ändert Sie Ihren Kurs um 10 Grad nach Norden!“ Der Kapitän war verärgert, sein Befehl wurde ignoriert. Also schickte er eine zweite Nachricht: „Ändern Sie Ihren Kurs um 10 Grad Süd – ich bin der Kapitän!“ Bald darauf ging eine weitere Nachricht ein: „Ändern Sie Ihren Kurs um 10 Grad nach Norden – ich bin Seemann dritter Klasse Jones.“ Sofort schickte der Kapitän eine dritte Nachricht, wohl wissend, welche Angst sie hervorrufen würde: „Ändern Sie Ihren Kurs um 10 Grad nach Süden. Ich bin ein Schlachtschiff.“ Dann kam die Antwort: „Ändern Sie Ihren Kurs um 10 Grad nach Norden, ich bin ein Leuchtturm.“[48]

48 Paul Aiello, Jr. http://www.sermonillustrations.com/a-z/s/submission.htm abgerufen 26.06.2024.

Manche Christen haben Schwierigkeiten damit, ihren menschlichen Willen dem Willen Gottes vorbehaltlos unterzuordnen und sich in ihn einzufügen. Sie kämpfen verbissen um die einzelnen Teilbereiche ihres Lebens und wollen sie auf keinen Fall dem Willen Gottes anpassen. Ihre Treue Jesus gegenüber ist schwankend. Die Ursache kann in einer Fehlhaltung liegen, von der sie nicht lassen wollen. Andere hegen die (unbegründete) Befürchtung, ihr Leben könnte eng, grau und freudlos werden, sobald sie sich dem Willen Gottes vorbehaltlos unterordnen. Fakt ist aber: Ein Wachsen und Reifen zu einer geistlichen Persönlichkeit ist nur dann möglich, wenn der menschliche Wille sich in Liebe und Vertrauen Jesus unterordnet. Geschieht das nicht, wird das geistliche Wachstum auf Dauer stocken oder zum Erliegen kommen.

Henoch wurde ein Mensch, der in großer Einigkeit mit Gott lebte. In großer Treue ging er mit Gott Schritt für Schritt durch sein Leben. Er war mit Gott persönlich unterwegs. Er war mit Gott als Begleiter seines Alltags tiefvertraut. Eines allerdings kannte Henoch noch nicht: Er wusste nicht, wie es ist, wenn Gott nicht nur ein Begleiter ist, sondern sogar direkt im Leben des Glaubenden wohnt. Henoch konnte das auch noch nicht kennen, denn das gibt es erst seit der Ausgießung des Heiligen Geistes zu Pfingsten (Apg 2,1-13). Aber Christen kennen das. Sie leben mit der Voraussetzung, dass Christus in ihnen wohnt. Und das bedeutet: Ihr Wandel mit Gott ist noch viel persönlicher als bei Henoch. Der Gott, der sie begleitet, geht nicht nur *neben* ihnen, sondern er ist auch *in* ihnen. Jesus, der sie erlöst hat, wohnt durch den Heiligen Geist in ihnen. Persönlicher geht es nicht!

Was bedeutet das für die Entwicklung einer geistlichen Persönlichkeit? Wer heute, ähnlich wie Henoch, mit Jesus persönlich unterwegs ist, wird davon als Persönlichkeit je länger, desto mehr geprägt werden. Es ist nichts Geringes, wenn der Schöpfer und Retter, Jesus Christus, persönlich in einem wohnt und dort sein Auferstehungsleben lebt. Es ist nichts Geringes, mit Jesus in dieser persönlichen Weise Tag für Tag unterwegs zu sein. Seine Gegenwart in einem wird sich im gesamten Leben auswirken. Wie könnte das auch anders sein? Wer Jesus als Retter und Herrn angenommen hat, lebt Tag für Tag mit seiner persönlichen, liebenden Nähe. Er lebt im Alltag auch mit Gottes Größe und Souveränität. Das bedeutet: Er erlebt, dass nicht Menschen oder Mächte über ihn bestimmen, sondern dass Jesus, der Herr, das letzte Wort in seinem Leben hat. Er weiß darum, dass er für immer eine Zukunft hat. Und zwar eine große, helle Zukunft, die mit seiner Ankunft im Himmel vollendet werden wird. Der Glaubende wird darum zu einer Persönlichkeit heranreifen, die nicht nur in der Lage ist, anderen Geborgenheit zu geben, sondern die auch anderen Hoffnung und Zuversicht vermitteln kann. All das geschieht, weil Jesus durch den Heiligen Geist in ihm wohnt und ihn durch den Alltag begleitet.

Henoch hat all das nach seinen Möglichkeiten vorgelebt. Wer zu einer geistlich geprägten Persönlichkeit werden will, die treu mit Jesus unterwegs ist, sollte ihn und sein Leben im Blick behalten. Wer bei sich selbst feststellen muss, dass sein Lebensweg mit Jesus im Alltagsgeschehen unbeständig und nur von kurzer Dauer ist, der tut gut daran, das zunächst einmal nüchtern zur Kenntnis zu nehmen: *Ich habe ein Defizit an Treue im Alltag.* Danach steht er vor der Aufgabe, diese bittere Erkenntnis vor Jesus offenzulegen. Möglicherweise gibt es dabei auch Sünden zu bekennen und Vergebung in Empfang zu nehmen. Das kann allein oder gemeinsam mit einem Seelsorger geschehen. Danach lässt er diese Angelegenheit bei Jesus und quält sich nicht mehr damit. Im Alltag bemüht er sich nach Kräften um größere Treue in seinem Wandel mit Jesus. Wenn Rückschläge kommen, legt er sie wiederum im Gebet vor Jesus und dankt ihm, dass Jesus längst dabei ist, sein Auferstehungsleben auch in dieser Sache *in ihm* und *durch ihn* zu leben. Sein Blick bleibt auf Jesus gerichtet.

Er verfällt nicht in die Fehlhaltung, in seinem Inneren zu wühlen und sich auf sich selbst zu konzentrieren. Seine Persönlichkeit verändert sich unmerklich. So wird er Stück für Stück ein Mensch, der treu in der Nachfolge Jesu lebt.

KAPITEL 4

Noah – oder: Die Beharrlichkeit des Glaubens

Durch den Glauben hat Noah Gott geehrt und die Arche gebaut zur Rettung seines Hauses, als er ein göttliches Wort empfing über das, was man noch nicht sah; durch den Glauben sprach er der Welt das Urteil und hat ererbt die Gerechtigkeit, die durch den Glauben kommt.

Hebräer 11,7 (LUT)

„Wenn Andreas Loder einen von 16 000 großen braunen Säcken öffnet, erinnert das an eine archäologische Grabung. Vorsichtig, Schicht um Schicht, sichtet der Diplom-Archivar des Bundesarchivs den Inhalt. Bloß nicht auskippen, keinesfalls wühlen, heißt die Devise. Nichts soll hier durcheinandergeraten, kein Schnipsel aus dem Zusammenhang gerissen werden. Loder leitet die Abteilung ‚Manuelle Rekonstruktion' im Stasi-Unterlagen-Archiv, das seit 2021 zum Bundesarchiv gehört.

Per Hand puzzeln der 43-Jährige und zehn Kolleginnen und Kollegen zerrissene Akten der DDR-Staatssicherheit zusammen. Stück für Stück. Seit 30 Jahren gibt es das Projekt. 600 Säcke voller Papier, manche fast 30 Kilo schwer, wurden wieder in lesbare Dokumente verwandelt. 1,7 Millionen Blätter. „Die Masse erschlägt einen manchmal", sagt Loder. Zumal noch weitere 15 400

> Säcke warten. Erst in 350 Jahren wird die Arbeit getan sein."[49]

Ohne zu übertreiben kann man feststellen: Hier ist Beharrlichkeit gefragt! Beharrlichkeit, die sich auch angesichts der Perspektive, nun rund 350 Jahre puzzeln zu müssen, nicht entmutigen lässt.

In diesem Kapitel wird es um einen Mann gehen, dessen Auftrag dem der Mitarbeiter in der Stasi-Akten-Behörde in nichts nachsteht, zumindest, was die geforderte Beharrlichkeit angeht. Er war eine Persönlichkeit, die einen bestimmten Aspekt des Glaubens, nämlich die Beharrlichkeit, in besonderer und vorbildlicher Weise gelebt hat und uns dadurch eine Menge über die Grundlagen geistlicher Persönlichkeitsentwicklung verrät:

Durch den Glauben hat Noah Gott geehrt und die Arche gebaut zur Rettung seines Hauses, als er ein göttliches Wort empfing über das, was man noch nicht sah; durch den Glauben sprach er der Welt das Urteil und hat ererbt die Gerechtigkeit, die durch den Glauben kommt.

Hebräer 11,7, (LUT)

Dieser Vers hat es in sich. Es ist zwar nur ein kleiner Vers, und doch hat er viel zu sagen über das Leben jenes geheimnisvollen Mannes, der auf die Anordnung Gottes hin einen schwimmfähigen Kasten, die sogenannte „Arche", baute. Es lohnt sich, ihn und die Umstände seines Lebens näher kennenzulernen.

49 Christian Schneebeck: *Wie im Bundesarchiv aus Schnipseln wieder Stasi-Akten werden.* Berliner Morgenpost, 21.02.2023. https://www.morgenpost.de/politik/article237704757/bundesarchiv-stasi-akten-aktenpuzzler-schnipsel-ddr.html abgerufen 27.06.2024.

Noahs Umwelt: Natur und Ökologie vor der Sintflut

Durch den Glauben hat Noah Gott geehrt.

Hebräer 11,7a (LUT)

Noah ist eine der herausragenden Personen des Alten Testaments. Er war ein Mann, der in sehr schwierigen Zeiten gelebt hat, mit Sicherheit schwierigeren Zeiten als heute. Trotzdem hat er sich nicht beklagt, sondern hat sein ganzes langes Leben lang (950 Jahre, 1Mo 9,29) sehr konsequent und beharrlich mit Gott gelebt. Das Urteil der Bibel über Noah fällt folgerichtig sehr positiv aus. Sie sagt: *„Im Gegensatz zu seinen Zeitgenossen war Noah ein rechtschaffener und aufrichtiger Mann. Er lebte in enger Gemeinschaft mit Gott“* (1Mo 6,9; NGÜ).

Weiter berichtet die Bibel, dass Noah 500 Jahre alt war, als er von Gott den Auftrag bekam, die Arche zu bauen (1Mo 5,32), und knapp 600 Jahre, als die Sintflut[50] begann (1Mo 7,11). Insgesamt hat Noah also hundert Jahre an der Arche gebaut.

Das sind gewaltige Zeiträume: 100, 500, 600 Jahre. Für Noah wäre ein Greis von 95 Jahren ein junger Spund gewesen. Noch nicht trocken hinter den Ohren. Natürlich hören sich diese biblischen Zeitangaben in unseren Ohren recht ungewöhnlich an. Manche Leute lachen schlicht darüber: „So ein Schmarren“, würden sie sagen, „so alt wird doch kein Mensch!“ Trotzdem

---

50 Siehe dazu Joachim Scheven: *Vor uns die Sintflut. Stationen biblischer Erdgeschichte. Eine Kritik der aktualistischen Geologie.* Hofheim: Kuratorium Lebendige Vorwelt 2007.
Joachim Scheven: *Mega-Sukzessionen und Klimax im Tertiär. Katastrophen zwischen Sintflut und Eiszeit.* Neuhausen-Stuttgart: Hänssler 1988.

bleibt die Bibel dabei. Sie weist uns darauf hin, dass die Lebensbedingungen vor der Sintflut gänzlich andere waren, als man sie heute kennt. Das ist wichtig, denn in der Regel geht man davon aus, dass am Anfang der Welt im Wesentlichen dieselben Lebensbedingungen geherrscht haben, wie sie heute bestehen. Aus dieser Annahme heraus ist man dann wenig geneigt, den Angaben der Bibel über die hohen Lebensalter der ersten Menschen Glauben zu schenken. Man schüttelt sie ab.

Was dabei jedoch leicht übersehen wird: Die Lebensbedingungen vor der Sintflut waren *tatsächlich* ganz andere als nach der Sintflut.[51] Die Welt nach der weltweiten Flut war klimatisch und noch in manch anderer Hinsicht eine ganz andere als davor.

In 1. Mose 2,5-6 heißt es zum Beispiel, dass das Land ursprünglich durch Nebel (also nicht durch Regen!) befeuchtet wurde. Außerdem gab es Flüsse, die den Garten Eden mit den notwendigen Wassermengen versorgten. Doch diese Flüsse waren seltsam anders als heutige Flüsse. Den Informationen der Bibel zufolge entsprang im Garten Eden ein großer Strom, der diesen bewässerte. Hochinteressant ist nun, wie die Bibel diesen Strom beschreibt. Da heißt es: *„In Eden entsprang auch ein Strom, der den Garten bewässerte und sich dann in vier Arme teilte. Der erste davon heißt Pischon. [...] Der zweite Strom heißt Gihon. [...] Der dritte Strom heißt Tigris. [...] Der vierte Strom ist der Euphrat“* (1Mo 2,10-14; NeÜ).

Auffallend ist hier die Reihenfolge der Haupt- und Nebenströme.[52] Wenn man heutzutage den Verlauf eines Flusses von seinem Anfang bis zu seiner Mündung beschreibt, betrachtet man im Atlas zunächst die Quelle und dann erst die vielen kleinen

51 Werner Gitt: *Das biblische Zeugnis der Schöpfung.* Neuhausen-Stuttgart: Hänssler 1990; S. 98–116.

52 Joachim Scheven: *Der Schatz im Acker. Fußstapfen des lebendigen Gottes.* Hofheim: Kuratorium Lebendige Vorwelt 2012; S. 61–67.

Nebenflüsse, die in diesen Fluss einmünden und ihn mit Wasser versorgen. Man folgt der Richtung des fließenden Wassers. Das liegt nahe. Man verfolgt, wie der Fluss durch die einmündenden Nebenflüsse allmählich größer und größer und schließlich zu einem Strom wird. Beim Amazonasstrom in Brasilien kann man das besonders schön sehen, aber natürlich auch beim Rhein oder der Elbe. Es ist klar: Ein großer Strom fängt klein an (mit *einer* Quelle), endet aber groß.

Der Bericht der Bibel beschreibt die Flüsse des Gartens Eden nun auffallend anders. Ist es hier auch so, dass die Beschreibung von ganz klein nach ganz groß verläuft? Nein, dem ist nicht so! Sondern der biblische Bericht spricht zuerst von einem großen Strom, der im Garten Eden entspringt. Danach beschreibt er, wie dieser Strom sich aufteilt und kleiner und kleiner wird, sich in vier Nebenströme verzweigt und sich von da aus sicher noch weiter in kleinere Nebenflüsse und Nebenflüsschen usw. teilt. Diese Beschreibung aber bedeutet: Auch der biblische Bericht folgt der Richtung des fließenden Wassers. Und das ist nun wirklich interessant! Denn man kann daraus mit großer Wahrscheinlichkeit eines feststellen: Die Flüsse im Garten Eden flossen andersherum. Sie fingen nicht klein an und wurden sehr groß, wie das heute der Fall ist. Sondern sie fingen groß an und wurden allmählich immer kleiner.[53]

Fazit: Die Bewässerung des Gartens Eden lief offensichtlich so, dass das Wasser des großen Stromes sich in mehrere kleinere Flüsse und Flüsschen verteilte und so das Land bewässerte. „Ja, aber“, könnte man nun einwenden, „wenn dem so war: Wo hatte denn dann der große Strom sein Wasser her?“ Eine berechtigte Frage: Woher bekam der große Strom sein Wasser, wenn er es beständig an die vier Nebenflüsse und deren weitere Nebenflüsschen, Bäche und Rinnsale abgab?

---

53 Joachim Scheven: *Der Schatz im Acker;* S. 61–67.

Auch hier lässt die Bibel ihre Leser nicht ohne Antwort: Im 1. Buch Mose, Kapitel 7, Vers 11 heißt es: „*Im 600. Lebensjahr Noahs, im zweiten Monat, am siebzehnten Tag des Monats, an diesem Tag brachen alle Quellen der großen Tiefe auf, und die Fenster des Himmels öffneten sich*" (ELB). Also: Die Sintflut begann nicht mit Regen, sondern mit dem Aufbrechen der „*Quellen der großen Tiefe*". Der Regen kam erst danach dazu.

Wer oder was aber waren denn die „*Quellen der großen Tiefe*"?[54] Eine Reihe von Geo-Wissenschaftlern ist mittlerweile der Auffassung, dass damit riesige Wasserkammern unter der Erdoberfläche gemeint sind, die miteinander in Verbindung standen. Als die Sintflut begann, brachen diese gigantischen Kavernen (möglicherweise aufgrund von Erdbeben) auf. Die Erdoberfläche über ihnen brach ein und drückte das Wasser nach oben heraus. So gelangten in kurzer Zeit riesige Wassermengen an die Erdoberfläche und überschwemmten das Land.

Nun könnte man gleich weiterfragen: „Aber welche Funktion hatten diese gewaltigen Wasserkammern vor diesem Ereignis, also vor der Sintflut?" Sehr wahrscheinlich speisten sie (unter anderem) den großen Strom im Garten Eden. Sie lieferten ihm Wasser. Und dieses Wasser wurde dann durch die vier Nebenarme des großen Stromes (Pischon, Gihon, Tigris, Euphrat) über das Land verteilt und bewässerte den Boden.

Damit ist klar: Vor der Sintflut gab es keinen Regen, sondern nur Nebel. Für Regen bestand aber auch keine Notwendigkeit, denn das Land wurde von dem großen Strom bewässert, der das lebensnotwendige Wasser durch seine Nebenflüsse überallhin brachte. Er selbst wiederum erhielt sein Wasser aus den „*Quellen der großen Tiefe*". So funktionierte das im Garten Eden und darum herum.[55]

---

54 Ebd.
55 Ebd.

Weder Noah noch die übrige Bevölkerung wussten, was Regen ist. Und natürlich wussten sie erst recht nicht, was eine vernichtende Flut ist. Heute ist das allgemein bekannt, weil die Spuren der Sintflut weltweit in Form von versteinerten Tieren und Pflanzen zu finden sind. Aber die Menschen damals mussten es für reine Fantasterei halten. Vor diesem Hintergrund werden die Qualität und die Beharrlichkeit von Noahs Glauben deutlich. Er nahm Gottes Wort als unfehlbare Wahrheit an und richtete sich ganz darauf ein, obwohl seine Lebenserfahrung dagegensprach. Er setzte sein Vertrauen auf ein *„göttliches Wort über das, was man noch nicht sah"* (Hebr 11,7; LUT).

Nach der Sintflut war die Ökologie der Erde völlig verändert. Darum wurden die Menschen danach auch nicht mehr so alt. Die Bibel stellt das ausdrücklich fest. Nach der Flut nahm das Lebensalter sukzessive ab und pendelte sich schließlich auf um die siebzig/achtzig Jahre ein (1Mo 11,10-26; Ps 90,10). Noah mit seinen insgesamt 950 Lebensjahren gehört also ausdrücklich in die Zeit vor der Sintflut hinein: die Anfangsphase der Menschheit. Denn da waren die Lebensbedingungen eben ganz andere als heute.[56]

Noahs Einsamkeit

500 Jahre war Noah alt, als er von Gott den Auftrag bekam, die Arche zu bauen. Es sollte hundert Jahre dauern, bis er damit fertig war.

Hundert Jahre Schiffbau ... Die müssen für Noah sehr schwierig gewesen sein. Es wird gleich deutlich werden, weshalb. Doch zunächst sollte man zur Kenntnis nehmen: Es waren Jahre, in denen rund um Noah herum das Böse in hässlicher Weise triumphierte. Darüber heißt es in 1. Mose 6,5-6:

56 Werner Gitt: *Das biblische Zeugnis der Schöpfung;* S. 98–116.

Als aber der Herr sah, dass der Menschen Bosheit groß war auf Erden und alles Dichten und Trachten ihres Herzens nur böse war immerdar, da reute es den HERRN, dass er die Menschen gemacht hatte, und es bekümmerte ihn in seinem Herzen.

(LUT)

Auch Jesus kommentiert die Zeit Noahs mit den folgenden Worten:

Denn wie es in den Tagen Noahs war, so wird es sein beim Kommen des Menschensohns. Denn wie sie waren in den Tagen vor der Sintflut – sie aßen, sie tranken, sie heirateten und ließen sich heiraten bis an den Tag, an dem Noah in die Arche hineinging; und sie beachteten es nicht, bis die Sintflut kam und raffte sie alle dahin –, so wird es auch sein beim Kommen des Menschensohns.

Matthäus 24,37-39 (LUT)

Die Zeit Noahs muss eine üble, achtlose und respektlose Zeit gewesen sein. Eine Zeit tiefsitzender Gleichgültigkeit Gott gegenüber. Eine Zeit tiefsitzender Gleichgültigkeit der Wahrheit gegenüber. Eine überaus ichbezogene Zeit. Gefährlich und gefährdend. Eine Zeit, in der der lebendige Gott und die Ewigkeit keinerlei Wert mehr für die Menschen hatten.

Für Noah bedeutete das: Es muss sehr still gewesen sein um ihn und seine Familie. Genauer: Es muss für sie sehr einsam gewesen sein. Denn sie machten ja nicht mit beim allgemeinen Trend ihrer Zeit und Umwelt. Stattdessen *„hat Noah Gott geehrt"*, wie der Hebräerbrief (11,7a) feststellt. Es liest sich sehr leicht, wie die Bibel Noahs Lebensweise zusammenfasst: „*Noah war ein frommer Mann und ohne Tadel zu seinen Zeiten; er wandelte mit Gott. Durch den Glauben hat Noah Gott geehrt*" (1Mo 6,9b + Hebr 11,7a). Man liest das, nimmt es zur Kenntnis und nickt es ab. Man kennt diese Formulierungen. Geht in Ordnung!

Aber: Ohne Tadel vor Gott zu sein, mit ihm zu wandeln und ihn durch den Glauben zu ehren, war in Wirklichkeit ganz und gar nicht zum Abnicken! Es bedeutete für Noah, seine Frau und seine Kinder konkret, dass sie von den Menschen isoliert wurden. Noah war ein Fremdkörper um Gottes willen. Er war ein einsamer Mann. Er wurde (sehr wahrscheinlich) verachtet und isoliert. Für die Menschen war er ein Anlass zu Spott und Häme, nicht aber zu Bewunderung und Anteilnahme. Wenn Gott über einen Menschen das Urteil fällt, dass dieser ohne Tadel ist und mit Gott wandelt, dann bedeutet das, dass dieser Mensch (sehr wahrscheinlich) die Einsamkeit unter den Menschen bitter zu spüren bekommen hat – zumindest zeitweise.

Es kann immer nur eines zutreffen: entweder die Zustimmung von und die Gemeinschaft mit dem Gott der Bibel durch Jesus, den Auferstandenen, oder die Zustimmung von und Gemeinschaft mit den Menschen, die Gott nicht kennen. Noah hat sich – und allein das macht ihn schon zum Vorbild – für ersteres entschieden.

Wenn man die Berichte über ihn im 1. Buch Mose durchliest, fällt eines sofort auf: Noah beklagte sich nicht! Er beklagte sich nicht, dass er missachtet und wahrscheinlich auch angefeindet wurde. Er beklagte sich nicht, dass er die bittere Erfahrung der Einsamkeit um Gottes willen machte. Aber warum? Warum wurde Noah eine Persönlichkeit, die nicht nörgelte und klagte, obwohl genug Anlass dazu bestand? Noah verhielt sich hier so vorbildlich, weil er einfach zu viel Respekt vor dem lebendigen Gott hatte und ihn nicht durch Jammern herausfordern wollte. So ehrte er Gott durch den Glauben. Er war beharrlich. Die

Ehrfurcht vor Gott machte ihn zu einer geistlich sehr tragfähigen Persönlichkeit.

„Naja", sagen jetzt manche vielleicht, „die Einsamkeit, die kenne ich. Ich kenne sie nur viel zu gut, und ich finde sie abscheulich!" Es stimmt, Einsamkeit ist für erschreckend viele Menschen ein existenzielles Problem. Ein Problem, das sie nur allzu gern los wären.

Eine Studie des *American Council of Life Insurance* hat ergeben, dass die einsamste Gruppe in Amerika die College-Studenten sind. Das ist überraschend! Dahinter stehen Geschiedene, Sozialhilfeempfänger, alleinstehende Mütter, Hausfrauen und ältere Menschen. Um zu verdeutlichen, wie einsam Menschen sein können, erwähnte Charles Swindoll eine Anzeige in einer Zeitung in Kansas. Sie lautete: „Für 5,00 Dollar höre ich Ihnen 30 Minuten lang kommentarlos zu." Swindoll erklärte: „Klingt wie ein Scherz, nicht wahr? Aber die Person hat es ernst gemeint. Hat jemand angerufen? Und ob. Es dauerte nicht lange, bis diese Person 10 bis 20 Anrufe pro Tag erhielt. Der Schmerz der Einsamkeit war so groß, dass einige bereit waren, alles zu tun, um eine halbe Stunde Gesellschaft zu bekommen."[57]

Einsamkeit kennen viele. Sie hat zahlreiche Ursachen. Und sie betrifft viele Menschen. Aber dann gibt es auch noch diese besondere Einsamkeit, welche nicht alle Menschen, sondern nur Christen erfahren: eine Einsamkeit, die eine stete Begleiterin all derer ist, die an Jesus glauben und ihm in Treue nachfolgen.

Was ist das für eine Einsamkeit? Es ist die Einsamkeit derer, für die das Leben mit Jesus die allerhöchste Priorität hat. Ihre

---

57 http://www.sermonillustrations.com/a-z/l/loneliness.htm abgerufen 27.06.2024.

Umwelt registriert sehr rasch, dass hier ein Mensch ist, dessen höchstes Gut die Liebe zu Jesus ist. Das lässt sie instinktiv auf Abstand gehen. Wir Menschen sind von Natur aus eisige Konkurrenten Gottes. Die Bibel formuliert sogar noch schärfer: *„Feinde Gottes"*. Im Jakobusbrief (4,4) heißt es darum sehr klar: *„Wisst ihr nicht, dass Freundschaft mit der Welt Feindschaft mit Gott ist? Wer der Welt Freund sein will, der wird Gottes Feind sein"* (LUT). Und weil das so ist, dass die Menschen von Natur aus Feinde Gottes sind, grenzen sie sich in aller Regel scharf von den Christen ab. Sie merken, dass sie mit dem Gott, der im Leben der Christen lebt, nichts zu tun haben wollen. Sie ertragen ihn nicht. Sie spüren, dass sie ein völlig ungeklärtes Verhältnis zu Gott haben. Sie spüren außerdem, dass sie dieses ungeklärte Verhältnis auch gar nicht klären wollen. Deshalb grenzen sie sich von den Christen ab, weil diese sonst die Reste der Selbstzweifel in ihnen mobilisieren. Ferner machen die Menschen sich über die Schwächen der Christen lustig. Sie lassen sie spüren, dass sie nicht dazugehören. Sie lassen sie einsam werden. Mal ist diese Einsamkeit stark zu spüren, mal weniger stark. Aber unterschwellig läuft sie immer mit. Auch in Familien, wo vielleicht nur ein Familienmitglied Christ ist. Auch in Ehen, wo nur einer der Ehepartner Jesus nachfolgt.

Man sollte es also nicht verschweigen und nicht kleiner machen, als es ist: Die Einsamkeit um Jesu willen gehört zum Leben in der Nachfolge Jesu dazu. Unvermeidlich. Und weil das so ist, bedeutet Christen ihre Gemeinde so viel. Denn dort treffen sie auf andere, deren höchstes Gut ebenfalls die Liebe zu Jesus ist. Die Einsamkeit um Jesu willen gibt es dort nicht. Darum bedeutet Gemeinde für sie auch ein Stück weit Zuhause und Geborgenheit.

Die Einsamkeit in der Welt allerdings bleibt. Man entrinnt ihr nicht. Und so stellt sich die Frage: Bin ich bereit, eine Persönlichkeit zu werden, die diese Einsamkeit annimmt und um Jesu willen erträgt, ohne falsche Kompromisse, ohne Ausweichen und ohne Nörgeln oder Bitterkeit? Wie sieht es bei mir aus: Weiche ich aus, wenn ich mit Menschen zusammen bin, die Gott nicht kennen? Neige ich dann dazu, Kompromisse zu schließen und mit dem Strom zu schwimmen, weil ich nicht einsam sein will? Verschiebe ich die Prioritäten in meinem Leben, wenn es ernst wird und ich um des Glaubens willen angegriffen, verlacht und ausgegrenzt werde?

Klar ist in jedem Fall: Die geistliche Persönlichkeit, zu der jeder Christ nach Gottes Willen werden soll, ist eine Persönlichkeit, die die Einsamkeit um Jesu willen annimmt und erträgt und dennoch Gott lobt und anbetet.

„Puh!“, stöhnen manche jetzt vielleicht innerlich. „Das ist viel verlangt! Sehr viel! Das kann ich nicht schaffen!“ Damit haben sie recht. Das schafft kein Mensch aus eigener Kraft! Es geht nur und ausschließlich dadurch, dass ich Jesus mein Leben umfassend zur Verfügung stelle und ihn sein siegreiches Auferstehungsleben *in mir* und *durch mich* leben lasse.

Wer stattdessen nur die Zähne zusammenbeißt, sich zusammenreißt und diszipliniert und alles von sich selbst erwartet, wird es nicht schaffen. Er wird scheitern! Es gelingt nur, indem man den Blick konsequent und immer wieder neu auf Jesus richtet und ihm dafür dankt, dass er einen durch sein Auferstehungsleben zu einer Persönlichkeit reifen lassen will, die die Einsamkeit um Jesu willen erträgt. Es bringt nichts, in sich selbst hineinzusehen! Man wird dort nur die eigene Schwäche finden. Viel besser ist es, stattdessen Jesus Raum zu geben, der in einem lebt. Er wird für Veränderung sorgen! Man selbst arbeitet dabei zwar mit, klar. Man sitzt nicht faul herum. Aber er tut das Entscheidende. Das bedeutet: Die gesamte Hoffnung richtet sich auf ihn, den Sohn Gottes und den Messias. So bleibt man im Dank und in der Anbetung. Und man bleibt fröhlich!

Noahs Beharrlichkeit

Durch den Glauben hat Noah Gott geehrt und die Arche gebaut zur Rettung seines Hauses, als er ein göttliches Wort empfing über das, was man noch nicht sah.

Hebräer 11,7a (LUT)

„Noah empfing ein göttliches Wort über das, was man noch nicht sah“: Das ist eine sehr interessante Feststellung. Der Glaube an den lebendigen Gott (Jesus) beginnt, wie wir schon gesehen haben, immer damit, dass Gott sein Wort gibt und an einen Menschen heranbringt.[58] Wenn bei einem Menschen Glauben entsteht, dann geht die Initiative immer von Gott aus. Er gibt sein Wort. Der Glaube, den Gott in einem Menschen dann weckt und wachsen lässt, besteht immer darin, dass man sich mit dem vollen Gewicht des eigenen Lebens auf dieses Wort Gottes stellt und ihm vorbehaltlos folgt, obwohl man Gott nicht sieht.

So war es auch bei Noah: Noah bekam ein Wort von Gott. Dieses Wort war völlig neu. Es war atemberaubend. Denn es betraf Dinge, die man zu dem Zeitpunkt, als das Wort (von Gott) gegeben wurde, in keiner Weise erkennen konnte. Doch obwohl dem so war, stellte Noah sich mit dem ganzen Gewicht seines Lebens auf dieses Wort Gottes. Er gab sich dem Wort Gottes kompromisslos hin. Das ist Glaube.

Was aber war der Inhalt des göttlichen Wortes, das Noah von Gott empfing? Die Botschaft Gottes betraf zwei sehr verschiedene Dinge, die man beide noch nicht sah. Bei diesen Dingen handelte

58 Siehe Kapitel 1: Ein geheimnisvoller Slogan.

es sich: 1. um eine weltweite Überflutung der Erde und 2. um den Bau eines gigantischen Schiffes.

Da sprach Gott zu Noah: Das Ende allen Fleisches ist bei mir beschlossen, denn die Erde ist voller Frevel von ihnen; und siehe, ich will sie verderben mit der Erde. Mache dir einen Kasten [„Arche" heißt übersetzt „Kasten"] *von Tannenholz und mache Kammern darin und verpiche ihn mit Pech innen und außen. Und mache ihn so: Dreihundert Ellen sei die Länge, fünfzig Ellen die Breite und dreißig Ellen die Höhe. Ein Fenster sollst du für den Kasten machen obenan, eine Elle groß. Die Tür sollst du mitten in seine Seite setzen. Und er soll drei Stockwerke haben, eines unten, das zweite in der Mitte, das dritte oben. Denn siehe, ich will eine Sintflut kommen lassen auf Erden, zu verderben alles Fleisch, darin Odem des Lebens ist, unter dem Himmel. Alles, was auf Erden ist, soll untergehen.*

1. Mose 6,13-17 (LUT)

Beide Ankündigungen Gottes mussten für Noah gänzlich unglaublich klingen! Immerhin braucht es für eine Flut Regen. Viel Regen sogar. Aber Regen gab es zu Noahs Lebzeiten nicht. Die natürlichen Lebensverhältnisse damals entsprachen durchaus nicht denen, wie sie heute sind. Sie waren ganz anders. Das ist eben deutlich geworden.

An dieser Stelle sollte man sich Folgendes vor Augen führen: Noahs Lebenserfahrung war nicht gering: Sie umfasste immerhin 500 Jahre (1Mo 5,32). Und das göttliche Wort, das Noah empfing, betraf Dinge, die man noch nicht sehen konnte. Das Erste, was man nicht sehen konnte, war die weltweite Flut, die kommen würde. Das zweite war das Schiff, das Noah bauen sollte. Von dem war (zunächst wenigstens!) auch noch nichts zu sehen. Dazu kommt: Mit Sicherheit verstand Noah nichts vom Schiffbau. Schon gar nicht vom Bau eines solch großen Schiffes: Die Arche war (nach vorsichtigen Berechnungen) mindestens so groß wie anderthalb Fußballfelder. Sie war drei Stockwerke hoch und hatte auf ihren Decks ein Ladevolumen von ca. 40 000 Kubikmetern. Also ein gewaltiges Monstrum.[59]

Wissenschaftler haben herausgefunden, dass die Arche zwar nicht steuerbar war, mit ihren Maßen jedoch beste Schwimmeigenschaften besaß und ähnlich dem Prinzip eines Korkens sogar große Wellen nehmen konnte. Solch ein Schiff sollte Noah also bauen, und das mitten auf trockenem Land! Kein Wasser weit und breit. Kein Regen, keine Wasserflut in Sicht. Aber ein Schiff

---

59 „Die Arche hatte bei den Maßen 135 × 22,5 × 13,5 m unter Berücksichtigung der drei Stockwerke eine Ladefläche von ca. 9000 m^2 und ein Ladevolumen von ca. 40 000 m^3. Ein Vergleich mit einem Eisenbahnwaggon soll verdeutlichen, welche Kapazitäten sich hinter diesen Zahlen verbergen: Die Deutsche Bahn hat für den Transport von Tieren keine besonderen Viehwaggons, sondern benutzt die üblichen Güterwagen. Ein Güterwagen der Deutschen Bahn in Regelbauart (hier der Typ Gbs [-uv] 254) hat folgende Maße: Ladelänge: 12,7 m, Ladebreite: 2,6 m und Ladehöhe: 2,25 m. Daraus ergeben sich für die Ladefläche eines Waggons 33 m^2 und für das Ladevolumen ca. 74 m^3. Die Kapazität der Arche entsprach also einer Ladefläche von ca. 280 Güterwagen und einem Ladevolumen von ca. 550 Güterwagen. […]
Die Zugrundelegung des Rauminhaltes ist angebracht, weil Noah nach dem biblischen Bericht Zwischenfächer einzubauen hatte, was eine enorme Erweiterung der Kapazität mit sich bringt. Man kann sich auch denken, dass Käfige für Vögel und kleinere Tiere übereinandergestapelt wurden. Angesichts dieser Berechnungen ergibt sich die groteske Frage, ob die Arche nicht zu klein, sondern eher zu groß war. Aber man muss bedenken, dass Noah und seine Familie über ein Jahr in der Arche bleiben mussten und so gesehen die Arche auch gleichzeitig Lebensraum für Tier und Mensch war, und da brauchte man schon etwas mehr Raum als nur einen Platz zum Hinlegen."
https://www.wort-und-wissen.org/disk/d90-4/#:~:text=Die%20Arche%20hatte%20bei%20den,40.000%20m3 abgerufen 27.06.2024.

bauen. Auf die Menschen muss das überaus lächerlich gewirkt haben. Sicher konnte sich auch Noah selbst das alles in keiner Weise vorstellen. Dennoch baute er die Arche (den „Kasten") und zeigte damit, dass er sein Leben wirklich auf das ihm von Gott gegebene Wort baute. Noah glaubte dem Wort, das er von Gott empfangen hatte. Und er zeigte diesen Glauben, indem er den Bau der Arche in Angriff nahm und ihn beharrlich durchführte.

Wie sehr muss dieser Glaube angegriffen worden sein:

Was wäre denn, wenn man selbst eines Tages von Gott den Auftrag erhielte, eine Arche zu bauen? Man müsste dazu den Gartenzaun, die Gartenlaube, den Gartenteich und das eigene Wohnhaus einreißen, um den nötigen Platz zu bekommen. Der Rumpf des Schiffes würde aber trotzdem bis auf die andere Straßenseite reichen. Sein Bug würde turmhoch im Erdbeerbeet von Nachbar Krause auf der anderen Straßenseite stehen.

Wie würden die Menschen drumherum reagieren? „Unglaublich!", würden sie sagen. „Nun hat er doch gerade sein Häuschen wärmegedämmt, neu gestrichen und die Gehwegplatten neu verlegt, und jetzt reißt er alles wieder ein. Was geht hier vor?" Dann würden die Leute an dem Wohnwagen klingeln, in dem man jetzt kampiert, und würden nachfragen: „Sagen Sie mal", würden sie fragen, „was geht hier eigentlich vor? Sind Sie jetzt komplett verrückt geworden? Wieso reißen Sie hier alles ein?" – „Nun", würde man erklären, „es wird hier bald alles überflutet werden, und deswegen baue ich ein Schiff. Und damit genügend Platz dafür vorhanden ist, müssen eben die Gebäude weg. Die gehen sowieso unter!"

Die Leute würden sich an den Kopf fassen: „Hören Sie mal, Herr ...", würden sie sagen, „letztes Jahr sind die Kosten fürs Wasser schon wieder enorm gestiegen. Ich habe im Sommer noch nicht mal den Rasen sprengen können. Der Klimawandel, Sie verstehen schon! Und jetzt faseln Sie etwas von einer Flut daher! Sie haben wohl etwas Falsches gegessen!"

Dann würden die Leute ganz aufgeregt zur Zeitung und zum Fernsehen laufen. Die wiederum würden Reporter und Übertragungswagen schicken. Alles wäre voll von Antennen und Kameras. Die Nachbarn und Verwandten würden herbeigeholt werden, um Interviews zu geben. Schließlich kämen die Reporter zu einem selbst und würden fragen: „Sie sind sich also sicher, dass eine gigantische Flut kommt. Woher haben Sie diese Sicherheit?" – „Nun, Gott hat es gesagt", würde die Antwort lauten. Die Reporter würden lachen: „Das kann jeder sagen! Haben Sie denn Ingenieure, Stahlarbeiter, Werftleute usw.? Wer soll denn das Schiff bauen?" – „Nein", würde man sagen, „ich habe keine Ingenieure, keine Stahlarbeiter und auch keine Werftleute. Ich habe noch nicht mal Konstruktionspläne. Ich habe nur meine Hände, ein paar Werkzeuge, genügend Holz, ein paar Helfer und die Anweisungen Gottes. Das ist alles." Die Reporter könnten es nicht fassen: „Ja, aber wie wollen Sie denn steuern?" – „Ein Steuer ist nicht geplant", würde man antworten. „Gott hat nur gesagt, dass der Kasten schwimmen soll. Das ist alles. Und das reicht ja auch."

In den folgenden Tagen, Wochen und Monaten wäre die Arche von Herrn … auf den Titelseiten zahlreicher Zeitungen. Sämtliche Magazinsendungen der Fernseh- und Rundfunkanstalten würden von ihr berichten. Ein röhrendes Gelächter würde durch die deutschen Lande gehen. Die Leute würden sich auf die Schenkel klopfen vor Vergnügen! Pommesbuden und Bierstände würden sich rund um die Schiffsbaustelle ansiedeln. T-Shirt-, Button- und Andenkenverkäufer würden schwindelerregende

Umsätze machen. Die Anwohner würden ihre Fensterplätze zum Bauplatz hin für 90 € die Stunde vermieten. Alle würden ihre helle Freude haben an Herrn … und dem verrückten Schiff.

Nur glauben würde keiner! Und niemand würde überleben, wenn die Flut käme. Nur die Bauleute des Schiffes würden in dem Rettungskasten Zuflucht finden, den sie gebaut haben.

So ähnlich muss es für Noah gewesen sein: Er wurde verachtet, verlacht, für verrückt erklärt und beschimpft. Mindestens 100 Jahre lang. So lange musste er standhalten. So lange musste er beharrlich sein. So lange hatte er nur Gottes Wort. So lange hatte er nichts Sichtbares, auf das er hätte bauen können. Jeden Tag musste er sich neu entscheiden, ob er nun an seinem Schiff weiterbauen und seinen Glauben damit unter Beweis stellen sollte, oder ob er das Projekt und seinen Glauben aufgeben sollte. Hundert Jahre lang hat Noah sich Tag für Tag kompromisslos dem Wort Gottes *„über das, was man noch nicht sah"* hingegeben. Hundert Jahre lang hat er auf ein Ereignis hingearbeitet, das man überhaupt nicht sah – das Gott aber angekündigt hatte. Hundert Jahre lang hat er entgegen alle Lebenserfahrung und entgegen allem Augenschein die Arche gebaut. Er hatte kein anderes Fundament für sein Leben als allein das göttliche Wort, das er empfangen hatte. Doch darauf stellte er sich kompromisslos. Ja, Noah war beharrlich in seinem Glauben.

Und dann tat Noah noch etwas:

Durch den Glauben sprach er der Welt das Urteil und hat ererbt die Gerechtigkeit, die durch den Glauben kommt.

Hebräer 11,7b (LUT)

Noah warnte die Menschen, dass Gottes Gericht (durch eine Flut) kommen würde: *„Er sprach der Welt das Urteil."* Das heißt konkret: Er sprach das Urteil, das Gott ihm mitgeteilt hatte, laut aus. Noah baute an seinem Schiff und predigte. Hundert Jahre lang. Auch sein Predigen war ein Akt des Glaubens. Denn sehen konnte man das Gericht Gottes nicht. Im Gegenteil: Die Sonne schien, die Vöglein zwitscherten, Wein und Eintopf schmeckten den Menschen wie eh und je. *„Sie heirateten und ließen heiraten"* (Mt 24,38; LUT). Es war alles so friedlich, so gänzlich friedlich und unverdächtig. Kein Mensch konnte sich vorstellen, dass Gottes Gericht tatsächlich kommen könnte.

Noah hat durchgehalten. Er hat vor Gottes Gericht gewarnt, hundert Jahre lang. Er war beharrlich. Er hatte außer dem göttlichen Wort nichts in der Hand: keine dunklen Wolken am Himmel, keine bedrohlichen Blitze, keine Erdbeben. Stattdessen Frieden hienieden. Dennoch warnte Noah die Leute und stellte sich entgegen dem Augenschein fest auf das Wort, das Gott ihm gegeben hatte. So zeigte er durch seine Warnungspredigten, dass er Gottes Wort vertraute. Er war beharrlich in der Hingabe des Glaubens.

Solche Beharrlichkeit muss gelernt werden. Möglicherweise werden die Christen der Bundesrepublik Deutschland in den nächsten Jahren nicht mehr sehr viel Großes bewegen. Die Bedrängnis der Christen hat längst begonnen. Noch hält sie sich in Grenzen. Aber sie ist da. Und Zeiten der Bedrängnis sind in der Geschichte niemals Zeiten gewesen, in denen die Christen viel Sichtbares bewegt hätten. Es waren vielmehr immer Zeiten, in denen Treue und Beharrlichkeit angesagt waren. Jesus hat einmal gesagt: *„Wer aber ausharrt bis ans Ende, der wird gerettet werden"* (Mk 13,13; ELB). Beharrlichkeit ist gefordert, besonders in Zeiten der Bedrängnis.

Es ist nichts Geringes, die Beharrlichkeit des Glaubens zu lernen. Viele Christen im Westen sind stark davon geprägt, dass sie vor allem sichtbaren Erfolg haben wollen. Sie meinen, es müsse immer rüstig vorwärts gehen: Die Gemeinden müssen wachsen, die Zahl der Bekehrten immer weiter in die Höhe schnellen. Sie wünschen sich, dass alles immer größer und schöner und ansehnlicher wird. Und sie möchten eines Tages mit Freude und Befriedigung auf ein großes, gelungenes geistliches Werk zurückblicken können.

Jesus aber ruft einen in die Beharrlichkeit des Glaubens und will, dass man sich darin bewährt ohne großes Gemeindewachstum, ohne in die Höhe schnellende Zahlen und ohne dass alles immer größer, schöner und ansehnlicher wird. Je eher man das begreift und annimmt, umso besser. Denn dann ist man dort, wo Jesus einen haben will. Und das ist immer der beste Ort, wo ein Christ sein kann!

Es wäre also ein großer Fehler, die Beharrlichkeit des Glaubens zu verachten. Denn Jesus will sie in einem wachsen lassen. Er will seine Nachfolger zu Menschen mit einem beharrlichen Charakter machen, einem Charakter, der Jesus treu ist. Beharrlich treu. Beharrlichkeit ist dasjenige Persönlichkeitsmerkmal, das in der Zeit Noahs und wahrscheinlich auch gegenwärtig von großer Bedeutung war bzw. ist. Es ist der Glaube an Jesus Christus, der durch den Heiligen Geist in den Christen lebt, der diese Beharrlichkeit hervorbringt.

Noahs Erbe

In Hebräer 11,7 heißt es abschließend: *„[Noah] hat ererbt die Gerechtigkeit, die durch den Glauben kommt“* (LUT).

„Die Gerechtigkeit, die durch den Glauben kommt“: Damit ist die Rettung in alle Ewigkeit gemeint, die Vergebung und Reinigung von Sünde, das Heil. All das bekam Noah geschenkt, weil er ein Mann des Glaubens war. Sein Glaube war wie eine

Rinne, wie ein Kanal, durch den Gottes Vergebung, Rettung und Heil in sein Leben fließen konnten.

Damit wird abschließend noch einmal klar, wie wichtig dieser Glaube – und nur dieser Glaube – vor Gott ist. Er ist schlechthin entscheidend! Nicht den Erfolgreichen hat Gott die Rettung verheißen. Auch nicht den moralisch Einwandfreien, den Edelmütigen, den Hochanständigen oder gar den Cleveren. Allein den Glaubenden hat er das ewige Leben versprochen.

Klar ist auch: Es hat immer wieder Zeiten gegeben, in denen Christen „erfolgreich" waren, in denen ihre Gemeinden florierten, in denen ihre geistliche Arbeit große, sichtbare Frucht brachte. Sicherlich waren diese Zeiten etwas Schönes und Begeisterndes, etwas zum Freuen, zum Staunen und zum Danken. Keine Frage. Aber natürlich hat es auch immer wieder ganz andere Zeiten gegeben, in denen Christen trotz vieler und treuer Arbeit keine großen, vielleicht noch nicht mal mittelmäßige, sondern höchstens ganz kleine „Erfolge" hatten. Auch diese Zeiten gab es und gibt es.

Noahs Zeiten waren so. Man bedenke: Hundert Jahre lang hat er seinen Landsleuten gepredigt. Das war doch eine lange Zeit! Aber am Ende glaubten doch nur Noah und seine Frau, seine drei Söhne und deren Frauen: acht Leute insgesamt, und kein einziger mehr. Und das nach hundert Jahren lippenzerfransender Predigttätigkeit.

Gemessen am heutigen Erfolgsdenken wäre Noah ein Versager: „Der hat ja nur eine Gemeinde von acht Leuten zustande gebracht. Der muss etwas falsch gemacht haben." So würde man vielleicht urteilen. Gott aber urteilte anders. Als die Tür zur Arche sich endgültig schloss, die Quellen der großen Tiefe mit furiosem, nervenzerfetzendem Krachen emporsprudelten und danach der Regen einsetzte, wurden der vermeintlich erfolglose Noah und seine kleine Schar gerettet. Alle anderen aber kamen um. Gottes abschließendes Urteil über diesen Mann des

Glaubens lautet: Er *„hat ererbt die Gerechtigkeit, die durch den Glauben kommt"*.

Darum: Es ist sehr entscheidend, jeden kleinen und noch so banalen Alltags-Tag mit seinen immer wiederkehrenden und nicht selten langweiligen oder sogar nervtötenden Pflichten und Tätigkeiten freundlich anzunehmen und den Glauben darin zu bewähren. Es ist von großer Bedeutung, nicht auszuweichen oder auf bessere Zeiten zu warten, sondern sich dort zu bewähren, wo man gerade ist. Noah hat genau das getan, und er ist damit sehr gut gefahren. Denn von den Leuten, die ihn damals verspotteten, redet heute keiner mehr. Von ihm aber, dem Beharrlichen, dem Glaubenden, dem im Kleinen Treuen, redeten Generationen von Menschen durch die Jahrtausende hindurch. Und auch heute noch wird sein Name genannt als einer, der im Glauben beharrlich blieb über lange, lange Zeit.

KAPITEL 5

Abraham – oder: Die Dynamik des Glaubens

Durch den Glauben wurde Abraham gehorsam, als er berufen wurde, an einen Ort zu ziehen, den er erben sollte; und er zog aus und wusste nicht, wo er hinkäme. Durch den Glauben ist er ein Fremdling gewesen im Land der Verheißung wie in einem fremden Land und wohnte in Zelten mit Isaak und Jakob, den Miterben derselben Verheißung. Denn er wartete auf die Stadt, die einen festen Grund hat, deren Baumeister und Schöpfer Gott ist.

Hebräer 11,8-10 (LUT)

Unter dem Titel „Flotter Rentner“ brachten die Zeitungen ein erstaunliches Interview mit dem Rentner Francois Kessler. Darin heißt es: „Mein Name ist Francois Kessler. Ich komme ursprünglich aus Straßburg, wohne nun aber seit vielen Jahren im St. Wendeler Land und werde im Januar 87 Jahre alt. […] Mein Lieblingshobby ist das Zocken von Videospielen. […] Außerdem fotografiere ich gerne und sammele Mineralien. Früher war ich oft auf Mineralienbörsen, habe Mineralien verarbeitet und Schmuck kreiert. Das Kochen und Backen liegt mir ebenso. Auch das Arbeiten ‚am Bau‘ macht mir großen Spaß. Im letzten Jahr habe ich mit meinem Sohn und meinem Enkel einen Teil des Hauses inklusive Gipsen,

Verputzen und allem, was dazugehört, renoviert. Ansonsten vertreibe ich mir die Zeit oft mit Tik Tok und YouTube und schaue Spaßvideos und Bauanleitungen an. […] Ich bin Jahrzehnte lang Rennrad gefahren, und in diesem Jahr habe ich mir ein E-Bike zugelegt. Damit fahre ich mit der Familie schöne Touren im St. Wendeler Land. […] Wir plaudern, spielen und haben viel Spaß zusammen. Es ist immer was los: Auswärts essen gehen, Radtouren, Spazieren, Kinobesuche, ich mache alles mit und bin gerne dabei. […] Zuletzt bin ich auch noch ehrenamtlich bei einem gemeinnützigen Verein tätig. Ich war schon im Seniorenheim singen, als Fotograf auf den Vereinsveranstaltungen und sogar als Kampagnenmodel aktiv. Ich habe nie Langeweile."[60]

Man muss schon sagen: Dieser Mann ist eine dynamische Persönlichkeit! Sein Leben hat trotz seiner 87 Jahre eine atemberaubende Lebendigkeit.

Ein ziemlich „flotter Rentner" war auch die Persönlichkeit, von der die Bibel in Hebräer 11,8-10 berichtet. Er war ungefähr im selben Alter wie Francois Kessler und lebte ebenfalls trotz der fortgeschrittenen Jahre ein äußerst dynamisches Leben. Bei ihm war der Grund dafür sein Glaube an den unsichtbaren Gott der Bibel. Denn dieser gab seinem Leben eine besondere Dynamik, die die Person in besonderer Weise vorgelebt hat. Wer das Ziel verfolgt, zu einer geistlichen Persönlichkeit heranzureifen und in seinem Charakter Jesus ähnlicher zu werden, kann an diesem Mann kaum vorbeikommen.

Die „Dynamik des Glaubens" hat zwei wesentliche Aspekte:

60 wndn.de, 20.09.2020. https://www.wndn.de/flotter-rentner-wir-stellen-euch-den-wohl-coolsten-opa-im-st-wendeler-land-vor/ abgerufen 28.06.2024.

1) Sie beginnt mit einem Bruch. Dem Bruch mit dem alten Leben.
2) Danach ist sie entscheidend von etwas geprägt, das wir Menschen in der Regel gar nicht mögen: Warten.

Ein krasser Bruch

Durch den Glauben wurde Abraham gehorsam, als er berufen wurde, an einen Ort zu ziehen, den er erben sollte; und er zog aus und wusste nicht, wo er hinkäme. Durch den Glauben ist er ein Fremdling gewesen im Land der Verheißung wie in einem fremden Land und wohnte in Zelten mit Isaak und Jakob, den Miterben derselben Verheißung.

Hebräer 11,8-9 (LUT)

Abraham gilt allgemein als der Prototyp des Glaubenden, und das völlig zu Recht. Eines wird dabei allerdings leicht übersehen, nämlich, dass er aus einem heidnischen Elternhaus kam. Im Buch Josua (24,2) heißt es über ihn: „*So spricht der Herr, der Gott Israels: Eure Väter wohnten vorzeiten jenseits des Stroms, Terach, Abrahams und Nahors Vater, und dienten andern Göttern*“ (LUT). Hier ist von Terach, Abrahams Vater, die Rede. Von ihm wird berichtet, dass er „*anderen Göttern diente*“. Also: Abraham, der berühmte Vater aller Glaubenden, kam nicht aus einem frommen Elternhaus, sondern wuchs ganz und gar ohne den lebendigen Gott auf. Er kannte Gott von Haus aus gar nicht! Dazu kommt: Abraham wohnte in einer heidnischen Gegend, nämlich in Ur in Chaldäa, dem späteren Babylonien, etwa 140 Kilometer von der Stadt Babylon entfernt (1Mo 11,28).

Abraham, der Prototyp aller Glaubenden, wuchs in einem durch und durch heidnischen Umfeld auf. Wenigstens sein Vater, wahrscheinlich aber beide Elternteile, kannte Gott nicht, sondern diente anderen Göttern. Das bedeutet: Auch Abraham kannte Gott nicht – bis zu dem Zeitpunkt, als Gott ihn ansprach:

Und der HERR sprach zu Abram: Geh aus deinem Land und aus deiner Verwandtschaft und aus dem Haus deines Vaters in das Land, das ich dir zeigen werde! Und ich will dich zu einer großen Nation machen, und ich will dich segnen, und ich will deinen Namen groß machen, und du sollst ein Segen sein! Und ich will segnen, die dich segnen, und wer dir flucht, den werde ich verfluchen; und in dir sollen gesegnet werden alle Geschlechter der Erde!

1. Mose 12,1-3 (ELB)

Als Abraham, der seinen Namen erst später von Gott erhielt und anfangs noch Abram hieß, diese Worte von Gott hörte, passierte etwas sehr Jähes, Plötzliches, Abruptes: Abraham ließ aus dem Stand sein gesamtes altes Leben, all seine Verwandten und Bekannten, seine bisherigen Anschauungen, Bedürfnisse, Werte, Ziele usw. zurück und begann sofort ein neues Leben (1Mo 12,4-5). Er vollzog einen konsequenten Bruch mit seinem alten Leben.

Als Gott sprach, hörte Abraham. Als Gott sein Versprechen gab, vertraute Abraham ihm. Und als Gott befahl, gehorchte er. Abrahams Glaube hatte dramatische Folgen, denn er brachte ein konsequentes Tun hervor. Das geschah mit einer zwingenden Notwendigkeit. „*Durch den Glauben wurde Abraham gehorsam, als er berufen wurde ...*“ (Hebr 11,8; LUT).

Das sollte man an dieser Stelle festhalten: Wenn ein Mensch zum Glauben (an Jesus) kommt, bringt das einen Bruch mit seinem bisherigen Leben mit sich. Sein bisheriger Lebensstil, seine bisherigen Sehnsüchte, seine bisherigen Ziele, seine bisherigen Anschauungen und Bedürfnisse, seine bisherigen Verhaltensmuster: Alles bricht weg, wird abgelegt und zurückgelassen. Es kommt zu einem jähen Bruch! Und all das, obwohl er Gott nicht sehen kann. Denn er richtet seinen Fokus auf den unsichtbaren Gott, der ihm sein Wort gegeben hat. Dieses Wort nimmt er im Vertrauen an, umarmt es, freut sich daran und baut sein ganzes Leben darauf auf!

Bei Menschen, die in gläubigen Familien aufwachsen, ist dieser Bruch vielleicht nicht so leicht auf einen bestimmten Zeitpunkt festlegbar. Aber auch dort findet er statt: Meistens vollzieht er sich in der Weise, dass die Kinder zu irgendeinem Zeitpunkt spüren, dass sie nun bewusst „Ja" sagen müssen zu dem, was sie passiv schon immer geglaubt haben. Sie spüren, dass sie sich nun selbst für die Art von Leben entscheiden müssen, in der sie schon über Jahre gelebt haben.

Das Neue Testament wird nicht müde, immer wieder zu betonen, wie wichtig dieser Bruch mit dem bisherigen Leben ist:

- *„Stellt euch nicht dieser Welt gleich, sondern ändert euch durch Erneuerung eures Sinnes!"* (Röm 12,2; LUT)
- *„Ist jemand in Christus, so ist er eine neue Kreatur; das Alte ist vergangen, siehe, Neues ist geworden."* (2Kor 5,17; LUT)
- *„Zieht nicht unter fremdem Joch mit den Ungläubigen. Denn was hat Gerechtigkeit zu schaffen mit Gesetzlosigkeit? Was hat das Licht für Gemeinschaft mit der Finsternis?"* (2Kor 6,14; LUT)

Noch einmal: Der Schritt zum Glauben an Jesus bedeutet immer einen Bruch. Aber nicht alle sind bereit, diesen Bruch auch tatsächlich zu vollziehen. Sie weichen dem Gehorsam des Glaubens aus.

„In Afrika gibt es eine einfache Methode, junge Affen zu fangen. Am Waldrand werden Tonkrüge mit einer engen Öffnung befestigt. Innen befinden sich Mandeln, Nüsse und andere Leckereien für Affen. Nun wittern die Tiere ihr Lieblingsfutter, greifen mit der Hand in den Krug und füllen sie mit der Beute. Aber sie bekommen die gefüllte Faust nicht mehr aus dem Behälter heraus. Sie brauchten das begehrte Futter nur loszulassen, um ihre Freiheit und ihr Leben zu retten. Aber sie fressen den Köder nun mal für ihr Leben gern und werden so eine leichte Beute ihrer Jäger.“[61]

An diesem Beispiel der Affen wird ein Problem erkennbar, das viele Menschen betrifft: Viele, die gern als Christen leben würden, scheuen vor dem Bruch mit ihrer aktuellen Lebensweise und den gewohnten Verhaltensmustern zurück. Sie wollen ihr bisheriges Leben nicht loslassen, genauso wie die Affen das begehrte Futter im Tonkrug nicht zurücklassen wollen. Sie begreifen zwar, dass es keinen anderen Weg gibt. Sie begreifen auch, wie sehr dieser Bruch alles verändern würde. Sie begreifen die Kosten der Nachfolge Jesu. Vielleicht haben sie schon bei einer Evangelisation die Hand gehoben oder eine Karte ausgefüllt. Sie beginnen vielleicht sogar, eine Gemeinde zu besuchen, und feiern dort auch das Abendmahl. Aber: Sie wollen ihr bisheriges Leben (oder zumindest Teile davon) nicht aufgeben. Sie vollziehen nie einen echten Bruch. Dadurch bleibt viel alte Schuld in ihrem Leben zurück, die sie nie vor Jesus bekannt haben. Sie zeigen sich vielleicht durchaus begeistert von Abraham und der Konsequenz seines Gehorsams. Doch ihr eigenes Leben läuft auf anderen Bahnen. Sie kommen

61 https://www.jesus.ch/news/diverse/143037 abgerufen 28.06.2024.

nie zum Gehorsam. Sie wollen das Leben mit Jesus billig haben, zum Schnäppchenpreis. Sie wollen billige Gnade.

Aber die Nachfolge Jesu gibt es nicht billig! Wer das dennoch annimmt, täuscht sich selbst. Das Leben mit Jesus hat einen Preis: Es fordert den konsequenten Bruch mit dem bisherigen Leben. Das gilt nicht nur für den Moment, wenn ein Mensch sich bekehrt. Sondern auch später im Leben als Christ kommen immer wieder Momente, in denen unerbittlich die Frage an einen herantritt, ob man die Kosten der Nachfolge weiterhin tragen oder nicht vielmehr faule Kompromisse schließen und alles billig haben will.

Eine junge Frau wurde einmal genau vor diese Frage gestellt: Sie hatte eine neue Arbeitsstelle in einer Firma bekommen und arbeitete in der Kundenkommunikation. Ein Kunde beschwerte sich über eine schludrig ausgeführte Bestellung. Er war im Recht. Als die junge Frau schon im Begriff war, ihm eine entschuldigende E-Mail zu schreiben, kam ihr Vorgesetzter auf sie zu. Er wies sie an, in der E-Mail jedes Fehlverhalten der Firma abzustreiten und stattdessen dem Kunden die gesamte Verantwortung aufzubürden. Die E-Mail wäre also eine glatte Lüge, und die junge Frau wusste das.

Doch statt der Anweisung zu folgen, sagte sie ihrem Vorgesetzten, dass sie diese E-Mail so nicht schreiben könnte, da sie in keiner Weise den Tatsachen entspräche. Der Vorgesetzte reagierte unwirsch und kündigte an, dass ihre Weigerung ein Nachspiel haben würde. Die junge Frau war verunsichert und hatte Angst um ihren Job. Sie spürte, dass da etwas auf sie zukam. Sie fragte sich, ob es nicht besser gewesen wäre, nachzugeben. Aber sie wollte Jesus auch in dieser Situation treu bleiben.

Am nächsten Tag wurde sie zum Personalgespräch gebeten. Als die junge Frau den Raum betrat, war die gesamte

Geschäftsführung zugegen. Eindringlich machte ihr der Chef der Firma klar, dass sie verpflichtet wäre, jede Anweisung, die sie bekäme, auch auszuführen. Andernfalls, so drohte der Firmen-Chef, würde das Konsequenzen für sie haben.

Die junge Frau fühlte sich in die Enge getrieben. Auf der einen Seite wollte sie ihren Job nicht verlieren. Aber auf der anderen Seite wollte sie auch Jesus nachfolgen. Jetzt musste sie entscheiden. Sie antwortete, dass es für sie in dieser Sache nicht um irgendwelche „Konsequenzen“ gehe, sondern um ihren Glauben. Und der verbiete ihr zu lügen. Sie werde darum auch in Zukunft Anweisungen, die sie zur Lüge zwängen, nicht ausführen. Das Gespräch endete in eisiger Atmosphäre.

Die junge Frau ging unglücklich zurück an ihren Arbeitsplatz. Innerlich stellte sie sich bereits auf eine Kündigung ein. Doch die Sache ging anders aus: Am nächsten Morgen fand sie eine E-Mail der Geschäftsleitung vor, die ihr für ihre Ehrlichkeit dankte und ihr zusagte, ihr in Zukunft keine Anweisungen mehr zu geben, die sie nicht mit ihrem Glauben vereinbaren könnte.

Instinktiv wollte die junge Frau zunächst einem alten Verhaltensmuster folgen: nachgeben und tun, was verlangt wurde. Aber sie erkannte die Situation. Sie begriff, dass sie anders handeln musste, als sie es gewohnt war. Sie verweigerte also die Lüge und blieb bei der Wahrheit, um Jesu willen.[62]

Diese Frau ging durch Einschüchterung und Angst hindurch. Sie riskierte ihren Job. Beides war mit Sicherheit unangenehm. Aber sie blieb Jesus treu. Sie fiel nicht in Verhaltensmuster aus ihrem

62 Erfahrung aus dem familiären Umfeld des Autors.

Leben ohne Jesus zurück. Am Ende erlebte sie, dass Gott sie in dieser schwierigen Situation souverän bewahrte.

Die junge Frau wird diese Erfahrung nicht so bald vergessen haben. Im Gegenteil: Sie wird durch diese Erfahrung im Leben mit Jesus reifer, belastungsfähiger und stärker geworden sein. Hätte sie sich hingegen anders entschieden und nachgegeben, wären ihre alten, falschen Verhaltensmuster gestärkt worden und ihr Leben mit Jesus unreif geblieben. Natürlich, die Sache hätte auch anders ausgehen können. Eine fristlose Kündigung wäre genauso möglich gewesen. Keine Frage! Aber auch dann wäre Jesus mit ihr weitergegangen und hätte sie einen anderen Weg geführt.

Im Leben mit Jesus wird man unversehens immer wieder einmal in Situationen kommen, in denen man so oder so entscheiden kann: für den Mut oder für die Feigheit. Für die Treue zu Jesus oder für die Untreue. Für die Hingabe des eigenen Lebens an Jesus oder für die Ichhaftigkeit. Wer jeweils die erste Option wählt, lebt für das Reich Gottes. Er zahlt den Preis der Nachfolge Jesu. Er behält das große Ziel im Auge, Gott mit seinem Leben zu ehren, und geht ihm entgegen. Er wird darin aller Voraussicht nach nie perfekt sein. Aber jeder, der Jesus lieb hat und ihm dienen will, steht in der Verantwortung, der Liebe zu Jesus und dem Leben für das Reich Gottes alles andere konsequent unterzuordnen. Das wird manchmal Mut und ganz sicher auch Weisheit erfordern. Ab und an wird man vielleicht auch die Hilfe von anderen Christen in Anspruch nehmen müssen. Aber das Ziel ist klar: leben für Jesus. Leben für das Reich Gottes. Dafür steht man in der Verantwortung, und diese Verantwortung schließt falsche Kompromisse aus.

Was in solchen und ähnlichen Situationen notwendig ist, ist der Gehorsam des Glaubens, wie er für Abraham typisch war – das konsequente Tun: Er ließ sein bisheriges Leben konsequent hinter sich und wurde dadurch frei für das neue Leben mit Gott.

Darum eine persönliche Frage: Bin ich bereit, ein Mensch zu werden, der mit seinem alten Leben bricht, wo die Treue zu Jesus das verlangt? Bin ich bereit, mich von Jesus zu einer Persönlichkeit formen zu lassen, die den Preis der Nachfolge zu zahlen bereit ist – heute, morgen und immer? Jesus will das tun! Er will, dass sein wunderbares Auferstehungsleben jeden einzelnen Christen in seiner Persönlichkeit erreicht. Er will uns zu Persönlichkeiten werden lassen, die vor dem Gehorsam in der Nachfolge Jesu nicht zurückschrecken, sondern Menschenfurcht und Bequemlichkeit immer wieder überwinden.

Deshalb sei noch einmal persönlich gefragt: Bin ich jemand, der das Leben mit Jesus billig haben möchte? Schleppe ich vielleicht alte Schuld mit mir herum, die mein Gewissen schon lange quält und belastet? Gibt es ungute Dinge, an denen ich festhänge in meinem Leben und die ich nicht loslassen will, vielleicht schon Jahre oder Jahrzehnte lang? Sollte das der Fall sein, wird mein altes Leben mich binden und fesseln. Eines Tages werde ich zurückblicken und bittere Reue empfinden.

Ein ungeliebtes Warten

Durch den Glauben wurde Abraham gehorsam, als er berufen wurde, an einen Ort zu ziehen, den er erben sollte; und er zog aus und wusste nicht, wo er hinkäme. Durch den Glauben ist er ein Fremdling gewesen im Land der Verheißung wie in einem fremden Land und wohnte in Zelten mit Isaak und Jakob, den Miterben derselben Verheißung.

Hebräer 11,8-9 (LUT)

Abraham wurde von Gott von Chaldäa, seiner Heimat, nach Kanaan geführt, das heute Israel heißt. Gott verhieß ihm, dass ihm und seinen Nachkommen exakt dieses Land gehören würde:

Der Herr sprach zu Abram: Hebe deine Augen auf und sieh von der Stätte aus, wo du bist, nach Norden, nach Süden, nach Osten und nach Westen. Denn all das Land, das du siehst, will ich dir geben und deinen Nachkommen ewiglich.

1. Mose 13,14-15 (LUT)

Doch obwohl Abraham als Nomade bereits in dem verheißenen Land wohnte, besaß er es noch nicht! Er hatte seine Zelte in dem Land aufgeschlagen. Er sah es. Aber er hatte es nicht in der Hand, es war nicht in seinem Besitz. Er lebte sozusagen auf dem Campingplatz. In einem Domizil auf Zeit.

Das bedeutet: Abraham musste auf die Erfüllung von Gottes Verheißung warten. Lange warten. Dieses Warten gestaltete sich so, dass er noch nicht einmal ein Haus besitzen durfte, sondern weiter in Zelten wohnen musste. Er blieb ein Nomade, ein Umherziehender. Ein Staatenloser. Ein Migrant.

Wieder wird hier beispielhaft der Glaube sichtbar, wie Gott ihn sich für seine Kinder wünscht. Was hatte Abraham? Er hatte das Wort Gottes: die Verheißung, dass ihm und seinen Nachkommen das Land Kanaan gehören würde. Aber mehr hatte Abraham nicht! Er wusste nicht, wann Gott seine Verheißung erfüllen würde. Er hatte keinen Zeitplan. Er hatte keine Ahnung, wie lange seine Wartezeit andauern würde. Dennoch wartete er und zweifelte nicht an der Verheißung, die der unsichtbare Gott ihm gegeben hatte. Sondern er blieb in der Schule des Wartens.

Solche Zeiten des Wartens und der Geduld gehören zum Glauben dazu. Gott ist nicht so, dass er der Ungeduld nachgäbe, die allen Menschen eigen ist. Er lässt sich nicht treiben. Er macht nicht „zack-zack", auch wenn man das zuweilen ganz gern so hätte. Sondern er lässt seine Kinder reifen, indem er sie dem spannungsvollen Warten aussetzt, das an ihrer Seele zieht.

Die gesamte Bibel ist ein Buch des Wartens: Das Alte Testament wartet sehnsüchtig auf die Ankunft des Messias (Retter). Schon Adam hat gewartet. Noah hat gewartet. Mose hat gewartet. Die Propheten haben gewartet. Das Volk Israel hat gewartet. Sie alle haben gewartet. Und als der letzte Prophet des Alten Testamentes, Maleachi, den letzten Satz seines Buches geschrieben hatte, wurde immer noch gewartet. Dann erst kam die Erfüllung. Dann erst kam Jesus, der Retter.

Ist das nicht erstaunlich? Dass Gott so viel Warten über Jahrtausende hinweg nicht nur zugelassen, sondern offensichtlich bewusst gewollt hat? Ist das nicht erstaunlich?

Von Natur aus sind wir Menschen ungeduldig. Wir wollen alles, und zwar möglichst sofort. Schon Adam und Eva im Garten Eden konnten nicht warten und brachten sich damit in große Schwierigkeiten. Und die Menschen jeder neuen Generation machen munter weiter damit. Auch die Ex-Schlager-Queen Gitte Haenning trällert fröhlich:

Ich will alles, ich will alles, und zwar sofort,
Eh' der letzte Traum in mir zu Staub verdorrt!
Niemand speist mich ab, niemand macht mich satt.
Zu lang hab' ich verzichtet und mich selber klein gemacht.
Ich will alles, ich will alles, sperr' mich nicht ein!
Ich will nie mehr zu früh zufrieden sein!"[63]

---

63 https://musixmatch.com/de/songtext/Gitte-H%C3%A6nning/Ich-will-alles abgerufen 28.06.2024.

Wir Menschen wollen mehr und mehr ohne Ende, und das möglichst schnell! Gott aber setzt dieser Ungeduld die Geduld des Wartens entgegen. Er weiß, dass wir das brauchen. Er lässt sich von hektischer Ungeduld nicht beeindrucken. Stattdessen schickt er seine Leute in die Schule des Wartens.

„Aber", so könnte man nun fragen, „warum macht Gott das so mit dem Warten? Warum verordnet er diese unwillkommenen Wartezeiten?" Offensichtlich ist es so, dass Gott seine eigenen Zeitpläne hat. Und die weichen von menschlichen Zeitplänen manchmal erheblich ab. Er ist der Meinung, dass die Wartezeiten, die einen nicht selten nerven, genau richtig und unersetzlich sind.

Darum sollte sich niemand wundern, wenn Gott ihn in Phasen des Wartens führt. Gott wird seinen Kindern, genau wie Abraham, immer wieder einmal Wartezeiten verordnen, die sie aller Wahrscheinlichkeit nach als viel zu lang empfinden werden. Und die doch nötig und gut für sie sind. Das Erstaunliche ist: Sie verpassen in diesen Wartezeiten nichts, auch wenn sie das meist so empfinden. Es ist nicht so, dass die Wartezeiten Gottes nur unerwünscht lange Vorläufe für das Eigentliche sind, das danach kommt. Sondern sie selbst sind das Eigentliche! Es gibt nichts, das man verpassen könnte.

Doch welches Ziel verfolgt Gott mit diesen Wartezeiten? Eine Antwort liefert uns David in Psalm 131,2, wo er seine Beziehung zu Gott beschreibt: *„Habe ich meine Seele nicht beschwichtigt und beruhigt? Wie ein entwöhntes Kind bei seiner Mutter, wie ein entwöhntes Kind ist meine Seele in mir"* (ELB). Wie ist das mit Kindern, die gestillt werden? Na klar, sie wollen etwas von der Mutter, nämlich die Muttermilch. Aber David schreibt, dass er *„wie ein* ***entwöhntes*** *Kind"* bei Gott ist. Und ein entwöhntes Kind bekommt keine Muttermilch mehr. Schließlich ist es entwöhnt. Damit ist klar: Ein Kind, das gestillt wird, will nur etwas *von der Mutter:* die Muttermilch. Aber ein entwöhntes Kind, das die Nähe der Mutter sucht, will *die Mutter selbst.* Bei Gott und seinen

Kindern ist das genau dasselbe: Gott will, dass sie bei ihm sind *„wie ein entwöhntes Kind bei seiner Mutter"*. Er will, dass sie nicht nur etwas *von ihm* wollen, sondern vor allem *ihn selbst*. Genau das lehrt er sie in Zeiten des Wartens: Er lehrt sie, dass sie ihn selbst in Person wollen.

Von Natur aus sind die Menschen folgendermaßen beschaffen: Wenn sie etwas unbedingt haben wollen, ruhen und rasten sie nicht, bis sie es haben, und ziehen dann glücklich von dannen. Sie haben ja, was sie wollten. Sehr oft übertragen sie diese innere Einstellung allerdings auf das Leben mit Gott: Sie wenden sich nur dann an ihn, wenn sie etwas unbedingt haben wollen. Das ist grundsätzlich auch in Ordnung so. Gott freut sich, wenn sie ihn bitten. Aber oft genug ist es so, dass sie dann schnell glücklich davongehen, sobald Gott ihnen gegeben hat, was sie haben wollten. Sie vergessen ihn dann rasch. Sie wollten nur etwas *von ihm,* aber sie wollten nicht *ihn selbst.*

Unter anderem darum verordnet Gott also Zeiten des Wartens, in denen man nur sehnsüchtig dasitzt und zunächst nichts von dem bekommt, was man sich ersehnt. Der Vater im Himmel lehrt einen in diesen Situationen und Umständen, dass es nicht Dinge oder Menschen sind, die man in erster Linie braucht, sondern er in Person. In solchen Zeiten des Wartens richtet er das menschliche Herz auf ihn selbst aus. In solchen Zeiten des Wartens lehrt er die Menschen, ihn zu lieben und ihn zu wollen.

Von Gott verordnete Zeiten des Wartens sind also nie leere, nutzlose und totgeschlagene Wartezeiten. Sie sind vielmehr erfüllt von Gottes liebender Nähe. Von Gott verordnete Wartezeiten sind gute Zeiten. Man verpasst nichts in ihnen, sondern man gewinnt etwas in ihnen! So bekommen diese Wartezeiten eine Perspektive und ein Gesicht. Darum ist es gut, nicht entmutigt aufzugeben, wenn Gott einen in die Schule des Wartens schickt. Es ist gut, nicht bitter zu werden. Man verpasst nichts! Und Gott hat immer gute Pläne mit einem!

Darüber hinaus gibt die Bibel konkrete Hilfen, die einen in Wartezeiten fröhlich erhalten sollen. Eine von ihnen besteht in einer Aufforderung, die auf die Zukunft ausgerichtet ist und einem vor Augen führt, dass alle Warterei bei Gott ganz bestimmt auch einmal ein Ende hat. Sie lautet: *„Werft eurer Vertrauen nicht weg, welches eine große Belohnung hat. Geduld aber habt ihr nötig, auf dass ihr den Willen Gottes tut und das Verheißene empfangt"* (Hebr 10,35-36; LUT). Alle von Gott verordneten Wartezeiten kommen zu einem Ende, an dem er einen mit dem überraschen wird, was er gibt. Er wird einem etwas Besseres, Größeres und Schöneres geben, als man es sich je hätte ausdenken können.

Das Warten hat aber noch einen weiteren Aspekt. Dieser wird am Ende des diesem Kapitel zugrunde liegenden Auszugs aus Hebräer 11 angesprochen. Dort heißt es: *„Denn er (Abraham) wartete auf die Stadt, die einen festen Grund hat, deren Baumeister und Schöpfer Gott ist"* (Hebr 11,10; LUT). Ein interessanter Satz. Doch wie soll man sich diese Aussage zu eigen machen?

Ein paar Verse weiter wird dieser zunächst etwas rätselhaft anmutende Satz näher erläutert. Dort nimmt der Verfasser des Hebräerbriefes nämlich nicht nur Abraham als Person in den Blick, sondern auch alle, die nach ihm als Glaubende (Christen) gelebt und sich wie er in ihrem Glauben an den unsichtbaren Gott bewährt haben. Über diese Menschen sagt er:

Diese alle sind im Glauben gestorben und haben die Verheißung nicht erlangt, sondern sahen sie von fern und begrüßten sie und bekannten, dass sie Fremde und ohne Bürgerrecht auf der Erde seien. Denn die, die solches sagen, zeigen deutlich, dass sie ein Vaterland suchen. Und wenn sie an jenes gedacht hätten, von dem sie ausgezogen waren, so hätten sie Zeit gehabt zurückzukehren. Jetzt aber trachten sie nach einem besseren, das ist nach einem himmlischen. Darum schämt sich Gott ihrer nicht, ihr Gott genannt zu werden, denn er hat ihnen eine Stadt bereitet.

Hebräer 11,13-16 (ELB)

Das Volk der Glaubenden (das mit Abel seinen Anfang nahm), hat nur ein wirkliches Zuhause und ein wirkliches Ziel, auf das es zu lebt und wartet: die neue Welt Gottes, die Stadt Gottes (das neue Jerusalem), die mit der Wiederkunft Jesu kommen wird.

Abraham wartete auf die Erfüllung von Gottes Verheißung im Land Kanaan. Er wartete darauf, dass dieses Land dem Volk Gottes gehören würde. In letzter Konsequenz aber, so merkt der Hebräerbrief hier an, wartete auch er auf das endgültige Zuhause der Glaubenden: die neue Welt und die neue Stadt Gottes. Denn das ist gemeint, wenn es in Hebräer 11,10 heißt, dass Abraham *„auf die Stadt wartete, die einen festen Grund hat, deren Baumeister und Schöpfer Gott ist“* (LUT).

Damit ist klar: Christen sind Menschen, die zuinnerst und zuletzt auf den Himmel warten. So sehr es wahr ist, dass Jesus bereits in diesem Leben und auf dieser Welt in unserem Leben wohnt und es verändert, trägt und führt: Schlussendlich sind Christen Menschen, die auf den Himmel warten.

Der Schriftsteller C. S. Lewis schreibt:

Heutzutage scheuen wir uns sehr, den Himmel auch nur zu erwähnen. Wir haben Angst vor dem Spott über den „Pie in the sky“ („Kuchen im Himmel“) und davor, dass uns gesagt wird, wir würden versuchen, „vor der Pflicht, hier und jetzt eine glückliche Welt zu schaffen, in Träume von einer glücklichen Welt anderswo zu flüchten.“ Aber entweder gibt es den „Pie in the sky“ („Kuchen im Himmel“), oder es gibt ihn nicht. Wenn nicht, dann ist das Christentum falsch,

> *denn diese Erkenntnis ist in sein ganzes Gewebe eingewoben. Wenn aber doch, dann muss man sich dieser Wahrheit stellen, ob sie nun auf politischen Versammlungen nützlich ist oder nicht.*[64] *[…] Wenn ich in mir ein Verlangen finde, das keine Erfahrung in dieser Welt befriedigen kann, ist die wahrscheinlichste Erklärung, dass ich für eine andere Welt geschaffen wurde.*[65]

Weil das zutrifft, werden Christen nie ganz heimisch werden können in dieser Welt, die ihren Weg ohne Gott geht. Sie wissen: Ihre Sehnsucht nach Leben, Erfüllung, Glück und Vollkommenheit wird auf dieser Erde nicht zum Ziel kommen können. Sie sind Leute, deren Leben zuinnerst vom Warten auf den Himmel geprägt ist. Das heißt jedoch nicht, dass sie nur herumsitzen, nichts tun und Löcher in die Luft starren. Jesus hat ihnen Aufträge genug gegeben, die sie hier auf der Erde ausführen und erfüllen sollen. Dennoch: Zuinnerst sind sie Menschen, die auf den Himmel warten: *„auf die Stadt, die einen festen Grund hat, deren Baumeister und Schöpfer Gott ist."*

An dieser Stelle wird es allerdings noch einmal kritisch! Denn wie läuft so ein normales Christenleben ab? Schließlich ist es nicht so, dass man immerfort über die Höhen des Lebens gehen würde! Es verläuft auch nicht so, dass man immer Erfolg erwarten und sich stets des Lobes, der Sympathie und der Anerkennung der Menschen sicher sein könnte. Vielmehr ist es doch so, dass jeder, der Jesus in Treue nachfolgt, den Preis der Nachfolge zahlen muss. Er lernt Anfeindung, Verleumdung und Verfolgung kennen. Er lernt, empfindliche Nachteile um Jesu willen in Kauf zu nehmen. Er lernt, Böses zu ertragen und zu vergeben. Er lernt,

---

64 C. S. Lewis in *The Problem of Pain.* http://www.sermonillustrations.com/a-z/h/heaven.htm abgerufen 28.06.2024.

65 C. S. Lewis: *Mere Christianity.* New York: Macmillan 1960; S. 119.

Böses nicht mit Bösem zu vergelten. Er lernt, die gerechte Vergeltung in Gottes Händen zu lassen. All das tut er, weil er auf den Himmel wartet und weil er im Himmel dabei sein will. Der Himmel ist sein Ziel. Der Himmel ist seine Trumpfkarte. Der Himmel ist der Ort, an dem alles ausgeglichen wird, was hier auf der Erde an Defiziten bleibt. Genauso wie Abraham, der Vater aller Glaubenden, wartet auch er *„auf die Stadt, die einen festen Grund hat, deren Baumeister und Schöpfer Gott ist"*.

So sollte es sein, und so läuft es im Idealfall auch ab. Leider sind aber nicht alle Christen in ihrem Leben Idealfälle, sondern manchmal auch sehr normale Leute. So kann es geschehen, dass das Warten auf den Himmel in ihnen verblasst. Es kann geschehen, dass sie eines Tages nicht mehr auf den Himmel warten wollen. Es kann geschehen, dass sie irgendwann den Ausgleich für die Nachteile des Lebens mit Gott schon jetzt auf dieser Erde haben wollen! Es kann geschehen, dass sie jetzt schon den Lohn einfordern, den Gott ihnen erst für den Himmel versprochen hat. Es kann geschehen, dass sie mit Neid auf diejenigen hinblicken, die zwar Gott nicht kennen, dafür aber in diesem Leben auf der Welt Erfolg haben und das Rennen machen. Es kann geschehen, dass sie nervös werden angesichts des Preises, den die Nachfolge Jesu von uns fordert, und ihn nur noch widerwillig zahlen. Es kann geschehen, dass ihnen der Himmel verdächtig und unreal wird, weil sie begonnen haben, sich an materielle Dinge zu binden. Es kann geschehen, dass plötzlich die Angst nach ihnen greift, sie könnten etwas verpassen, wenn sie Jesus treu bleiben. All das kann geschehen, weil sie noch auf dieser Erde leben, weil sie nicht perfekt, sondern weiterhin anfällig für die Attacken der Gier, der Selbstsucht, der Ichbezogenheit und der Kurzsichtigkeit sind.

Wenn das geschieht, ist es an der Zeit, innezuhalten und umzukehren zu dem Jesus, der doch durch den Heiligen Geist in den Christen wohnt und sie noch nie betrogen hat. Dessen Wort sich immer wieder und unzählige Male als wahr erwiesen hat in ihrem Leben. Der sie so gnädig erwählt, errettet und zu seinen Kindern gemacht hat. Der sie so oft und so reichlich beschenkt hat mit vielem, das ihr Herz sich gewünscht hat. Der sie viele Jahre so freundlich geführt und gebraucht und gesegnet hat, dass es gar nicht zu fassen ist. Der ihnen das größte Geschenk gegeben hat, das ein Mensch überhaupt bekommen kann: die Reinigung von Sünden, die Rettung aus Verlorenheit und die Entlastung des Gewissens. Der die Geschichte der Menschheit vor ihren Augen souverän führt gemäß seinem Wort in der Bibel. Der den Himmel für sie bereithält und sie dort empfangen wird mit einer Herrlichkeit, für die ihnen die Worte fehlen werden. Der ihnen die Nachteile auf dieser Erde mehr als fürstlich belohnen und ersetzen wird, wenn ihr Warten einmal ein Ende haben wird und sie dort ankommen werden, wo auch ein Abraham schon hinwollte: In der *„Stadt, die einen festen Grund hat, deren Baumeister und Schöpfer Gott ist"*.

Darum ist es gut, bewusst auf den Himmel zu warten. Nicht neidisch zu werden auf diejenigen, die Gott nicht kennen. Die zwar hier auf der Erde das Rennen machen, im Himmel aber nicht dabei sein werden. Es ist gut, Gott die Ehre zu geben und auf den Lohn zu warten, der im Himmel gezahlt wird. Es ist gut, sich auf keinen Fall an materielle Dinge zu binden, sondern an das Wort und die Verheißungen Gottes. Es ist gut, das Warten auf den Himmel nicht aufzugeben, sondern darin kraftvoll zu bleiben. Es ist gut, auf Gottes Zeit zu warten und nicht ungeduldig zu werden. Es ist gut, in der Dynamik des Glaubens zu bleiben: zwischen Gehorsam und Geduld. Gott wird einen bestimmt nicht enttäuschen. Er hat sein Wort darauf gegeben.

Wer eine Persönlichkeit werden will, die in der Geduld lebt, die sich in der Schule des Wartens bewährt und die ihren Blick auf den unsichtbaren Gott gerichtet hält, den alle die sehen werden, die sicher und wohlbehalten im Himmel ankommen:

Wer eine solche Persönlichkeit werden will, der tut gut daran, seinen Fokus auf den auferstandenen Jesus gerichtet zu halten. Denn der will sein unschlagbares Auferstehungsleben *in ihm* und *durch ihn* leben, und ihn dadurch zu genau solch einer Persönlichkeit werden lassen.

KAPITEL 6

Abraham – oder: Die Standhaftigkeit des Glaubens

Aufgrund des Glaubens erhielt er zusammen mit Sara auch die Kraft, ein Kind zu zeugen, obwohl sie unfruchtbar war und beide schon zu alt dafür. Er war nämlich überzeugt, dass Gott sein Versprechen halten würde. Deshalb stammt auch von einem einzigen Mann, noch dazu von einem, der schon so gut wie tot war, ein ganzes Volk ab, ein Volk, so unzählbar wie die Sterne am Himmel und wie die Sandkörner am Ufer des Meeres.

Hebräer 11,11-12 (NeÜ)

„Gabriele Schmidt steht auf ihrem Acker und bewegt sich nicht. Eigentlich ist das keine Nachricht, aber Frau Schmidt gehören 4000 Quadratmeter des begehrtesten Stück Landes in ihrer Stadt. Hier will nämlich ein bekanntes Unternehmen ein 25 Hektar großes Logistikzentrum samt Gleisanschluss bauen. ‚Ein Wahnsinn', findet Frau Schmidt. Und deshalb verkauft sie nicht.

Der Widerstand der Grundstückseigentümerin trifft die Pläne des Unternehmens an einer empfindlichen Stelle: beim Gleisanschluss. Das im Vergleich zur Gesamtfläche winzige Stück Land liegt ausgerechnet auf dem Bereich, über den Güterzüge Waren anliefern sollen.

Wenn es nach Gabriele Schmidt geht, wird daraus nichts. ‚Ich verkaufe nicht', sagt sie und lächelt. Das ist kein

Pokerface. Frau Schmidt meint, was sie sagt, schließlich ist sie selbst Anliegerin des künftigen Logistikzentrums und muss womöglich rund um die Uhr unter Licht und Lärm des Waren-Verteil-Zentrums leiden. ‚Es geht mir um die Umwelt', sagt Gabriele Schmidt zu Hause an ihrem Esszimmertisch. Durch die bodentiefen Fenster hat sie einen herrlichen Blick nach draußen. Die aufgehende Sonne leuchtet direkt auf ihren Frühstückstisch. Einige hohe Herren hätten dort vermutlich am liebsten in die Tischkante gebissen. An diesem Esszimmertisch haben nämlich auch die Grundstücksverhandlungen mit einer von dem Unternehmen beauftragten Firma stattgefunden und sind gescheitert. […] Ihr gehe es darum, den Plänen jeden erdenklichen Stein in den Weg zu rollen. Gabriele Schmidt: ‚Ich will das Ganze verhindern.'"[66]

Frau Schmidt im Widerstand. Wie der sprichwörtliche „standhafte Zinnsoldat" scherte sie sich nicht um den Druck, den das Unternehmen auf sie ausübte, sondern blieb knochenhart bei ihrem „Nein". Das ist ungewöhnlich und nötigt einem irgendwie Respekt ab.

Um Standhaftigkeit wird es auch in diesem Kapitel gehen: die Standfestigkeit des Glaubens. Die Person Abrahams wird dabei erneut im Mittelpunkt stehen. Durch die Beschäftigung mit diesem Aspekt des Glaubens wird wieder einiges über das Werden und Wachsen einer geistlichen Persönlichkeit deutlich werden.

---

66 Neue Westfälische Zeitung, 17.04.2014. http://www.nw.de/lokal/kreis_herford/loehne/loehne/10965656_Frau-Schmidt-leistet-Widerstand-gegen-Hermes.html abgerufen 28.06.2024.

Eine ausweglose Situation

Aufgrund des Glaubens erhielt er zusammen mit Sara auch die Kraft, ein Kind zu zeugen, obwohl sie unfruchtbar war und beide schon zu alt dafür. Er war nämlich überzeugt, dass Gott sein Versprechen halten würde. Deshalb stammt auch von einem einzigen Mann, noch dazu von einem, der schon so gut wie tot war, ein ganzes Volk ab, ein Volk, so unzählbar wie die Sterne am Himmel und wie die Sandkörner am Ufer des Meeres.

Hebräer 11,11-12 (NeÜ)

Zunächst eine Bemerkung vorab zum Bibeltext: In der Lutherbibel liest sich Vers 11 ein bisschen anders: *„Durch den Glauben empfing auch Sara, die unfruchtbar war, Kraft, Nachkommen hervorzubringen trotz ihres Alters; denn sie hielt den für treu, der es verheißen hatte.“* Hier ist es also nicht Abraham, der glaubt und Kraft empfängt, sondern seine Frau Sara.

Was ist denn nun richtig? Am besten wirft man einen Blick in den Urtext: Für „Nachkommen hervorbringen“ steht hier im griechischen Text der Ausdruck „katabolen spermatos“ (καταβολὴν σπέρματος, von griech. καταβάλλω). Diese Vokabel bedeutet „Sperma ablegen“ oder „Sperma ausstreuen“ und bezeichnet also eindeutig die männliche Funktion beim Zeugungsakt. Hebräer 11,11a muss demnach so übersetzt werden, wie es auch die anderen Übersetzungen tun: *„Durch Glauben empfing er auch mit Sara, obwohl sie unfruchtbar war, Kraft, Nachkommenschaft zu zeugen“* (ELB).[67]

67 Die Wendung „aute Sara steira“ (αὐτὴ Σάρρα στεῖρα) wird dabei als Dativ aufgefasst, was grammatisch nachvollziehbar ist und „sprachlich

Das passt auch sehr viel besser zum Textzusammenhang in Hebräer 11.[68] Drei Verse vorher (Hebr 11,8-10) geht es nämlich ausschließlich um Abraham und darum, wie er seinen Glauben in verschiedenen Zusammenhängen bewies. In Vers 11 ist daraufhin von seinem Glauben zusammen mit Sara die Rede. Und in Vers 12 geht es gleich wieder nur um Abraham selbst. Dort wird ausgesagt, dass *„von einem einzigen Mann"* (NeÜ; hier ist eindeutig von einem *„Mann"* die Rede!) eine unzählbare Nachkommenschaft entstand. Damit ist klar, dass auch Vers 11 mit Abraham als handelnde Person (in der semantischen Rolle des Agens) übersetzt werden sollte: *„Aufgrund des Glaubens erhielt er (Abraham) zusammen mit Sara auch die Kraft, ein Kind zu zeugen, obwohl sie unfruchtbar war und beide schon zu alt dafür. Er war nämlich überzeugt, dass Gott sein Versprechen halten würde"* (Hebr 11,11; NeÜ).

Es gibt ein bekanntes Sprichwort, das lautet: „Wenn man aus dem Rathaus herauskommt, ist man klüger, als wenn man hineingeht." Vermutlich hängt das auch ein bisschen vom jeweiligen Rathaus ab. Aber im Prinzip stimmt diese Beobachtung: Im Nachhinein erscheinen viele Dinge oft einfacher, als sie sich im Vorhinein dargestellt haben. Genauso verhält es sich nun auch zwischen Abraham, dem Mann aus Ur, und denen, die die biblischen Berichte über ihn lesen. Sie sind die Leute, die aus dem Rathaus herauskommen. Abraham hingegen war derjenige, der hineinging. Sie haben den Überblick über die zurückliegenden Jahrhunderte und Jahrtausende. Er hatte ihn nicht. Sie wissen, wie sich Gottes Verheißungen an Abraham erfüllten. Er wusste es nicht, oder jedenfalls nur sehr unvollständig.

---

im Zusammenhang mit Unzial-Handschriften gut denkbar ist". Siehe: Karl-Heinz Vanheiden: *War Sara eine Glaubens-HELDIN?* In: Der Bibel vertrauen. https://www.derbibelvertrauen.de/neue-bibel-heute/fragen-an-die-neue/war-sara-eine-glaubensheldin.html abgerufen 28.06.2024.

68 Ebd.

Die Leser der Bibel wissen zum Beispiel, dass Abraham tatsächlich zum *„Vater vieler Völker"* (1.Mo 17,4; LUT) wurde, wie Gott es ihm zugesagt hatte. Sie wissen, dass die Nachkommen Abrahams tatsächlich *„wie die Sterne am Himmel und die Sandkörner am Strand"* wurden (1Mo 22,17; NeÜ). Sie wissen, dass dieses Versprechen Gottes sich tatsächlich erfüllte. Sie wissen das alles, weil sie aus dem Rathaus herauskommen. Sie haben die Bibel. Sie haben den Überblick. Sie haben es leicht.

Aber Abraham selbst? Wie war es für ihn? Für ihn war es anders! Denn menschlich gesehen war bei ihm nichts mehr zu machen. Die realistische Hoffnung hatte bei Sara und ihm ausgespielt. Absolut. Der törichte Spruch „Wenn du meinst, es geht nicht mehr, kommt von irgendwo ein Lichtlein her" hatte bei ihnen sein Leben ausgehaucht: Mit achtzig Jahren bekommt man keinen Nachwuchs mehr. Mit neunzig erst recht nicht. Da kommt dann auch nicht plötzlich von irgendwo ein Lichtlein her. Das ist doch lächerlich!

Aber die Bibel beharrt darauf, dass es genau so war, weil Gott selbst die Dinge lenkte und die Fäden zog. Tatsächlich war es so: Als Gott Abraham, der damals noch Abram hieß, sein großes Versprechen gab, da packte er ihn ausgerechnet an der schwierigsten Stelle seines Lebens: an seiner Kinderlosigkeit und an seinem Namen. Mit seinem Auftrag schickte Gott ihn in eine atemberaubende und schier ausweglose Herausforderung hinein. Eines Abends führte er Abraham hinaus in die klare Nacht und sagte zu ihm:

Blicke doch auf zum Himmel, und zähle die Sterne, wenn du sie zählen kannst! [...] So zahlreich wird deine Nachkommenschaft sein!

1. Mose 15,5 (ELB)

Das war eine gewaltige Verheißung! Und sie brachte eine noch gewaltigere Spannung mit sich, denn Abraham war längst alt. Und Sara, seine Frau, war ebenfalls längst alt. Es war alles schon längst aus und vorbei mit dem Kinderkriegen. Das wussten alle: Abraham selbst, seine Frau sowieso, aber auch die Angestellten und die Verwandten. Es gab keine Hoffnung mehr. Es war alles so furchtbar offensichtlich. Doch gerade dahinein gab Gott nun dieses Versprechen. Das brachte eine Spannung mit sich, die kaum noch auszuhalten war.

Sehr viele Jahre seines Lebens wohnte Abraham bei Hebron (1Mo 13,18). Er war sehr reich, hatte viel Vieh (13,2) und besaß auch etliche Brunnen (26,18). Mit Sicherheit war er deshalb ein wichtiger Mann für all die Kaufleute, die dort auf den Straßen vorbeizogen. Wenn sie mit ihren Karawanen von Norden oder von Süden her vorbeikamen, machten sie bei Abrahams Brunnen halt. Die Knechte Abrahams sorgten für die Tiere und ihre Eigentümer. Sie verkauften Wasser und Nahrungsmittel an sie. Und dann, wenn der Abend heranrückte, kamen die Kaufleute in Abrahams Zelt, um ihm ihre Reverenz zu erweisen.

Diese typischen orientalischen Palaver folgten einem festgelegten Muster, das sich immer wiederholte. Der Hausherr stellte zunächst viele Fragen: „Wer bist du? Wie alt bist du? Wo kommst du her? Wie lange bist du schon unterwegs?“ usw. Und die Gäste gaben Antwort. Auf diese Weise stellten sie sich dem Hausherrn vor. So konnte das eine ganze Weile gehen. Doch dann kam der Zeitpunkt, an dem Abraham sich selbst mit seinem Namen vorstellen musste: „Abraham – Vater einer Menge“.

Es muss Hunderte, ja Tausende Male so gelaufen sein. Und jedes Mal mag es Abraham bitterer und schwerer geworden sein. Denn in dem Moment, in dem er seinen Namen aussprach: „Abraham – Vater einer Menge“, da reagierten natürlich seine Gäste: „Was, Vater einer Menge? Das ist ja großartig! Herzlichen Glückwunsch! Wie viele Söhne hast du denn?“ Und dann

Abrahams Antwort, die jedes Mal neu so furchtbar demütigend für ihn war: „Keinen!" Stellen Sie sich die Gesichter seiner Gäste vor, die vielleicht nur unvollständig ihr Lachen unterdrücken konnten: „Wie, der Vater einer Menge hat keine Kinder?! Hahaha ..." Abraham muss die Frage nach seinem Namen und die demütigende Antwort, die er darauf jedes Mal geben musste, gehasst haben.

Dazu kommt außerdem: Damals lebte man in Zelten aus Stoffen und Tierhäuten. Es gab wenig Privatsphäre. Was muss es für Tratsch und Klatsch gegeben haben unter Abrahams Angestellten: „Wer ist denn nun unfruchtbar: er oder sie?" Bestimmt haben die Leute sich die Mäuler zerrissen. Und bestimmt war Abrahams Seele wund an dieser Stelle. Wund bis zur Unerträglichkeit.

Für Abraham war alles anders als für heutige Menschen. Er wusste noch nichts von Isaak. Er wusste noch nichts vom 12-Stämme-Volk Israel. Und er wusste natürlich auch noch nichts von geistlichen Kindern. Außerdem hatte er bis dahin noch nie ein Wunder mit Gott erlebt. Er stand „vor dem Rathaus". Er wusste all das nicht, was die Leser der Bibel selbstverständlich wissen. Er hatte keinen Überblick. Und das Schlimmste: Er musste etliche Jahre warten, bevor auch nur das erste Stückchen von Gottes Versprechen in Erfüllung ging und Isaak tatsächlich zur Welt kam.

Hier wird es nun sehr persönlich: Alle, die in einer Vertrauensbeziehung zum Gott der Bibel leben, werden im Laufe ihres Lebens immer wieder einmal in Situationen kommen, in denen die harten (vielleicht sehr harten) Fakten ihres Lebens alles sehr hoffnungslos aussehen lassen. In dem Moment werden ihnen alle menschlichen Krücken und Hilfen in der Regel wegbrechen. Sie werden dann plötzlich in einer sehr „nackten" Situation stehen, in der sie auf sich allein gestellt entscheiden müssen, wem sie glauben wollen: den harten Fakten ihres Lebens oder dem Wort Gottes?

Gott mutet einem solche Situationen zu. Er führt einen sogar mitten in sie hinein. Man steht dann da wie Abraham: vor dem Rathaus. Man hat keinen Überblick. Man hat keinen blassen Schimmer, wie Gott die eigene Not in den Griff kriegen könnte. Meist gibt es auch keinen, der selbst schon mal durch eine ähnliche Lage hindurchgegangen wäre und den man um Rat fragen könnte. Deshalb muss man an dieser Stelle selbst entscheiden und im Glauben an Gottes Hand Neuland betreten. Da kann es schon einmal passieren, dass einem das Herz pocht. Wenn solche Situationen kommen, ist es deshalb gut, an Abraham zu denken. Bei ihm war menschlich gesehen alles hoffnungslos. Die eigene, aktuelle Lage kann also nicht schwieriger sein als seine damals.

Eine herausfordernde Alternative

Wie hat Abraham diese Situation bewältigt? Zunächst einmal hat er souverän reagiert. Die Bibel fasst Abrahams erste Reaktion mit folgenden Worten zusammen: *„Abram glaubte dem Herrn, und das rechnete er ihm zur Gerechtigkeit“* (1Mo 15,6; LUT). Das hört sich gut an, und das war auch gut. Doch später kamen Zeiten, in denen war Abraham nicht mehr so straight. Da geriet er ins Wanken.

Je länger sich nämlich die Erfüllung von Gottes Versprechen hinzog, umso fantastischer erschien den Eheleuten Abraham und Sara Gottes Zusage. Nach zehn Jahren, in denen sich überhaupt nichts getan hatte, erschien ihnen schließlich alles aussichtslos. Doch dann hatte Sara eine Idee: *Vielleicht könnte man doch,* so ihre Überlegung, *der Erfüllung von Gottes Versprechen mit menschlichen Mitteln etwas nachhelfen!* Und so berichtet das 1. Buch Mose:

Sarai, Abrams Frau, gebar ihm kein Kind. Sie hatte aber eine ägyptische Magd, die hieß Hagar. Und Sarai sprach zu Abram: Siehe, der Herr hat mich verschlossen, dass ich nicht gebären kann. Geh doch zu meiner Magd, ob ich vielleicht durch sie zu einem Sohn komme. Und Abram gehorchte der Stimme Sarais. Da nahm Sarai, Abrams Frau, ihre ägyptische Magd Hagar und gab sie Abram, ihrem Mann, zur Frau, nachdem Abram zehn Jahre im Lande Kanaan gewohnt hatte. Und er ging zu Hagar, die ward schwanger.[69]

(1. Mose 16,1-4; LUT)

Abraham ließ sich auf Saras unglückselige Idee ein. Er zeugte mit seiner Magd Hagar seinen Sohn Ismael. In diesem Moment war sein Glaube alles andere als stark. Und wie viele Probleme entstanden später durch diesen Unglauben (1Mo 16,5-6; 21,8-10)!

Als Abraham 99 Jahre alt war, wiederholte Gott sein großes Versprechen noch einmal:

Du sollst Sarai, deine Frau, nicht mehr Sarai nennen, sondern Sara soll ihr Name sein. Denn ich will sie segnen, und auch von ihr will ich dir einen Sohn geben; ich will sie segnen, und Völker sollen aus ihr werden und Könige über viele Völker. Da fiel Abraham auf sein Angesicht und lachte und

69 Auch Sara hatte erst einen anderen Namen, auch wenn der Unterschied etwas kleiner war als bei Abraham. Bei ihr hatte die Namensänderung auch nicht unbedingt eine Bedeutungsänderung zur Folge, da „Sarai" eine Nebenform von „Sara" gewesen sein könnte und damit ebenfalls „Fürstin" bedeuten würde – oder aber so viel wie „verspotten" bzw. „sich lustig machen". Vgl. Warren W. Wiersbe: *Wiersbe Kommentar AT. Band 1: 1. Mose bis Ester.* Dillenburg: Christliche Verlagsgesellschaft; S. 207.

sprach in seinem Herzen: Soll mir mit hundert Jahren ein Kind geboren werden, und soll Sara, neunzig Jahre alt, gebären?

1. Mose 17,15-17 (LUT)

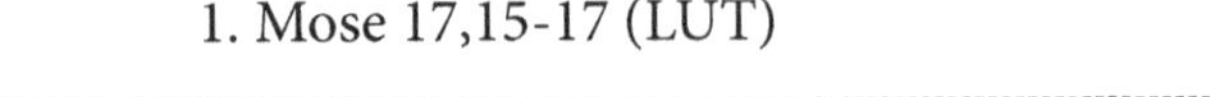

Es ist nichts Geringes, zu lachen, wenn Gott etwas verspricht. Solch eine Reaktion zeugt nicht gerade von festem Glauben. Abraham sah nicht gut aus in dieser Situation! Die Bibel berichtet weiter, dass er schließlich zu dem Schluss kam: *Bestimmt meint Gott Ismael!* (1Mo 17,18). Aber Gott sah in seine Gedanken und korrigierte ihn sofort:

Nein, Sara, deine Frau, wird dir einen Sohn gebären, den sollst du Isaak nennen, und ich will meinen Bund mit ihm aufrichten als einen ewigen Bund für seine Nachkommen.

1. Mose 17,19 (LUT)

Gott ermutigte Abraham und stärkte seinen Glauben. Später tat er das auf ähnliche Weise noch einmal (1Mo 18,10). Da war es dann Sara, die lachte:

Und sie waren beide, Abraham und Sara, alt und hochbetagt, sodass es Sara nicht mehr ging nach der Frauen Weise. Darum lachte sie bei sich selbst und sprach: Nun, da ich alt bin, soll ich noch Liebeslust erfahren, und auch mein Herr ist alt!

1. Mose 18,11-12 (LUT)

Perfekt war Abraham also nicht. Und Sara schon gar nicht. Auch Abraham hatte Phasen, in denen sein Glaube Stärkung bitter nötig hatte. Die Bibel verschweigt das nicht. Doch angesichts dieser Schwächephasen im Glauben stellt sich die Frage: Wie kommt es, dass Abraham trotz all dieser Fehler, die er machte, in der Bibel dennoch eindeutig ein Glaubensvorbild ist?

Die Bibel selbst liefert die Erklärung im 1. Buch Mose (1Mo 22,1-19). Dort wird nämlich berichtet, dass Gott Abraham gegen Ende seines Lebens erneut vor eine große Herausforderung stellte, die den Atem ins Stocken geraten lässt: Gott befahl Abraham, den verheißenen Sohn Isaak auf dem Berg Morija zu opfern. Das ging an die Grenzen! Eindeutig. Nach Abrahams zahlreichen Fehlern setzte Gott seinen Glauben noch einmal einer gewaltigen Belastungsprobe aus. Wenn er in den Jahren zuvor nicht so viele Fehler gemacht hätte, hätte Gott ihm diese Prüfung möglicherweise erspart – wer weiß? So aber musste sie sein.

Dieses Mal hat Abraham die Prüfung glänzend bestanden. Er leistete sich keine einzige Schwäche, er machte keinen einzigen Fehler, sondern er bewährte sich in dem Glauben, den Gott Jahrzehnte vorher in ihm erweckt hatte (1Mo 15,6). Nach bestandener Prüfung hinderte Gott ihn rechtzeitig daran, den Auftrag in die Tat umzusetzen: *„Lege deine Hand nicht an den Knaben und tu ihm nichts;* ***denn nun weiß ich,*** *dass du Gott fürchtest und hast deines einzigen Sohnes nicht verschont um meinetwillen"* (1Mo 22,12; LUT). So wurde Abraham zu Recht ein Vorbild im Glauben.

Wie ist Abraham nun damals mit seinem Alter und seiner Kinderlosigkeit einerseits und Gottes großem Versprechen andererseits umgegangen? Fakt ist: Abraham war Realist. Er nahm seinen eigenen greisenhaften Körper nüchtern wahr, der mit knapp einhundert Jahren sicherlich alles andere als jung und federnd war. Im Römerbrief (4,19) heißt es über ihn:

Und er wurde nicht schwach im Glauben, als er auf seinen eigenen Leib sah, der schon erstorben war, weil er fast hundertjährig war, und auf den erstorbenen Mutterschoß der Sara.

(LUT)

Abraham sah also auch nüchtern auf Sara, die längst eine alte Frau mit weißem Haar und Falten im Gesicht geworden war. Er betrachtete das alles mit großer Nüchternheit. Er machte nicht „auf jung". Er rockte auch nicht mit Lederjacke, Nietenhosen und Haar-Gel durch die Gegend, als wäre er frisch neunzehn. Sondern er sah nüchtern auf die Fakten seines Lebens und akzeptierte sie. Er wusste: *Ich bin ein alter Mann, und Sara ist eine alte Frau.*

Dann hat Abraham noch etwas getan, und zwar etwas sehr Entscheidendes. Im Römerbrief heißt es weiter über ihn: *„Er ehrte Gott, indem er ihm vertraute"* (4,20a; NeÜ). Abraham nahm also einerseits die Fakten seines Lebens nüchtern zur Kenntnis und gab andererseits Gott die Ehre. Sein Leben spielte sich dann zwischen diesen beiden Polen ab: zwischen *Fakten akzeptieren* und *Gott die Ehre geben.* Das ist wichtig, denn ein normales, gesundes Glaubensleben spielt sich ebenfalls zwischen diesen beiden Polen ab. Wenn einer der beiden Pole fehlt, läuft etwas schief. Es müssen beide da sein!

Wenn man zum Beispiel damit aufhört, die (zuweilen beinharten) Fakten des eigenen Lebens zu sehen und nüchtern hinzunehmen, dann hebt man ab. Man verliert den Boden unter den Füßen. Und das bekommt einem gar nicht. Das ist so ähnlich wie mit den Tiefseetauchern im Meer. Wenn die ins Wasser gehen, dann haben sie neben ihrer notwendigen Ausrüstung immer noch etwas ganz Merkwürdiges dabei, nämlich Bleigewichte an den Füßen. *Wozu sollen die gut sein?*, fragt man sich.

Sind die überhaupt zu irgendetwas gut? Sie sind es! Denn die Bleigewichte ziehen die Taucher nach unten. Ohne Gewichte würden diese sonst nämlich von der Wasserkraft erfasst und hilflos mitgerissen werden. Ganz ähnlich ist es auch mit den harten Fakten im Leben: Sie helfen einem, auf dem Teppich zu bleiben und kein geistlicher Schaumschläger oder Scharlatan zu werden.

Oder andersherum: Wenn man aufhört, Gott die Ehre zu geben (wenn also der andere Pol im Glaubensleben fehlt), dann wird man erdrückt und fertiggemacht von den harten Fakten unseres Lebens. Dann wird der Glaube erstickt. Und das bekommt einem erst recht nicht!

Beides also ist nötig, und Abraham machte das vor: einerseits die Fakten des Lebens nüchtern akzeptieren und andererseits Gott die Ehre geben. Wenn man das tut, wird man etwas sehr Schönes erleben, das auch Abraham erlebt hat: Man wird stark werden im Glauben. Das ist auch die Fortsetzung in Römer 4,20: *„[Abraham] zweifelte nicht an der Zusage Gottes. Er ehrte Gott, indem er ihm vertraute, und wurde so im Glauben gestärkt“* (NeÜ).

Gott will, dass seine Kinder stark werden im Vertrauen zu ihm. Er hat kein Interesse daran, dass sie jammernd, geduckt und leise weinend durchs Leben huschen wie graue Mäuse. Sondern er möchte, dass sie stark werden im Glauben. Der Glaube an Jesus ist etwas, das stark macht, nicht schwach! Belastungsfähig, nicht wehleidig! Robust, nicht wankelmütig! Aber die Grundbedingung muss erfüllt sein, sonst klappt es nicht: einerseits die Fakten des Lebens nüchtern akzeptieren und andererseits Gott die Ehre geben.

Was aber bedeutet es, „Gott die Ehre zu geben“? Wie sieht das praktisch aus? „Gott die Ehre geben“ bedeutet, nicht durch Unglauben an seinen Verheißungen zu zweifeln. Oder, anders ausgedrückt: Gott wird dadurch geehrt, dass Christen seinem Wort glauben und es nicht infrage stellen.

Was geschieht, wenn Christen an Gottes Wort, wie die Bibel es präsentiert, zweifeln? Sie machen Gott dadurch zum Schwächling. Sie unterstellen ihm, dass er den Mund zu voll genommen hat und seine Versprechen nicht erfüllen kann. Sicher: In der Regel machen sie sich das nicht so bewusst, was sie wirklich denken und vielleicht auch formulieren. Tatsächlich aber ist es so: Wenn sie die Wahrhaftigkeit von Gottes Wort in Zweifel ziehen, machen sie Gott zum Maulhelden, der zu viel versprochen hat. Und das ist nichts Geringes. Man sollte sich davor hüten.

Das heißt nun aber nicht, dass es keine Phasen gäbe, in denen man mutlos, erschöpft und deprimiert ist, in denen die harten Fakten des Lebens einen angreifen und kleinmütig machen. Solche Phasen gibt es. Jeder kennt sie, und auch Abraham hatte sie. Aber: Es ist entscheidend, wie man mit ihnen umgeht! Es ist entscheidend, dass man trotz und mit alledem, was einen angreift oder belastet, klar auf Jesus Christus und den Vater im Himmel ausgerichtet bleibt. Abraham hat es exakt so gemacht. Er hatte genügend harte Fakten in seinem Leben: seine Kinderlosigkeit und seinen Namen, der ihm immer wieder Kummer machte. Dazu noch manches andere. Aber in allem gab er dennoch Gott die Ehre. Er blieb auf ihn ausgerichtet.

Abraham sah, was los war. Aber er sagte (sinngemäß): „Dennoch ist Gott der Herr! Dennoch ist er der Sieger! Dennoch ist sein Wort wahr! Dennoch wird er am Ende recht behalten! Dennoch wird er seine Verheißung am Ende erfüllen! Ich warte auf ihn. Ich harre auf ihn. Ich gebe ihm die Ehre. Ich lasse mich davon nicht abbringen. Egal, was noch kommt. Egal, wie lange es noch dauert. Ich gebe ihm die Ehre. Ich vertraue ihm weiter. Denn ich weiß: Sein Wort lügt nicht!“ Das ist standhafter Glaube.

Dann wurde Isaak geboren. Und Abraham begriff: Standhafter Glaube ist niemals vergeblich. Denn Gott erfüllt all seine Versprechen!

Wieder wird es persönlich: Welche sind die harten Fakten meines eigenen Lebens? Ein despotischer Vorgesetzter? Eine belastete Ehe? Eine Krankheit? Ein herber Verlust? Eine schwermütige Seele? Eine tiefe Kränkung? Drückende Schulden? Oder erfahrene Ungerechtigkeit?

Klug ist es, die harten Fakten in jedem Fall erst einmal nüchtern zur Kenntnis zu nehmen. Gott hat diese Umstände zugelassen. Er weiß längst, wie er sie wenden wird. Er hat die Lösung parat. Es gibt deshalb keinen Grund, vor den harten Fakten des eigenen Lebens zu fliehen! Es gibt keinen Grund, sie zu verdrängen oder zu verkleistern! Und es gibt erst recht keinen Grund, sich zu betäuben! Nüchternheit ist angesagt!

Anschließend geht es darum, Gott dennoch die Ehre zu geben. Es geht darum, klar in der Ausrichtung auf ihn zu bleiben, zu ihm zu rufen, ihm zu danken und ihn anzubeten. Immer wieder! Außerdem sollte man darauf aus sein, sein Wort, die Bibel, zu lesen oder zu hören und sich durch nichts von Gottes Willen abbringen zu lassen und so treu und standhaft zu bleiben.

Wenn man merkt, dass man das nicht hinbekommt, ist es wichtig, sich bloß nicht auf sich, die eigene Schwäche und das eigene Versagen zu fixieren! Wer das tut, verkriecht sich in sich selbst und geht zugrunde. Viel besser ist es stattdessen, den Fokus konsequent auf Jesus zu richten, der sein großes Auferstehungsleben *in einem* und *durch einen* leben will. Es ist viel besser, in der Anbetung und im Lobpreis Gottes zu bleiben. Denn Jesus will alle, die ihn lieb haben, durch sein hinreißendes, starkes Auferstehungsleben zu einer Persönlichkeit werden lassen, die im und durch den Glauben standhaft ist. Auch und gerade dann, wenn die Fakten des Lebens den Glauben massiv infrage stellen.

Denn es kommt der Tag, an dem Gott eingreifen und alles souverän verändern und glätten wird. Man wird staunen und sich freuen, dass man treu und standhaft war und Gott in dieser finsteren Zeit dennoch weiterhin die Ehre gegeben hat. Das eigene Leben wird nach außen leuchten und strahlen, weil es ein Leben ist, in dem sich der Glaube an Jesus bewährt hat.

Ihrem Gewissen als Christin folgend versteckte die Holländerin Cornelia ten Boom in der Zeit, als die Niederlande von den Truppen Adolf Hitlers besetzt waren, Juden in ihrem Haus. Einige Jahre ging alles gut. Aber dann wurde das Versteck entdeckt. Und Frau ten Boom wurde gemeinsam mit ihrer Schwester Betsie in ein deutsches Konzentrationslager deportiert.

Frau ten Boom berichtet: „Der Umzug in die ‚Dauerbaracke' erfolgte in der zweiten Oktoberwoche. […] Unsere Nasen sagten uns sofort, dass es hier sehr schmutzig war: das Stroh auf den Pritschen stank. […] Wir streckten uns aus, unterdrückten den Brechreiz, den der Gestank des Strohs verursachte. […] Plötzlich setzte ich mich auf. […] Etwas hatte mich ins Bein gestochen. ‚Flöhe!', rief, ich. ‚Betsie, hier wimmelt es von ihnen! […] Wie können wir in einer solchen Höhle leben?' […] Ich zog die Bibel aus ihrem Beutel. […] In dem trüben Licht blätterte ich die Seiten um. ‚Seid allezeit fröhlich. Betet ohne Unterlass. Seid dankbar in allen Dingen, denn das ist der Wille Gottes in Christus Jesus ...'

‚Das ist es Corrie', [hörte ich Betsies Stimme], ‚Das ist seine Antwort. ‚Seid dankbar in allen Dingen.' Und das können wir tun. Wir können jetzt gleich beginnen, Gott für alles in dieser neuen Baracke zu danken.' Ich starrte sie an. Dann blickte ich in dem dunklen, übel riechenden Raum um mich. ‚Für was zum Beispiel?', sagte ich. ‚Dafür zum Beispiel, dass wir hier zusammen sind. […] Für das, was du in deinen Händen hältst.‘ Ich sah auf die Bibel hinunter. ‚Ja, ich danke dir, lieber Herr […], für all die Frauen hier in diesem Raum, die dir durch dieses Buch begegnen werden.‘ […] ‚Ich danke dir‘, fuhr Betsie heiter fort, ‚für die Flöhe und für ...‘

Die Flöhe! Das war dann doch zu viel. ‚Betsie, selbst Gott kann mich nicht dazu bringen, für einen Floh dankbar zu sein.‘ ‚Seid dankbar in allen Dingen‘, zitierte sie. ‚Es heißt nicht in angenehmen. Flöhe gehören hierher, wohin Gott uns geführt hat.‘ Und so dankten wir für die Flöhe. Aber diesmal war ich sicher, dass Betsie sich irrte. […]

[Wir begannen, kleine Gottesdienste in Baracke 28 zu feiern.] Anfangs gingen Betsie und ich bei diesen Gottesdiensten sehr vorsichtig vor. Aber als Abend um Abend verstrich und keine Aufseherin sich zeigte, wurden wir kühner. So viele wollten jetzt dabei sein, dass wir nach dem Abendappell einen zweiten Gottesdienst abhielten. [Es war merkwürdig:] Auf der Lagerstraße waren wir unter strenger Bewachung. […] Genauso war es in dem mittleren Raum der Baracke: Immer war dort ein halbes Dutzend Aufseherinnen und Lagerpolizisten anwesend. Aber in dem großen Schafraum gab es so gut wie keine Überwachung. Wir verstanden das nicht. […]

Eines Abends kam ich spät vom Holzsammeln außerhalb des Lagers zurück. […]Betsie wartete wie immer auf mich. […] Ihre Augen funkelten. […] ‚Wie du weißt, haben wir nie verstanden, warum wir hier in dem großen Raum so viel Freiheit hatten‘, sagte sie. ‚Nun, ich bin dahintergekommen.‘ An diesem Nachmittag, sagte sie, habe es einen Streit in ihrer [Arbeitsgruppe] gegeben, und sie hätten die Oberaufseherin gebeten, zu kommen und ihn zu schlichten. ‚Aber sie wollte es nicht! Sie wollte nicht durch die Tür gehen, und die Aufseherinnen wollten es auch nicht. Und weißt du, warum?' Betsie konnte einen triumphierenden Ton nicht unterdrücken: ,Der Flöhe wegen! Wortwörtlich hat sie gesagt: ,Da wimmelt's von Flöhen!'""[70]

Jesus kann mit allen Lebenslagen umgehen – egal, wie schwierig und aussichtslos sie erscheinen mögen – und etwas Gutes daraus entstehen lassen. Darum ist es stets unsere erste und vornehmste Aufgabe, standhaft zu sein und das Vertrauen zu ihm zu bewahren. Dadurch wachsen Persönlichkeiten, die standhaft im Glauben und im Leben in der Nachfolge Jesu sind.

70 Corrie Ten Boom: *Die Zuflucht. Corrie ten Boom erzählt aus ihrem Leben 1892–1945*. Holzgerlingen: SCM Hänssler 2021, S. 230–233, 236; 245.

KAPITEL 7

Abraham – oder: Der Gehorsam des Glaubens

Durch den Glauben war Abraham bereit, Isaak zu opfern, als Gott ihn auf die Probe stellte. Abraham, der die Zusage Gottes empfangen hatte, brachte seinen einzigen Sohn zum Opferaltar, obwohl Gott ihm versprochen hatte: „Durch Isaak gebe ich dir die zugesagte Nachkommenschaft." Denn Abraham ging davon aus, dass Gott Isaak wieder zum Leben erwecken konnte. Und in einem gewissen Sinn erhielt er ihn auch vom Tod zurück.

Hebräer 11,17-19 (NeÜ)

John Kenneth Galbraith schildert in seiner Autobiografie *Ein Leben in unserer Zeit* die Hingabe von Emily Gloria Wilson, der Haushälterin seiner Familie:

„Es war ein anstrengender Tag gewesen, und ich bat Emily, alle Telefonate zu führen, während ich ein Nickerchen machte. Kurze Zeit später klingelte das Telefon. Präsident Lyndon Johnson rief aus dem Weißen Haus an.

‚Geben Sie mir Ken Galbraith. Hier ist Lyndon Johnson.'

‚Er schläft, Mr. President. Er sagte, ich solle ihn nicht stören.'

‚Gut, wecken Sie ihn auf. Ich möchte mit ihm sprechen.'

‚Nein, Mr. President. Ich arbeite für ihn, nicht für Sie.'

Als ich später den Präsidenten zurückrief, konnte der seine Freude kaum zügeln. ‚Sagen Sie dieser Frau, dass ich sie hier im Weißen Haus haben möchte.'"[71]

Eine beeindruckende Frau. Beeindruckend in ihrer Hingabe, ihrem Mut und ihrer Geradlinigkeit.

Auch Abraham war eine Persönlichkeit, die vor allem gegen Ende ihres Lebens durch die Geradlinigkeit ihres Glaubens auffiel. Abraham bewährte in einer sehr kritischen Situation das Vertrauen auf den unsichtbaren, aber höchst realen Gott der Bibel und wankte dabei nicht. Seine Lage war ungleich schwieriger als die von Emily Gloria Wilson. Dennoch lebte er die Beziehung zu Gott mit einer Verbindlichkeit und einer Entschlossenheit, die einen sprachlos macht. Gott forderte ihn an einer Stelle heraus, an der all diejenigen besonders empfindlich reagieren, die Eltern sind: Gott stellte – so schien es jedenfalls – das Leben seines Sohnes infrage.

Der Bericht von Abrahams Weg ins Land Morija zählt zu den beunruhigendsten und zugleich bewegendsten Geschichten der Bibel. Hier handelt Gott auf eine Art und Weise, die einem den Atem nimmt. Hier wird ein Mensch, Abraham, bis an die Grenzen des Erträglichen herausgefordert. Hier geht es nicht lieb und nett zu, sondern ganz anders: Hier greift Gott souverän, kompromisslos und zupackend in das Leben eines Menschen ein und schüttelt es kräftig durch.

Abrahams Weg ins Land Morija war ein Weg, auf dem für ihn schlechthin alles auf dem Spiel stand. Dieser Weg zeigt, wie kompromisslos Gott seine Hand auf das Leben eines Menschen legen kann. Er zeigt aber auch, wie kompromisslos Gott sich

71 John Kenneth Galbraith: *Ein Leben in unserer Zeit.* Houghton Mifflin: Reader's Digest 1981. http://www.sermonillustrations.com/a-z/o/obedience.htm abgerufen 01.07.2024.

selbst gegenüber ist, um den Menschen das zu geben, was sie am nötigsten brauchen: Rettung aus Verlorenheit.

Ein unbegreiflicher Auftrag

Endlose Jahre lang hat Abraham mit Sara, seiner Frau, auf ein Kind gewartet. Er hat gewartet, und er ist alt geworden. Er hat schon kurz vor dem Aufgeben gestanden. Aber er hat immer weiter gewartet. Er hatte nichts in der Hand außer dem Versprechen Gottes: *„Sara wird einen Sohn haben!“* (vgl. 1Mo 17,16), und er hat gewartet. Dann wurde Isaak geboren, und sein Haus füllte sich mit Glück. Alles erfüllte sich so, wie Gott es angekündigt hatte. Und Abraham hat dieses sein einziges Kind sehr geliebt. Isaak war die Erfüllung eines großen, lange gehegten Wunsches. Abraham hat diesen seinen Sohn mit starker, großer Liebe geliebt.

Dieses Kind war nicht irgendein Kind. Es war vor allem ein menschgewordenes Versprechen Gottes. An dieses Kind, Isaak, hatte Gott das atemberaubende Versprechen geknüpft, dass er aus Abrahams Nachkommen ein großes Volk machen und dazu noch durch sie die ganze Welt in besonderer Weise segnen würde. Gott hatte Abraham wissen lassen:

Ich will dich zum großen Volk machen und will dich segnen und dir einen großen Namen machen, und du sollst ein Segen sein. Ich will segnen, die dich segnen, und verfluchen, die dich verfluchen; und in dir sollen gesegnet werden alle Geschlechter auf Erden.

1. Mose 12,2-3 (LUT)

Doch in diese Situation des sich erfüllenden Versprechens hinein kommt nun ein Auftrag Gottes, unbegreiflich schier und hart:

Nimm Isaak, deinen einzigen Sohn, den du lieb hast, und geh hin in das Land Morija und opfere ihn dort zum Brandopfer auf einem Berge, den ich dir sagen werde.

1. Mose 22,2 (LUT)

Jeder, der selbst Kinder hat, weiß: Nirgendwo sind Menschen so verwundbar, wie wenn es um ihre Kinder geht. Wenn den Ehepartner oder Freunde ein Unheil trifft, ist das schon schlimm genug. Das wühlt sie auf. Das raubt ihnen den Schlaf. Aber wenn ihre eigenen Kinder bedroht sind, trifft sie das ganz innen. Dann mobilisieren sie ihre letzten Kräfte. Dann setzen sie alles in Bewegung. Dann herrscht in ihnen nur noch eines vor: eine stählerne, grimmige Entschlossenheit. Dann kennen sie nur noch ein Ziel: Das Unheil abwenden! Dann kämpfen sie wie die Löwen.

Doch Gott befiehlt Abraham:

Nimm Isaak, deinen einzigen Sohn, den du lieb hast, und geh hin in das Land Morija und opfere ihn dort zum Brandopfer auf einem Berge, den ich dir sagen werde.

1. Mose 22,2 (LUT)

Ein unmissverständlicher Auftrag. Ein unerbittlicher Auftrag. Und ein schier unbegreiflicher Auftrag, sogar doppelt unbegreiflich. Denn da ist nicht nur die völlig unbegreifliche Forderung, sein einziges Kind zu töten. Sondern da ist auch noch etwas anderes: Gott hatte versprochen, aus Abrahams Nachkommen ein großes Volk, Gottes Volk, zu machen. Ferner hatte Gott versprochen, dass er durch Abraham und seine Nachkommen sehr entscheidende Dinge für die Menschheit tun wollte. Was, bitte, sollte nun aus diesen Versprechen werden? Galten sie nicht mehr?

Plötzlich ist alles bedroht: das Leben seines Sohnes, die Zukunft. Plötzlich sind sie ausgeträumt: die Wunschträume und die Hoffnungen. Abraham fällt tief und schlägt hart auf: Gottes unbegreiflicher Auftrag packt und schüttelt sein Leben kräftig durch.

Bestimmt hat Abraham sich verwirrt gefragt: Was geht in Gottes Herz vor, dass er das jetzt verlangt? Was ist das für ein Gott, der solch eine Forderung stellt? Was macht der mit meinem Leben? Was hat er mit mir vor? Was geschieht hier gerade? Das sind in der Tat sehr berechtigte Fragen.

Doch in all diesen Fragen stand eines fest: Gott hatte Abraham den Isaak versprochen. Und er hatte wiederholt klipp und klar angekündigt, dass aus Isaaks Nachkommenschaft Völker und Könige hervorgehen würden (1Mo 17,15-19). Das war ein eindeutiges Wort Gottes gewesen. Doch nun bekam Abraham ein weiteres Wort Gottes, das dem ersten direkt zu widersprechen schien: *„Opfere Isaak auf dem Berg Morija!“* Damit geriet Abraham in die Klemme. Denn scheinbar stand hier ein Wort Gottes gegen das andere. Wenn aus Isaaks Nachkommen Völker und Könige hervorgehen sollten, musste er schließlich am Leben bleiben! Abraham bewegte sich also in einem schreienden Gegensatz. Der Hebräerbrief macht in seiner zusammenfassenden Darstellung auch direkt darauf aufmerksam:

Durch den Glauben war Abraham bereit, Isaak zu opfern, als Gott ihn auf die Probe stellte. Abraham, der die Zusage Gottes empfangen hatte, brachte seinen einzigen Sohn zum Opferaltar, obwohl Gott ihm versprochen hatte: „Durch Isaak gebe ich dir die zugesagte Nachkommenschaft."

Hebräer 11,17-18 (NeÜ)

Abraham hätte an dieser Stelle auch die Möglichkeit gehabt zu sagen: „Ich mache jetzt gar nichts! Gottes Wort widerspricht sich offensichtlich. Also befolge ich den Befehl nicht. Ich tue gar nichts!" So hätte Abraham reagieren können. Aber – und das ist das Große an ihm – er wählte einen anderen Weg: den Weg des Gehorsams. Das heißt: Abraham wusste zwar nicht, wie diese zwei scheinbar so widersprüchlichen Worte Gottes zusammenpassten. Aber er wusste: Beide waren Worte Gottes. Er wusste auch: „Irgendwie müssen diese zwei Worte Gottes zusammenpassen, auch wenn ich jetzt beim besten Willen nicht erkennen kann, wie." Darum machte er sich auf den Weg.

Der Hebräerbrief zeigt auch, wie Abraham versucht hat, diese zwei scheinbar so widersprüchlichen Worte Gottes irgendwie zusammenzubringen! Er zeigt, dass Abraham auf dem langen Weg nach Morija intensiv überlegt hat, wie diese beiden Ansagen Gottes zusammenpassen könnten. Seine Gedanken haben sich dabei in die folgende Richtung bewegt: *„Denn Abraham ging davon aus, dass Gott Isaak wieder zum Leben erwecken konnte"* (Hebr 11,19; NeÜ). Das heißt: Abraham hat sich gesagt: „Egal, was heute geschieht, Gott wird seinem Wort treu bleiben. Und wenn das bedeutet, dass er Isaak von den Toten auferwecken muss."

Abraham hat aus der scheinbaren Widersprüchlichkeit der Worte Gottes einen Schluss eben nicht gezogen. Er hat nicht gesagt: „Gottes Wort ist widersprüchlich und unzuverlässig!" Sondern er hat (sinngemäß) gesagt: „Gottes Wort ist immer wahr und immer verlässlich. Es widerspricht sich nie. Und darum tue ich jetzt, was Gott will. Am Ende wird sich schon zeigen, wie alles zusammenpasst!"

Gott stellte Abraham damals auf die Probe. Er brachte ihn in eine extrem belastende Situation hinein. In eine Zerreißprobe. Abraham musste entscheiden, wem sein Herz am Ende gehören sollte. Er musste entscheiden zwischen der Liebe zu seinem Kind und der Liebe zu Gott. Es gab kein Ausweichen, keinen Aufschub, keinen Ausweg. Abraham musste entscheiden. Wenn er „Ja" zu seinem Kind sagte, musste er „Nein" zu Gott sagen. Wenn er jedoch „Ja" zu Gott sagte, musste er „Nein" zu seinem Kind sagen. Abraham musste festlegen, wer ihm mehr wert war: Sein Sohn, den er sah und liebte, oder Gott, den er zwar nicht sah, aber dennoch sehr liebte. Es gab nur ein Entweder-oder. Nichts dazwischen.

Gott stellte Abraham auf die Probe, und er hatte dabei ein Ziel. Dieses Ziel war auf keinem anderen Weg zu erreichen: ein tieferes Vertrauen zu Gott, eine größere Liebe und eine klarere Hingabe. Darum schickte er Abraham mitten in diese Zerreißprobe hinein. Diese Prüfung, diese ungewöhnliche Belastung, war Gottes Weg, um in Abrahams Leben Neues wachsen zu lassen.

Das ist ein wichtiger Punkt: Wenn Gott Menschen durch ungewöhnliche Belastungen gehen lässt, hat er immer ein Ziel, nämlich, dass ihre Beziehung zu ihm reift und sich vertieft. Alle, die in einer persönlichen Beziehung zu Jesus leben, müssen damit rechnen, dass Gott sie solche Zeiten besonderer Belastung erleben lässt. Das Leben mit Gott verläuft nicht immer gleichmäßig, harmonisch und ebenmäßig. Es kann auch Brüche geben: Zeiten, in denen Gott die Menschen auf die Probe stellt. Zeiten, in denen er sie außergewöhnlichen Belastungen aussetzt. Zeiten, in denen ihr Vertrauen zu ihm fast am Boden liegt. Zeiten, in denen sie innerlich rebellieren gegen Gott. Zeiten, in denen sie Gott nicht mehr verstehen. Zeiten, in denen sie irgendetwas loslassen müssen, das ihnen viel bedeutet: einen Menschen vielleicht, oder einen Wunschtraum. Zeiten, in denen es ihnen ungeheuer schwerfällt, „Ja" zu Gottes Wegen mit ihnen zu sagen. Wenn solche Zeiten kommen, darf man eines ganz sicher wissen: Gott spielt keine böse Spielchen mit einem. Er will einen auch nicht quälen. Denn Gott ist kein Sadist. Nein, er hat andere Ziele …

Eine junge Frau berichtet: „Fast schon drei Jahre ist es her, dass eines Freitagabends das Telefon klingelte. Die Mutter meines Verlobten war am anderen Ende. Sie sagte: ‚Uta?' Dann war es ruhig. Da ahnte ich es schon und fragte zurück: ‚Jürgen?' – ‚Ja. Eben hat das Krankenhaus angerufen. Er ist tot.'

Zehn Wochen hatte er schon in der Uniklinik gelegen. Zweimal wurde er operiert. Und jedes Mal, wenn es ihm ein wenig besser ging, hatte ich wieder Hoffnung gehabt, dass wir doch noch ein gemeinsames Leben vor uns haben. Aber plötzlich ging es von Tag zu Tag schlechter. Von den Ärzten bekam ich die Auskunft, dass seine Lebenserwartung höchstens noch ein Jahr sei. Dann ging alles viel schneller. In der gleichen Woche starb er.

Warum? Gott, warum lässt du das zu? Von einer Freundin erhielt ich eine Karte mit dem Vers: ‚Vater, ich verstehe dich nicht, aber ich vertraue dir.' Oft machte ich diese Worte zu meinem Gebet. Ich wollte Gott vertrauen, ich wollte seinem Wort vertrauen, seiner Führung. Doch dann kam der Augenblick, in dem das Gefühl der Leere, das durch Jürgens Tod entstand, größer wurde; größer als das Bewusstsein vorheriger Erfahrungen von Gottes Treue. Ich kam in manche Tiefe. Alles wollte in mir zusammenbrechen, nicht nur meine Zukunftsvorstellungen, sondern auch das Fundament, auf dem ich bisher mein Leben aufgebaut hatte: der Glaube an Gott. Mir fiel es schwer, weiterhin an Gottes Liebe zu glauben, ihm zu vertrauen, dass er wirklich mein Leben in der Hand hat. Ganz langsam erst bekam ich den Mut, Gott wieder zu vertrauen."[72]

Wer in der persönlichen Beziehung zu Gott lebt, wird möglicherweise zu irgendeinem Zeitpunkt auf die Probe gestellt werden. Wenn das der Fall ist, gilt: Gott gebraucht diese Prüfungszeiten, um das Vertrauen zu ihm zu vertiefen und reifen zu lassen. Entscheidend ist dann, wie man sich in dieser Belastung verhält. Auch hier kann man von Abraham Entscheidendes lernen.

Ein einsamer Weg

Im 1. Buch Mose, Kapitel 22, heißt es weiter:

Da stand Abraham früh am Morgen auf und gürtete seinen Esel und nahm mit sich zwei Knechte und seinen Sohn Isaak und spaltete Holz zum Brandopfer, machte sich auf und ging hin an den Ort, von dem Gott ihm gesagt hatte. Am dritten Tag hob Abraham seine Augen auf und sah die Stätte von ferne und sprach zu seinen Knechten: Bleibt hier mit dem Esel. Ich und der Knabe wollen dorthin gehen, und wenn wir angebetet haben, wollen wir wieder zu euch kommen.

1. Mose 22,3-5 (LUT)

72 Impulse 3/92.

Abraham tat genau das, was der jungen Frau in dem eben zitierten Bericht so unendlich schwerfiel: Er verstand Gott nicht, aber er vertraute ihm. So ging er los: nach Morija, wie es Gott gesagt hatte. Er rebellierte nicht. Er verweigerte sich nicht. Sondern er ging los.

Gottes Auftrag blieb für ihn weiterhin unbegreiflich. Aber er vertraute darauf, dass Gott es trotzdem gut mit ihm meinte. Er vertraute darauf, dass Gott alles zu einem guten Ende bringen würde, obwohl er kaum eine Vorstellung davon hatte, wie das zugehen könnte. Abraham hielt sein Vertrauen durch, obwohl er Gott nicht verstand.

Abraham rechnete damit, dass Gott in der Lage sein würde, den geopferten Sohn wieder von den Toten aufzuerwecken. Das ist anhand von Hebräer 11,19 deutlich geworden. Allerdings: Seinen Weg nach Morija hat das wahrscheinlich nicht wesentlich leichter gemacht. Er musste trotzdem sein Vertrauen bewähren, obwohl er Gott nicht von Ferne verstand.

Wenn Gott etwas Unbegreifliches im Leben seiner Kinder tut, wenn sie zum Beispiel die Arbeit, die Gesundheit oder einen geliebten Menschen verlieren, dann können sie tausendmal fragen: „Warum?“ Sie können sich förmlich kaputt und wund reiben an dieser Frage. Doch dadurch wird sich nichts lösen! Deswegen hilft in dieser Situation nur eines: Sie müssen „Ja“ sagen zu dem, was Gott ihnen an Belastung oder Verlust zumutet. Sie müssen anfangen, durch die Belastung hindurchzugehen. Sie müssen ihren Weg nach Morija annehmen und ihn gehen. Schritt für Schritt: Im Vertrauen darauf, dass Gott sie dennoch liebt und weiß, wozu alles gut ist, auch wenn sie es überhaupt nicht wissen. Wenn Gott eine Zeit der Prüfung schickt, dann ist es wichtig, diese anzunehmen und hindurchzugehen. Oft wird es dann auch noch so aussehen, als ob alles nur immer schwerer und schlimmer würde.

Bei Abraham war es so: Drei Tage war er unterwegs. Drei Tage! Drei Tage voller quälender Gedanken. Drei Tage voller Angst, Beklemmung und Unruhe. Jeder Schritt, der ihn und seinen Sohn näher an das Land Morija brachte, vermehrte den Druck, der auf dem alten Mann lag: Mit wem sollte er reden? Er hatte niemanden. Selbst wenn er jemanden gehabt hätte, so musste er den Weg nach Morija dennoch allein gehen. Darum war der Weg nach Morija für ihn ein sehr einsamer Weg.

Wenn Gott einem eine Zeit besonderer Belastung zumutet, wenn er in der heutigen Zeit jemanden auf einen Morija-Weg schickt, ist das genauso: Es ist ein einsamer Weg! Natürlich kann und soll man dann mit anderen Christen darüber reden und beten. Man soll sich mitteilen, damit man auch getragen werden kann von den anderen. Man braucht die Gemeinschaft! Ganz klar! Aber *gehen* muss jeder seinen Morija-Weg dann doch allein und selbständig. So wie Abraham.

In 1. Mose 22 steht dann noch etwas; etwas, das einem die Kehle zuschnürt, wenn man es zum ersten Mal bewusst liest. Abraham sagt: *„Ich und der Knabe wollen dorthin gehen, und wenn wir angebetet haben, wollen wir wieder zu euch kommen“* (1Mo 22,5; LUT). Abraham sprach tatsächlich von Anbetung. Er befand sich am Fuß des Berges, auf dem das Leben seines Sohnes enden soll, und verwendete das Wort „angebetet“. *Was ist das?*, fragt man sich. *Ist das Ernst? Ist das ernst gemeint? Oder ist das Zynismus der bittersten Art? Wie kann dieser Mann es fertigbringen, in diesem Zusammenhang von „Anbetung“ zu sprechen?!*

Es war nicht Zynismus, der Abraham diese Worte wählen ließ. Es war auch nicht Gefühllosigkeit. Sondern es war ihm wirklich ernst damit. Abraham hat an diesem Tag etwas getan, das man unbedingt zur Kenntnis nehmen sollte: Er hat die schlimmste Dunkelheit seines Lebens zur Anbetung Gottes gemacht. Er hat den größten Schmerz, die tiefste Verzweiflung, die schauerlichste Ratlosigkeit hineingeführt in eine Anbetung Gottes. Er hat seinen Schmerz, seine Trauer, seine Verzweiflung nicht dazu benutzt, um in glühendem Zorn die Faust zu erheben gegen den lebendigen Gott, ihn mit Hass zu überschütten und ihn zu verfluchen. Nein, sondern er ist damit in der Anbetung Gottes geblieben. Dadurch hat er sich in seinem Vertrauen zu Gott bewährt.

Das sollten auch diejenigen tun, die Jesus im Glauben nachfolgen: die schlimmsten Dunkelheiten ihres Lebens zur Anbetung Gottes machen. Sie hineinführen in die Anbetung Gottes und so die Prüfungen des Glaubens bestehen. Es liegt so nahe, die Faust gegen Gott zu erheben, wenn einen Schlimmes trifft. Wie leicht flammt in solchen Momenten das eigene Herz gegen den unsichtbaren Gott auf, den man nicht versteht und der einen dennoch liebt. Das ist auch menschlich verständlich, aber dennoch falsch! Viel besser ist es stattdessen, den eigenen Schmerz in eine tiefempfundene Anbetung Gottes zu überführen, vielleicht mit diesen Worten:

> „Vater im Himmel, du siehst, wie es steht: Dass ich bald nicht mehr weiterweiß und bald auch nicht mehr weiterkann. Du siehst, wie ich manchmal mit den Tränen kämpfe und die Verzweiflung mir wie ein Kloß in der Kehle stecken bleibt. Herr, ich komme vor dich als dein Kind. Ich weiß, dass dein Wort sagt, dass du niemals Gedanken des Unheils, sondern ausschließlich des Heils über mich hast. So gebe ich mich neu in deine Hände. Du bist der Gott, der mich sieht. Du bist der Gott, der alle Macht hat und alle Wege weiß. Du bist der, dessen Gnade so weit wie der Himmel ist und dessen Liebe nicht aufhört. Du weißt, was du mit mir tust, auch wenn ich es jetzt nicht verstehe. Ich glaube, dass dein Weg immer noch gut für mich ist. Ich bleibe in dir. Ich gehe mit dir. Du allein bist der Gott meines Lebens."

Wenn Gott raue Wege mit einem geht, dann muss man den Schmerz zur Anbetung machen. Dann muss man die eigene Ratlosigkeit zur Anbetung machen. Dann muss man die Trauer zur

Anbetung Gottes machen. So wie Abraham damals auf dem Weg nach Morija.

Nachdem Abraham seinen Knechten also die Anweisung in 1. Mose 22,5 gegeben hatte, blieben diese zurück, und Abraham ging weiter, mit seinem Sohn an seiner Seite. Während sie den Berg hinaufgingen, fing dieser plötzlich an und fragte seinen Vater eine unschuldige, eine grässlich ahnungslose und darum für seinen Vater so unendlich peinigende Frage:

Und Abraham nahm das Holz zum Brandopfer und legte es auf seinen Sohn Isaak. Er nahm aber das Feuer und das Messer in seine Hand; und gingen die beiden miteinander. Da sprach Isaak zu seinem Vater Abraham: Mein Vater! Abraham antwortete: Hier bin ich, mein Sohn. Und er sprach: Siehe, hier ist Feuer und Holz; wo ist aber das Schaf zum Brandopfer? Abraham antwortete: Mein Sohn, Gott wird sich ersehen ein Schaf zum Brandopfer. Und gingen die beiden miteinander.

1.Mose 22,6-8 (LUT)

Wahrscheinlich war in diesem Augenblick in Abraham nur noch eines: ein wilder, stummer Schrei! Vielleicht hat er gedacht: *Gott, du mutest mir zu viel zu! Ich kann das nicht mehr. Ich bin am Ende. Es geht nicht mehr!* Vielleicht ist er mit einer würgenden Verzweiflung im Hals weitergegangen. Doch der Weg war noch nicht zu Ende. Das Bitterste kam erst noch.

Und als sie an die Stätte kamen, die ihm Gott gesagt hatte, baute Abraham dort einen Altar und legte Holz darauf und band seinen Sohn Isaak, legte ihn auf den Altar oben auf das

Holz und reckte seine Hand aus und fasste das Messer, dass er seinen Sohn schlachtete.

1. Mose 22,9-10 (LUT)

Gott ließ Abraham den Weg nach Morija bis zu Ende gehen. Er ersparte ihm nicht den langen Weg. Am Ende dieses Weges, oben auf dem Berg, sah schließlich alles besonders hoffnungslos aus. Für Abraham blieb nur noch eines zu tun: Gottes unbegreiflichen Auftrag ausführen. Es war schlimm.

Wenn Gott seinen Kindern Zeiten extremer Belastung zumutet und sie auf Morija-Wege schickt, ist es oft genauso: Es sieht schlimm, ja, es sieht hoffnungslos aus. Sie sehen keinen Ausweg. Sie glauben, es sei alles zu Ende. Doch das stimmt nicht: Jeder Morija-Weg hat ein Ende. Jede Prüfung Gottes ist zeitlich begrenzt. Am Ende des Morija-Weges steht nicht die Niederlage, sondern Gottes Eingreifen.

Eine überraschende Wende

Da rief ihn der Engel des Herrn vom Himmel und sprach: Abraham! Abraham! Er antwortete: Hier bin ich. Er sprach: Lege deine Hand nicht an den Knaben und tu ihm nichts; denn nun weiß ich, dass du Gott fürchtest und hast deinen einzigen Sohn nicht verschont um meinetwillen. Da hob Abraham seine Augen auf und sah einen Widder hinter sich in der Hecke mit seinen Hörnern hängen und ging hin und nahm den Widder und opferte ihn zum Brandopfer an seines Sohnes statt.

1. Mose 22,10-13 (LUT)

Plötzlich war für Abraham alle Belastung vorbei. Der Weg nach Morija war zu Ende. Er begriff: Gott wollte gar nicht das Leben seines Sohnes! Er wollte nur, dass er alles loslassen und seinen Sohn – seine Zukunft und seine Hoffnungen – in Gottes Hand legen sollte. Mehr nicht! Abraham begriff: Gott wollte nicht, dass er sich an sichtbare Dinge band – auch nicht an sichtbare Menschen –, sondern allein an ihn, den Unsichtbaren. Gott wollte nicht, dass er all seine Hoffnung auf seinen Sohn setzte, sondern allein auf ihn, den lebendigen Gott. So verließ Abraham den Berg als ein anderer Mensch. Er wusste jetzt: Auch wenn Gott manchmal unbegreiflich und rätselhaft ist: Es ist gut, ihm trotzdem zu vertrauen. Denn er weiß, was er tut.

Darum gilt: Wer von Gott auf die Probe gestellt und durch Zeiten besonderer Belastung geführt wird, der tut gut daran, ihm gerade dann trotzdem zu vertrauen. Denn Gott selbst bestimmt Anfang und Ende aller Morija-Wege. Die Zeit der Prüfung dauert nicht eine Minute länger, als er es für richtig hält.

Es ist wichtig, sich dessen bewusst zu sein: Menschen, die Jesus als ihren Herrn und Erlöser angenommen haben, sind immer in Gottes Hand, nie aber in der Hand eines blinden Schicksals. Ein Morija-Weg kann lang sein. Oh ja! Er kann einem sogar schier endlos vorkommen. Aber er ist nicht endlos. Er hat immer ein Ende. Und dieses Ende legt Gott fest. Er weiß genau, was er tut. Er macht keine Fehler. Am Ende kommt die Entlastung, die Befreiung, das Ende des Weges. Dann wird man zu ahnen beginnen, wozu alles gut war. Man wird als veränderter Mensch aus seinem Morija-Weg herausgehen. Die persönliche Beziehung zu Gott wird sich vertiefen und reifen. Morija-Wege sind immer Wege zu einer vertieften Beziehung zu Gott.

Ein junger Mann berichtet: „Die Diagnose traf mich wie ein Schlag. Ich war 23 Jahre alt, seit drei Monaten mit meiner jetzigen Frau verlobt, hatte eben erst mein Vordiplom in

Informatik bestanden und freute mich auf unseren Urlaub. Seit Monaten litt ich unter zunehmenden Schmerzen im linken Knie und hatte deswegen wiederholt meinen Orthopäden aufgesucht. Jetzt stellte sich heraus, dass die Ursache dieser Schmerzen ein Knochentumor war.

Die Tragweite dieser Diagnose wurde mir erst nach und nach bewusst: Ich würde fast ein volles Jahr überwiegend im Krankenhaus verbringen müssen und dort mit einer hochdosierten Chemotherapie behandelt werden. Wenn ich das Glück haben sollte, nicht an dieser Erkrankung zu sterben, würde ein Leben als Behinderter auf mich warten.

Als ich am folgenden Tag nach einem von Untersuchungen ausgefüllten Tag allein in meinem Krankenzimmer war, packten mich Verzweiflung und Hoffnungslosigkeit. Und auch die folgenden Monate waren geprägt von einem Hin- und Hergerissensein zwischen Hoffnungslosigkeit und dem Vertrauen auf Gottes Zusagen. Die Chemotherapie war eine ungeheuer große Belastung. Dazu kamen medizinische Rückschläge. Es gab Zeiten, in denen Gott mir unendlich fern vorkam. Als ich dachte, die schlimmste Phase überstanden zu haben, musste ich in der Weihnachtsnacht nachamputiert werden. In dieser Zeit fühlte ich mich körperlich geschwächt wie noch nie, innerlich leer und nicht mehr zum Gebet fähig. Auch meine Frau war mit ihren Kräften am Ende.

Mittlerweile liegt die Zeit im Krankenhaus zwei Jahre zurück. Meine Behinderung bereitete mir anfangs große Schwierigkeiten im Alltag. Durch viel Ausdauer, eine bessere Prothesentechnik und sicherlich auch durch viel Gebet habe ich in der Zwischenzeit viele Probleme überwinden können.

Im Nachhinein habe ich erkannt, wie sehr mein Leben durch die Zeit der Krankheit bereichert wurde. Ich habe eine ganz neue Freude an meinem Leben und eine tiefere Beziehung zu Gott. ‚Wir wissen aber, dass denen, die Gott lieben, alle Dinge zum Besten dienen.' Diesen Vers aus dem Römerbrief wählten wir als unseren Trauspruch."[73]

Morija-Wege sind niemals leichte Wege. Aber sie bringen die Kinder Gottes immer tiefer in die Gemeinschaft mit dem lebendigen Gott, der sie liebt.

Hier könnte die Auslegung eigentlich zu Ende sein. Der Text ist fertig ausgelegt, das Entscheidende gesagt. Tatsächlich aber ist an dieser Stelle noch nicht Schluss, weil noch etwas fehlt. Etwas sehr Entscheidendes! Der Bericht über Abrahams Weg nach Morija hat nämlich noch eine weitere Dimension, die nicht übersehen werden sollte. Die Bibel selbst macht darauf aufmerksam.

Eine abschließende Botschaft

Durch den Glauben war Abraham bereit, Isaak zu opfern, als Gott ihn auf die Probe stellte. Abraham, der die Zusage Gottes empfangen hatte, brachte seinen einzigen Sohn zum Opferaltar, obwohl Gott ihm versprochen hatte: „Durch Isaak gebe ich dir die zugesagte Nachkommenschaft." Denn Abraham ging davon aus, dass Gott Isaak wieder zum Leben erwecken konnte. Und in einem gewissen Sinn erhielt er ihn auch vom Tod zurück.

Hebräer 11,17-19 (NeÜ)

---

73 Impulse 3/92.

„In einem gewissen Sinn“: Das sind die entscheidenden Worte in diesen Versen. Das, was damals auf dem Berg Morija geschah, war nicht nur ein singuläres Ereignis im Leben Abrahams. Es war mehr als das. Es war auch eine Vorabbildung, könnte man sagen. Es war eine Vorabbildung für den Morija-Weg Gottes, denn auch Gott selbst hatte seinen Morija-Weg. Und er ging ihn bis zum bittersten aller bitteren Enden. In Jesus brachte er das größte aller denkbaren Opfer.

Das Opfer auf dem Berg Morija damals, als Abraham dort war, war nur ein verhindertes, ein abgebrochenes Opfer. Denn Abrahams Sohn Isaak, der Einzige, den er lieb hatte, wurde schlussendlich doch nicht geopfert, sondern ein Widder an seiner Stelle. Gott mutete Abraham das Bitterste, das Schlimmste, das Furchtbarste eben nicht zu. Abraham musste seinen Sohn Isaak eben nicht hergeben. Er wurde verschont. Der Morija-Weg Abrahams endete dadurch ohne menschliches Blut und damit ohne die Strenge des menschliches Leben beendenden Todes.

Bei Gott war das jedoch anders. Auch Gott hatte einen Sohn, einen einzigen, den er lieb hatte. Aber er verschonte diesen Sohn nicht. Der Morija-Weg des Sohnes Gottes, Jesus, wurde nicht abgebrochen. Sein Sterben wurde nicht verhindert. Der Morija-Weg des Messias Jesus endete mit menschlichem Blut und damit mit der vollen Strenge des Todes. Was Gott Abraham nicht zumuten wollte, das mutete er sich selbst und seinem Sohn zu: Er opferte seinen Sohn für die Sünden der Menschheit. Als Jesus Christus am Kreuz auf dem Hügel Golgatha starb, gab es keinen Engel, der „Halt!“ gerufen hätte. Es gab auch keinen Widder, der an seiner Stelle hätte geopfert werden können. Dieses Opfer, das Sühneopfer für die Schuld der Welt, konnte nur der Sohn Gottes bringen – und er brachte es.

Daran wird abschließend noch einmal etwas deutlich: Derselbe Gott, der seine Kinder zuweilen auf Morija-Wege schickt, ist in seinem Sohn Jesus selbst den furchtbarsten und den einsamsten aller Morija-Wege gegangen: den Weg ans Kreuz. Was Gott den Menschen nicht zumuten wollte und konnte, das übernahm er selbst, um Menschen für die Ewigkeit zu retten.

Damit ist klar: Wenn Gott Menschen auf Morija-Wege schickt, dann tut er das immer als der liebende Gott, der ihnen den schlimmsten aller Morija-Wege schon längst abgenommen hat: den Weg in das Gericht für die Sünde. Jesus ging da hinein, nicht die Menschen. Jesus nahm am Kreuz das Gericht Gottes auf sich. *Er* ging den bittersten Weg, nicht die Menschen! Die gingen frei aus. Sie dürfen die Rettung, die Freiheit und die Erlösung haben und genießen, wenn sie Jesus als ihren Retter und Herrn im Glauben annehmen. Sie dürfen die unbegreiflich große Gnade Gottes haben, die Jesus, das Lamm Gottes, für sie erkämpft hat. Einfach so. Denn den schlimmsten Morija-Weg ging Gott anstelle der Menschen.

Daran sollten alle die denken, die demnächst vielleicht einen Morija-Weg zu gehen haben: Derselbe Gott, der sie dort gehen lässt, hat ihnen das Schlimmste schon längst abgenommen. Er hat ihnen längst gezeigt, dass er sie liebt. In allem und über alles.

Das ist nun noch einmal ein ernster Punkt: Jesus, der Auferstandene, lebt in denen, die ihn als ihren Retter und Herrn angenommen haben. Er will sein wunderbares Auferstehungsleben *in ihnen* und *durch sie* leben. Er will sie dadurch zu Persönlichkeiten werden lassen, die sein Wesen widerspiegeln.

Was aber bedeutet das konkret mit Blick auf den biblischen Bericht über Abrahams Morija-Weg? Es meint dies: Jesus will die an ihn Glaubenden zu Persönlichkeiten werden lassen, die notfalls auch Morija-Wege gehen und dennoch in der Treue und in der Anbetung zu ihm bleiben. Das ist ernst, nicht harmlos. Genauso wie der lebendige Gott nicht harmlos ist, sondern glänzend in seiner Heiligkeit und glühend in seiner Liebe.

Nicht jedem mutet Gott Morija-Wege zu. Ganz klar. Aber alle, die ihm nachfolgen, will er zu Persönlichkeiten reifen lassen.

Alle, die bereit sind, jede Dunkelheit, jeden Schmerz und jede Trauer in ihrem Leben zur Anbetung zu machen und Gott damit zu ehren. Wie wird er das tun? Wie will er das erreichen? Er will das dadurch erreichen, dass diejenigen, die in der Hingabe des Glaubens an ihn leben, ihm und seinem Auferstehungsleben in sich weiten Raum geben. Das versteht Gott unter geistlicher Persönlichkeitsentwicklung!

KAPITEL 8

Isaak, Jakob, Josef – oder: Die Zuversicht des Glaubens

Aufgrund des Glaubens segnete Isaak seine Söhne Jakob und Esau im Blick auf das, was kommen würde. Aufgrund des Glaubens segnete Jakob auf seinem Sterbebett jeden der Söhne Josefs besonders; und, auf seinen Stab gestützt, neigte er sich anbetend vor Gott. Aufgrund des Glaubens dachte Josef vor seinem Tod an den Auszug der Israeliten aus Ägypten und bestimmte, was dann mit seinen Gebeinen geschehen sollte.

Hebräer 11,20-22 (NeÜ)

Donner B. Atwood, Pastor der Reformierten Kirche in den USA, berichtet: „In den schrecklichen Tagen des Zweiten Weltkrieges rannte ein Vater mit seinem kleinen Sohn an der Hand aus einem Gebäude, das von einer Bombe getroffen worden war. Im Vorgarten befand sich ein Granatenloch. Auf der Suche nach Schutz sprang der Vater so schnell wie möglich in das Loch und forderte seinen Sohn mit erhobenen Armen auf, ihm zu folgen. Der Junge, der die Stimme seines Vaters hörte, der ihm sagte, er solle springen, antwortete erschrocken: ‚Ich kann dich nicht sehen!'

Der Vater blickte in den von den brennenden Gebäuden rot gefärbten Himmel und rief der Silhouette seines Sohnes zu: ‚Aber ich kann dich sehen. Spring!' Der Junge sprang, weil er seinem Vater vertraute. Der christliche Glaube befähigt uns, dem Leben oder dem Tod zu begegnen, nicht weil wir sehen können, sondern wegen der Gewissheit, dass wir gesehen werden; nicht, weil wir alle Antworten kennen, sondern weil wir erkannt werden."[74]

Der Glaube an Jesus Christus hat eine Schwester: die Zuversicht. Menschen, die ihr Leben in der Hingabe und in der Liebe zu Jesus leben, sind Persönlichkeiten der Zuversicht. Das zeigt sich besonders in der Lebensphase, in der man Zuversicht am allerwenigsten erwarten würde, nämlich in der Phase des Sterbens. Viele, die ihr Leben im Vertrauen auf und in der Treue zu Jesus gelebt haben, verbreiten gerade dann, wenn sich ihr Leben vollendet, eine beeindruckende Zuversicht. Oft trösten sie sogar andere, anstatt von ihnen getröstet zu werden.

Die drei Personen, die die „Hall of Fame" der Bibel nach Abraham präsentiert, sind interessante Persönlichkeiten. Aber in allem vorbildlich sind sie nicht. Die Berichte der Bibel zeigen sie eher als unperfekte Individuen, die sich so manchen Fehler leisteten und im Leben mit Gott nicht immer eine gute Figur machten. Trotzdem strahlten sie gerade gegen Ende ihres Lebens eine beeindruckende, klare Zuversicht aus. Es handelt sich um Isaak, Jakob und Josef.

Um den Überblick zu behalten, ist zunächst ein bisschen Familien- und Abstammungskunde zu betreiben: Isaak war der Sohn Abrahams. Jakob seinerseits war (gemeinsam mit seinem Zwillingsbruder Esau) ein Sohn Isaaks. Abraham, Isaak und Jakob werden auch die Stammväter oder Erzväter genannt, weil Gott sie öfter zusammen nennt (z. B. 2Mo 3,6) und weil sich nach Jakob die Familie stark vermehrte. So war Josef der erste Sohn von Jakobs zweiter Frau Rahel. Jakob hatte zwei Frauen:

---

74 http://www.sermonillustrations.com/a-z/f/faith.htm abgerufen 02.07.2024.

erstens Lea, zweitens Rahel. Rahel bekam nur zwei Kinder (Josef und Benjamin). Lea hingegen bekam deren sechs (Ruben, Simeon, Levi, Juda, Issaschar und Sebulon). Rahels Bedienstete Bilha bekam auch noch zwei Kinder von Jakob, nämlich Dan und Naftali. Und Leas Haushaltshilfe Silpa hatte ebenfalls zwei Kinder von Jakob, nämlich Gad und Asser. Das ergibt insgesamt: 2 + 6 + 2 + 2 = 12 Söhne, und diese zwölf Söhne Jakobs waren wiederum der Ausgangspunkt für das spätere Volk Israel (1Mo 35,23-26).

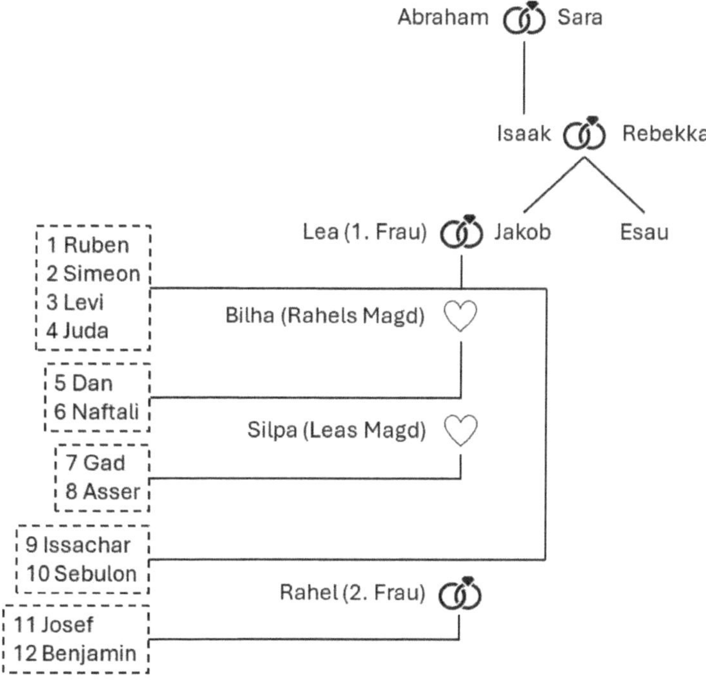

Wenn wir nun die kurzen Bemerkungen des Hebräerbriefes über Isaak, Jakob und Josef näher betrachten, fällt sofort etwas Ungewöhnliches auf: Alle drei werden in ihrem Verhalten kurz vor ihrem Tod geschildert, wohingegen ihr Leben davor nicht berücksichtigt wird (wie etwa bei Abraham). Isaak segnet Jakob. Jakob segnet seine Söhne. Josef gibt die Anweisung, seine Gebeine mitzunehmen, wenn irgendwann in der Zukunft das Volk Israel Ägypten verlassen wird (1Mo 50,25). Der Hebräerbrief will also zeigen, wie diese drei sich angesichts ihres Todes bewährt haben.

Weder das Leben Isaaks noch das Leben Jakobs war in allem vorbildlich. Sie machten Fehler (wie wir noch sehen werden). Auch große Fehler. Am besten von den dreien schneidet zweifellos Josef ab, der trotz des Hasses seiner Brüder weiter fest auf Gott vertraute und seinen Brüdern sogar vollständig und umfassend vergeben konnte. Aber nicht nur er, sondern alle drei zeigten sich angesichts ihres bevorstehenden Todes in der vollen Kraft des Glaubens.

Der chronologisch erste, und darum auch in Hebräer 11,20-22 als erster genannt, ist Isaak. Im 1. Buch Mose wird von ihm im Vergleich wenig erzählt. Während die Berichte über Jakob (1Mo 27–35; 48–50) und Josef (1Mo 37; 39–47; 50) jeweils rund zwölf Kapitel umfassen, taucht Isaak als Erwachsener nur in drei knappen Kapiteln aktiv auf (1Mo 24–26). Sein Leben soll nun als erstes in den Blick genommen werden.

Isaak

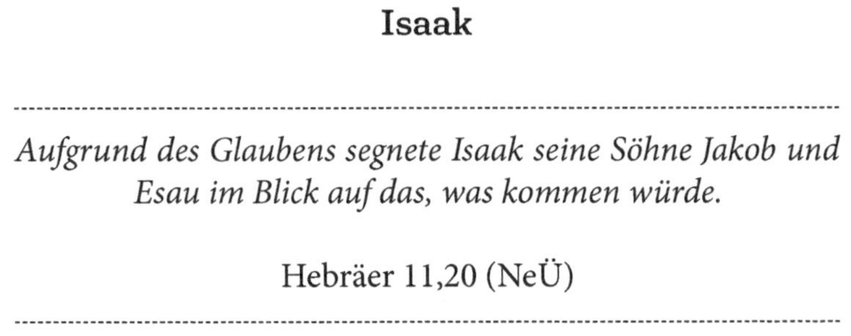

Aufgrund des Glaubens segnete Isaak seine Söhne Jakob und Esau im Blick auf das, was kommen würde.

Hebräer 11,20 (NeÜ)

„Auf das, was kommen würde“: Diese vier Worte nehmen Bezug auf Abraham. Gott hatte ihm drei große Versprechen für die Zukunft gegeben.

1) Er versprach ihm, dass aus seinen Nachkommen eine ganze Nation werden würde: das Volk Israel.
2) Er versprach ihm weiter, dass dieses Volk eines Tages ein schönes und fruchtbares Land besitzen würde.
3) Schließlich versprach er ihm noch, dass durch ihn die ganze Welt gesegnet werden würde (1Mo12,1-7).

Abraham nahm diese Versprechen in großem Vertrauen an (1Mo 15,6) und baute sein Leben darauf. Doch er sah nie etwas von der Nation, die aus seinen Nachkommen entstehen sollte. Er besaß auch niemals das schöne und fruchtbare Land, das Gott ihm versprochen hatte (sein Reichtum bestand vor allem aus seinen Herden und war damit „mobil“, als Nomade hatte er kein Grundstück). Nur eine bescheidene Grabstelle gehörte ihm dort (1Mo 23,17). Abraham sah auch ganz und gar nichts davon, dass alle Völker rund um den Globus durch ihn gesegnet werden würden. Trotz alledem gab er Gottes Versprechen niemals auf.

Dann wurde Abrahams Sohn Isaak geboren. Isaak hatte einen guten Start in das Leben mit Gott. Gott sprach zu ihm und machte ihm deutlich, dass die große Verheißung an Abraham nun auf ihn übergegangen sei:

Jahwe war ihm (Isaak) nämlich erschienen und hatte gesagt: „Zieh nicht nach Ägypten hinab, sondern wohne in dem Land, das ich dir angeben werde! Lebe als Fremder in diesem Land, dann werde ich mit dir sein und dich segnen. Denn dir und deinen Nachkommen werde ich all diese Länder geben. Ich halte den Eid, den ich deinem Vater Abraham geschworen habe.

Ich mache deine Nachkommen so zahlreich wie die Sterne am Himmel und gebe ihnen all diese Länder. Und durch deine Nachkommen werden alle Völker der Erde gesegnet sein.“

1. Mose 26,2-4 (NeÜ)

Es war eine große und ermutigende Verheißung, die Isaak damals bekam. Dennoch zeigte er sich unmittelbar danach als jemand, dessen Vertrauen auf Gott instabil war:

So blieb Isaak in Gerar. Als nun die Männer am Ort sich nach seiner Frau erkundigten, sagte er: „Sie ist meine Schwester“, denn er dachte: „Die Männer hier werden mich wegen Rebekka umbringen, sie ist ja so schön.“

1. Mose 26,6-7 (NeÜ)

Gerar ist eine Stadt, die im Gebiet der Philister lag. Die Philister waren damals als solche Leute bekannt, mit denen nicht gut Kirschen essen war und die sich ohne viel Federlesen das nahmen, was sie haben wollten. Dabei kam es ihnen auf ein Menschenleben mehr oder weniger nicht an. Die Sorgen Isaaks waren also keineswegs unbegründet. Allerdings hatte Gott ihm gerade eben erst zugesichert, dass er mit ihm sein und ihn segnen werde (1Mo 26,3). Isaak hätte sich jetzt darum in seinem Vertrauen auf Gottes Wort eigentlich bewähren müssen.

Aber Isaak tat das nicht. Er wollte wohl vor allem seine eigene Haut retten. Was aus Rebekka werden würde, wenn ein Philister sich an ihr vergreifen würde, war für ihn weniger das Problem. So war Isaaks Haltung sowohl vor Gott als auch vor Rebekka verantwortungslos, lieblos und beschämend. Mit der „Schwester-Ausrede“ stand Isaak übrigens in einer unrühmlichen Tradition. Denn auch Abraham, sein Vater, hatte in ähnlichen Situationen bereits genau dieselbe Lüge gebraucht (1Mo 12,13; 20,2).

Beschämend ist auch, dass Isaak ausgerechnet von dem heidnischen Philisterkönig Abimelech zurechtgewiesen werden musste. Dieser bekam nämlich Wind davon, dass Rebekka in Wahrheit Isaaks Frau war. Daraufhin wies er Isaak für seine Lüge und für seine verantwortungslose Haltung zurecht und stellte ihn unter seinen persönlichen Schutz:

Als er schon längere Zeit dort war, schaute der Philisterkönig Abimelech einmal aus dem Fenster und sah, wie Isaak mit Rebekka schmuste. Da ließ er ihn zu sich rufen und sagte: „Sie ist ja doch deine Frau! Wie konntest du nur sagen: ‚Sie ist meine Schwester‘?“ – „Ich befürchtete, wegen ihr umgebracht zu werden“, erwiderte Isaak. „Was hast du uns da angetan?“, rief Abimelech. „Wie leicht hätte es geschehen können, dass einer meiner Leute mit ihr geschlafen hätte! Dann hättest du uns in schwere Schuld gestürzt!“ Darauf ließ Abimelech dem ganzen Volk bekannt machen: „Wer diesen Mann oder seine Frau antastet, wird in jedem Fall mit dem Tod bestraft.“

1. Mose 26,8-11 (NeÜ)

Wie beschämend muss es für Isaak gewesen sein, dass ein heidnischer König die Gebote Gottes ernster nahm und sie auch noch gehorsamer befolgte als er!

Später, als Isaaks Söhne Jakob und Esau geboren wurden, tauchten neue Probleme auf. Isaak bevorzugte seinen Sohn Esau, seine Frau Rebekka hingegen Jakob. Gott hatte jedoch schon vor der Geburt der Zwillinge (Jakob und Esau) darauf hingewiesen, dass Jakob in der Heilsgeschichte die entscheidende Rolle spielen werde, Esau jedoch nicht. Dennoch blieb Isaak bei dem Vorsatz, Esau den entscheidenden Segen zu geben.

Im 1. Buch Mose, Kapitel 25, Vers 23 ist das folgende Wort Gottes an die damals noch schwangere Rebekka überliefert:

Jahwe sagte zu ihr (Rebekka): „Zwei Völker trägst du jetzt in deinem Leib, zwei Stämme scheiden sich in deinem Schoß, ein Volk wird stärker als das andere sein, und der Ältere wird dem Jüngeren dienen."

(NeÜ)

Das war ein klares Wort Gottes: *„Der Ältere (Esau) wird dem Jüngeren (Jakob) dienen."* Rebekka wusste Bescheid. Sicher hat sie auch mit Isaak darüber gesprochen. Isaak wusste also auch Bescheid. Sehr wahrscheinlich erfuhr er später auch davon, dass Esau Jakob sein Erstgeburtsrecht verkauft hatte (1Mo 25,29-34). Dennoch blieb er dabei, dass Esau den Segen haben sollte.

Isaak wich also dem Wort Gottes aus und versuchte, seinen Willen gegen Gottes Willen durchzusetzen. Er hielt daran fest, dass er Esau segnen wollte, nicht Jakob. Das wirft kein gutes Licht auf ihn.

Übrigens spielte in dieser Sache die gesamte Familie Isaaks keine sehr rühmliche Rolle:

- Jakob erschlich sich das Erstgeburtsrecht durch ein unfeines Manöver (Stichwort „Linsengericht"; 1Mo 25,29-34), obwohl Gott ihm den Segen und die Verheißung sowieso zugedacht hatte.

- Rebekka initiierte ein zweites Täuschungsmanöver und unterstützte Jakob darin, sich durch Verkleiden den Segen des Erstgeborenen zu stehlen (1Mo 27,1-40).
- Isaak handelte ausdrücklich gegen Gottes Weisung.
- Esau, der bereits das Erstgeburtsrecht *„verachtete"* (1Mo 25,34), geht sogar so weit, seinen Bruder in Gedanken zu töten (1Mo 27,41).

Es war ein einziges Tricksen und Betrügen in dieser Familie. Jeder gegen jeden. Isaak als Haupt der Familie griff in dieser Situation keineswegs ein oder verschaffte dem Willen Gottes Raum und Geltung. Erst als Gott schließlich selbst alles so arrangierte, wie es richtig war, sagte auch Isaak „Ja" dazu (1Mo 28,3-4).

Allerdings: Isaak war ein Mann des Gebets. Er betete treu und anhaltend für Rebekka, die zunächst nicht in der Lage war, Kinder zu bekommen: *„Isaak betete eindringlich für seine Frau zu Jahwe, denn sie bekam keine Kinder. Jahwe erhörte ihn, und Rebekka wurde schwanger"* (1Mo 25,21; NeÜ). Am Ende seines Lebens gab er schließlich im Frieden mit Gott und in der Gewissheit von dessen Größe und Souveränität den Segen Gottes an Jakob weiter. Trotz mancher Schwächen war er also ein Mann des Glaubens.

Da ließ Isaak Jakob zu sich rufen. Er segnete ihn und sagte: „Du darfst dir keine Frau aus dem Land Kanaan nehmen. Zieh ins obere Mesopotamien zur Sippe Betuëls, des Vaters deiner Mutter, und nimm dir eine Frau von den Töchtern Labans, des Bruders deiner Mutter. El-Schaddai, der allmächtige Gott, wird dich segnen. Er mache dich fruchtbar und lasse dich zahlreich werden, sodass aus dir eine ganze Schar von Völkern wird. Er gebe dir und deinen Nachkommen den Segen

Abrahams, damit du das Land in Besitz nimmst, das Gott Abraham gegeben hat und in dem du jetzt noch als Fremder lebst!"

1. Mose 28,1-4 (NeÜ)

Es stecken viel Gewissheit und Zuversicht in diesen Worten des Segens. Gerade am Ende seines Lebens stand Isaak also ungebrochen in der Gewissheit, dass Gott seine Verheißung an seinen Vater Abraham durch Jakob weiterlaufen lassen und sie (ganz sicher) schließlich zur Erfüllung bringen würde. Am Ende seines Lebens war Isaak voller Vertrauen in das von Gott gegebene Wort.

Jakob

Durch Glauben segnete Jakob sterbend einen jeden der Söhne Josefs und betete an über der Spitze seines Stabes.

Hebräer 11,21 (ELB)

Jakob war Isaaks Sohn. Durch seinen Vater kannte er den lebendigen Gott und dessen Willen. Gleichzeitig war er aber auch ein sehr willensstarker Mensch, ein Mann mit starken Überzeugungen und festen Zielen. Gottes Wille und Jakobs Wille kollidierten infolgedessen nicht selten miteinander.

Jakob war ein Mann, der alles daransetzte, das zu bekommen, was er haben wollte. Er wusste, dass Gott ihn und nicht Esau als Träger der drei großen Versprechen Gottes (vgl. S. 168) ausgewählt hatte. Bedenkenlos setzte er jedoch auch unfaire Mittel ein, um sich in den Besitz des Segens Gottes zu bringen. Seinen

Zwillingsbruder und seinen eigenen Vater belog und übervorteilte er skrupellos. Danach war die Familie so heillos zerstritten, dass er Hals über Kopf Haus und Land verlassen musste. Die nächsten zwanzig Jahre arbeitete er bei seinem Onkel Laban in der Fremde im Land Mesopotamien. Doch Laban war ein übles Schlitzohr. So nutzte er Jakob über die Jahre kräftig aus, was Jakob allerdings nicht daran hinderte, am Ende der zwanzig Jahre nun seinerseits seinen Onkel nach allen Regeln der Kunst zu betrügen und auszunutzen und sich mit seiner Familie und all seinen Herden bei Nacht und Nebel davonzumachen.

Dieser erste Teil seiner Lebensgeschichte zeigt: Jakob war tatsächlich ein willensstarker Mann. Er wollte Geld. Er wollte Glück. Er wollte Erfolg. Diese Ziele verfolgte er kraftvoll und beharrlich! Aber: Er wollte auch mit Gott leben. Er wusste: *Gott ist da und sieht mich! Er will mit mir leben.* Er wollte also beides, aber zu seinen Bedingungen. Jakob war der Meinung, Gott müsste zu seinen (Jakobs) Zielen im Leben „Ja" sagen. Jakob meinte auch, Gott müsste mit alledem, was er (Jakob) in seinem Leben so tat, einverstanden sein. So, als gäbe es da keine Probleme. Jakob wollte selbst bestimmen, wo es langgeht. Gott sollte sich fügen. Doch das funktionierte nicht. Es konnte auch nicht funktionieren! Darum griff Gott zu einem späteren Zeitpunkt massiv in Jakobs Leben ein, wie gleich noch zu sehen sein wird.

So kam es, dass Jakob am Ende seines Lebens ganz verändert war. In ihm lebte nun die große Gewissheit, dass Gott seine drei Verheißungen an Abraham wahrmachen und seine Nachkommen wirklich in das verheißene Land (Kanaan) bringen würde. Darum gab er seinem Sohn Josef den Auftrag, seinen Leichnam in demselben Grab zu begraben, in dem schon seine Eltern und Großeltern bestattet worden waren – und damit in dem Land, das dem Volk Israel verheißen worden war (1Mo 47,27-31). Wie diese Veränderung in Jakobs Persönlichkeit möglich wurde, wird gleich noch deutlich werden.

Zunächst nur so viel: Gerade angesichts des Todes war Jakob voller Zuversicht und Frieden, dass Gott zu seinem Wort stehen und alles gut machen würde. Genau wie Isaak war auch er am Ende seines irdischen Weges gewiss, dass Gottes Wort sich erfüllen würde.

In Hebräer 11 fällt dabei allerdings eine eigentümliche Formulierung auf. Da heißt es: *„Und, auf seinen Stab gestützt, neigte er sich anbetend vor Gott“* (Hebr 11,21b). Das klingt merkwürdig. Und man fragt sich: Was ist damit gemeint?

Wahrscheinlich war es so, dass Jakob kurz vor seinem Tod ziemlich gebrechlich und schwach war. Möglicherweise stützte er sich also, als er seine Söhne segnete, auf seinen Stock, um einen festen Halt zu haben.

Möglicherweise hatte der Stab aber auch noch eine tiefere Bedeutung. Das 32. Kapitel aus 1. Mose macht klar, worum es geht. Dort wird von der Rückkehr Jakobs zu seinem Bruder Esau berichtet. Einst war Jakob als Mittelloser weggezogen. Nun kam er als reicher Mann zurück. Kurz bevor er seinem Bruder Esau nach vielen Jahren wieder gegenübertrat, betete er dieses Gebet: *„Ich bin zu gering für alle Barmherzigkeit und Treue, die du an mir, deinem Diener, erwiesen hast. Denn nur mit meinem Stab bin ich über diesen Jordan gegangen, und nun bin ich zu zwei Lagern geworden“* (1Mo 32,11; NeÜ).

Als Jakob von zu Hause wegzog, besaß er nicht mehr als einen Wanderstock. Jetzt, da er zurückkehrte, war er ein gemachter Mann. Deshalb ist es sehr wahrscheinlich, dass Jakob sein Leben lang eine besondere Beziehung zu diesem Wanderstab hatte. Er war das Zeichen dafür, dass er jahrelang ein Fremdling war, ein Migrant, der eigentlich sein ganzes Leben unterwegs gewesen und trotzdem zu einem reichen Mann geworden war. Der Wanderstab war also ein Symbol für sein Leben! Darum ist es verständlich, dass Jakob gerade am Ende seines Lebens noch einmal zu jenem Stock griff, der Zeuge seines gesamten wechselvollen Lebens gewesen war.

Josef

Aufgrund des Glaubens dachte Josef vor seinem Tod an den Auszug der Israeliten aus Ägypten und bestimmte, was dann mit seinen Gebeinen geschehen sollte.

Hebräer 11,22 (NeÜ)

Dieser Auszug, von dem hier die Rede ist, lag zu dem Zeitpunkt, als Josefs Leben seinem Ende entgegenging, noch weit in der Zukunft. Trotzdem traf Josef damals schon Anordnungen, was mit seinen sterblichen Überresten geschehen sollte, wenn es so weit sein würde.

Wie bei Isaak und Jakob herrschte auch in Josef am Ende seines Lebens eine große Gewissheit, dass Gott seine drei großen Verheißungen an Abraham ganz sicher erfüllen und das Volk Israel in das verheißene Land bringen würde. Diese Gewissheit Josefs war sogar so groß, dass er damals schon die Anweisung gab, seine Gebeine mitzunehmen, wenn Gott sein Volk in das verheißene Land führen würde. Bis es so weit war, sind noch mehr als zweihundert Jahre vergangen. Doch voller Gewissheit, dass Gott treu sein und das gegebene Versprechen einlösen würde, legte Josef fest, was mit seinen leiblichen Überresten geschehen sollte. Tatsächlich nahm Mose später den Sarg mit den Überresten Josefs mit, als das Volk Israel Ägypten verließ (2Mo 13,19).

Auch bei Josef war also gerade unmittelbar vor seinem Tod eine besondere Zuversicht und Gewissheit vorhanden, dass Gottes Wort die Wahrheit ist und sich immer erfüllen wird. Gerade angesichts des Todes zeigte sich auch bei Josef die Stärke des Glaubens.

Isaak, Jakob und Josef gingen durch den Härtetest des Glaubens. Alle drei mussten sich in ihrem Glauben an den Gott der Bibel angesichts des herannahenden Todes bewähren. Und alle drei bestanden diesen Test vorbildlich.

Der Härtetest des Glaubens ist der herannahende Tod. Für alle. Auch jeder, der an Jesus glaubt, wird diesen Test bestehen müssen. Wenn man eines Tages den Tod vor Augen haben wird, wird man sich nicht mehr hinter dem breiten Rücken anderer verstecken können. Man wird auch keine Selbsttäuschungen oder Illusionen mehr aufrechterhalten können. Sondern man wird nur noch sehr ehrlich sein können. Angesichts des Todes sind alle in sehr unbedingter und kompromissloser Weise zur Ehrlichkeit gezwungen.

Die Zuversicht des Glaubens

Lässt man die Leben Isaaks, Jakobs und Josefs an sich vorüberziehen, so stellt sich die Frage: Wie kam es, dass sie trotz aller Fehler, die es insbesondere in Isaaks und Jakobs Leben gegeben hatte, angesichts des Sterbens dennoch mit großer Zuversicht und großem Vertrauen auf den Gott der Bibel und sein Wort erfüllt waren? Was bewirkte diese auffällige Veränderung ihrer Persönlichkeiten? Wie wurden sie zu den Persönlichkeiten, die sie am Ende ihres Lebens waren? Am deutlichsten zeigt das Leben Jakobs, wie das möglich wurde.

Nach zwanzig mühevollen Jahren bei seinem Onkel Laban kehrte Jakob mit seiner Familie und seinem gesamten Besitz ins Land Kanaan zurück. Kurz bevor seine Füße endgültig wieder auf heimatlichem Boden aufsetzten, musste er noch einen kleinen Fluss, den Jabbok, überqueren. Wie damals üblich reiste Jakob in der Kühle der Nacht. Am Jabbok angekommen brachte er zunächst seine Familie und seine Besitztümer über die Furt des Flusses. Er selbst kehrte noch einmal zurück und blieb über Nacht allein am Ufer des Flusses (1Mo 32,23-25).

Hinter Jakob lagen zwanzig bewegte Jahre. Zwanzig bewegte Jahre, in denen Gott Jakob seinen Willen gelassen hatte. Zwanzig bewegte Jahre, in denen Gott ihn gesehen und doch nicht eingegriffen hatte. Zwanzig bewegte Jahre, in denen Gott ihm seinen Willen und seinen Weg gelassen hatte. Aber in dieser Nacht am Fluss Jabbok, da griff Gott in Jakobs Leben ein.

So ist es oft! Oft lässt Gott Menschen jahrelang ihren selbst gewählten Weg gehen. Jahrelang sieht er, wie sie in ihrem Leben unterwegs sind und alles nach ihrem Willen bestimmen. Er lässt ihnen ihren Willen. Er lässt sie gehen, weil er ein Gott ist, der Menschen gehen lassen kann. Doch es kommt der Tag, da greift Gott ein. Da tritt er ihnen gegenüber.

Da rang ein Mann mit ihm (Jakob), bis die Morgenröte heraufzog. Als jener merkte, dass Jakob sich nicht niederringen ließ, schlug er auf dessen Hüftgelenk, sodass es sich ausrenkte.

1. Mose 32,25b-26 (NeÜ)

Eine unheimliche Szene: In stockdunkler Nacht musste Jakob sich plötzlich gegen einen Angreifer verteidigen. Und dieser Angreifer, der aus dem Nichts aufgetaucht war, hatte eine furchtbare Kraft. Jakob spürte, dass sein Gegner zu allem entschlossen war. So wehrte er sich und kämpfte mit dem Mut der Verzweiflung. Mitten in der Nacht begann ein fürchterliches stummes Ringen am Flussufer des Jabbok.

Doch ein Geheimnis umgibt dieses Ereignis und diesen Bericht: Wer war der Mann, mit dem Jakob hier kämpfte? Der Prophet Hosea griff viele Jahre später diese Begebenheit noch einmal auf: *„Er kämpfte mit dem Engel und war überlegen!“* (Hos 12,5). Jakobs Gegner war also ein Bote Gottes. Entscheidend ist dabei nun, dass dieser Bote Gottes in Gottes Auftrag da war. Denn Jakob selbst fasste sein Erlebnis am Fluss nach dem Kampf in die folgenden Worte: *„Ich habe Gott ins Gesicht gesehen', sagte Jakob, ‚und ich lebe noch!'“* (1Mo 32,31a; NeÜ).

Doch wie genau ist dieser Kampf nun zu verstehen? Zunächst einmal war es ein realer, körperlicher Kampf zwischen Jakob und dem Engel Gottes. Aber im Tiefsten war es ein geistliches Ringen. Gott setzte Jakob, dem willensstarken Mann, in dieser Nacht seinen göttlichen Willen und seine unendliche Kraft entgegen. Jakob musste sich in dieser Nacht förmlich abarbeiten an Gottes Kraft. Sein eigener starker Wille, sein eigenes starkes Selbstvertrauen, seine eigenen starken Ziele: All das musste sich abarbeiten an Gottes Willen und Gottes Kraft.

Warum Gott Jakob in jener Nacht ausgerechnet in einem Ringkampf gegenübertrat, ist nicht bekannt. Die Bibel berichtet so etwas an sonst keiner Stelle. Natürlich hätte Gott auch tausend andere Möglichkeiten gehabt, um in Jakobs Leben einzugreifen. Aber aus irgendeinem Grund wählte er damals genau diesen Weg, um Jakob eine große geistliche Lektion zu lehren.

Eines ist jedenfalls klar: In diesem nächtlichen Ringkampf kam Jakobs Leben auf den Punkt. Ein Leben lang war Jakob seinen eigenen Weg gegangen. Ein Leben lang hatte er nach seinen eigenen Vorstellungen gelebt. Ein Leben lang hatte er versucht, Gott Vorschriften zu machen. Ein Leben lang hatte er Probleme damit gehabt, sich Gottes Autorität unterzuordnen, weil er selbst einen so starken Willen und so klare Ziele hatte. Ein Leben lang hatte er Gott seinen Widerstand entgegengesetzt, ein Leben lang mit Gott gekämpft. Aber jetzt kämpfte Gott mit ihm. Er ließ ihn spüren, auch körperlich spüren, auf welchen Gegner er (Jakob) sich da eingelassen hatte.

Jakob kämpfte und kämpfte. Ein kleiner Mensch kämpfte mit dem lebendigen Gott. Doch dann bekam Jakob einen Schlag auf die Hüfte, der ihn lahmlegte. In diesem Moment dämmerte ihm, mit wem er da in der Dunkelheit rang: Es war Gott in Person!

Das ist ein heikler Punkt: Der Punkt nämlich, dass Gott seine Kinder manchmal angreifen und verwunden muss, um sie näher zu sich ziehen zu können. Wenn Gott erreichen will, dass die Hingabe seiner Kinder an ihn tiefere Schichten ihres Lebens erreicht und sie umfassender sein Eigentum werden, dann kann es manchmal passieren, dass er Dinge in ihrem Leben geschehen lässt, die sie verwunden und dann doch wieder neu bei ihm ankommen lassen.

Jakobs Leben und Jakobs Persönlichkeit wurden in dieser Nacht verändert. Sie wurden unter dem Zugriff Gottes erneuert. Jakob bekam deswegen auch einen neuen Namen: *„Nicht mehr Jakob soll dein Name heißen, sondern Israel; denn du hast mit Gott und mit Menschen gekämpft und hast überwältigt"* (1Mo 32,29; ELB). Sein neuer Name bedeutete: „Der mit Gott gekämpft hat". Und so war es wirklich: Ein Leben lang war Jakob seine eigenen Wege gegangen und hatte Gott seinen Widerstand entgegengesetzt. Ganz besonders noch einmal in dem nächtlichen Ringen am Jabbok: Hier hatte er noch einmal erbittert mit Gott gekämpft. Aber dann, nach dem nächtlichen Kampf am Fluss, war der Konflikt vorbei. Jakob ging als veränderte, erneuerte Persönlichkeit daraus hervor. Er konnte sich jetzt der Autorität Gottes unterordnen. Es gab in seinem Leben keine Kämpfe gegen Gott mehr. Stattdessen rückte anstelle der Kämpfe ein großes, tiefes Vertrauen in Gott und sein Wort.

Es lohnt sich, an dieser Stelle noch einmal genau hinzusehen: Wie geschah das, dass Jakob seinen inneren Widerstand gegen Gott aufgab und dessen Autorität anerkannte? War es so, dass er resignierte und aufgab und sich dumpf und freudlos in sein Schicksal fügte? Nein, es war anders! Mit derselben Energie und Kraft, mit der Jakob vorher seinen eigenen Lebensweg gegangen war, klammerte er sich nun an Gott und sagte: *„Ich lass dich nicht* *los, wenn du mich nicht vorher segnest!*" (1Mo 32,27; NeÜ). Jakob blieb weiterhin die kraftvolle Persönlichkeit, die er schon immer gewesen war. Aber er benutzte seine Kraft und Willensstärke jetzt dazu, sich an Gott festzuklammern und gesegnet zu werden, und nicht mehr, um die eigenen Wege gegen Gott durchzusetzen.

Damit ist klar: Wenn Gott seine Kinder verwunden muss, dann tut er das nie, um sie stumpf, dumpf und freudlos zu machen. Er tut das nie, um sie in Resignation und in trübe Schicksalsergebenheit zu treiben! Sondern er tut das, damit sie sich mit aller Kraft an ihn klammern und sagen: „Dein Wille geschehe, Herr! Aber ich lasse dich nicht los, es sei denn, du segnest mich!" Wenn Gott seine Kinder in ihrem Leben verwunden muss, dann hat er immer das Ziel, sie nahe an sich zu ziehen und sie zu segnen. Fatalismus (Schicksalsergebenheit) hingegen ist niemals Gottes Sache!

So segnete Gott Jakob. Nicht weil er musste, sondern weil Jakob jetzt das Entscheidende gelernt hatte, nämlich: seinen eigenen Willen dem Willen Gottes unterordnen. Jakob wurde zum Sieger, weil er in dieser Nacht nicht lockerließ, bis er den Segen Gottes bekam. Gleichzeitig wurde er zum Besiegten, weil er die Autorität Gottes über sich anerkannte.

Gott hätte Jakob auch unterliegen lassen können, damals, in der Nacht am Fluss. Das wäre für ihn kein Problem gewesen. Jakob selbst wusste das auch sehr genau. Mit ehrfürchtigem Staunen stieß er deshalb damals hervor: *„Ich habe Gott ins Gesicht gesehen, und ich lebe noch!*" (1Mo 32, 31a; NeÜ). Aber: Gott lässt seinen Kindern gern den Sieg, wenn sie sich in Gebet und Flehen an ihn klammern. Er stößt sie nicht zurück, sondern er segnet sie und gibt ihnen das, worum sie gebeten haben.

Aber Achtung: Als die Morgensonne aufging, ging Jakob hinkend davon, mit beschädigter Hüfte. Er ging also verletzt aus der Begegnung mit Gott hervor. Gott musste Jakob verwunden, bis sein unbändiger Wille bereit wurde, sich ihm unterzuordnen.

Hinkend ging der Mann in die helle Morgensonne hinaus. Körperlich verletzt, aber in seiner geistlichen Persönlichkeit zutiefst erneuert. Er wurde ein Mann der Zuversicht, weil sich sein Wille dem Willen Gottes gefügt hatte.

Daran kann man noch einmal etwas lernen: Man wird nicht weit kommen, wenn man dem lebendigen Gott Widerstand entgegensetzt. Man wird nicht weit kommen, wenn man seinen Willen abblockt. Man wird nicht weit kommen, wenn man mit ihm hadert, weil er sich anders verhält, als man selbst es für richtig hält. Zum Beispiel, weil er einem etwas nicht gibt, von dem man meint, es ganz nötig zu brauchen. Oder weil er einem etwas nimmt, das man nicht hergeben will. Gott wird dann irgendwann reagieren, so wie bei Jakob. Er wird einen eine ganze Weile laufen lassen. Aber irgendwann wird er einem seine Kraft entgegensetzen und warten, bis man sich müde gekämpft hat. Er wird einen vielleicht auch verwunden, sodass man hinkend (beschädigt) aus der Begegnung mit ihm hervorgehen wird. Erst dann, wenn man bereit geworden ist, seinen Willen anzunehmen, wird er einen segnen und so die Persönlichkeit erneuern. Aus (vielleicht jahrelanger) Rebellion werden Freude und Zuversicht werden.

Der Gott Jakobs, der Vater Jesu Christi, ist ein Gott, der dem menschlichen Eigenwillen manchmal seine Kraft entgegensetzen muss. Er ist ein Gott, der die Menschen manchmal erst zur Besinnung bringen muss, bevor er sie segnen und in ihrer Persönlichkeit erneuern kann. Aber niemals verlässt er sie dabei, und immer hat er Gedanken der Liebe und der Befreiung.

Wer aus welchen Gründen auch immer mit Gott ringt, sollte es sich darum gesagt sein lassen: Man kann das tun. Man kann mit Gott ringen, bis man sich müde gekämpft hat. Man kann den eigenen Willen gegen seinen setzen! Gott wird einen nicht daran hindern! Aber man wird nicht zum Frieden und zu einer erneuerten Persönlichkeit gelangen, solange man das tut.

Oder: Wenn es so sein sollte, dass Gott einen verwundet hat und eine flammende Bitterkeit gegen ihn in einem auflodert, dann ist es gut, Folgendes zu bedenken: Er tut das nicht, um einen zu quälen, sondern um einen umfassend und in Tiefe segnen zu können.

Wer irgend kann, nehme darum seine gesamte Kraft zusammen und klammere sich an ihn mit den Worten:

> „Lieber Vater im Himmel, da ist so vieles, das ich nicht verstehe in meinem Leben. Da ist so vieles, das schwer und bitter und gar nicht harmlos ist. Aber ich komme jetzt zu dir, und wie nie zuvor in meinem Leben klammere ich mich an dich. Ich werde mich weiter an dich klammern und dich nicht wieder loslassen, bis du mich gesegnet und mein Leben erneuert hast. Denn du hast Gedanken der Liebe und des Heils für mich. Ich vertraue dir und will dir dienen mit meinem Leben."

Wer so mit Gott spricht und den Ringkampf mit ihm aufgibt, wird vielleicht hinkend davongehen, wie Jakob es tat. Aber Gott, der Vater Jesu Christi, wird ihn ganz nahe zu sich ziehen und ihn segnen und sein Leben sowie seine Persönlichkeit zum Guten verändern. Er wird eine Persönlichkeit wachsen lassen, die von Freude und Zuversicht erfüllt ist. Denn er ist derselbe, gestern, heute und in Ewigkeit. Was er damals für Jakob getan hat, wird er auch für jeden anderen tun, der ihn lieb hat.

Isaak und Josef hatten keine Jabbok-Erfahrung in ihrem Leben. Aber auch bei ihnen gab es einschneidende Momente, in denen Gott die Weichen in ihrem Leben neu gestellt und sie in ihrer Persönlichkeit verändert hat. Auch sie mussten lernen, ihren menschlichen Willen dem Willen Gottes und seiner Autorität unterzuordnen.

Bei Isaak war das der Moment, als er erkennen musste, dass Gott den Zweitgeborenen Jakob als den Träger seiner drei großen

Verheißungen ausgewählt hatte, und nicht Esau (1Mo 28,3-4). Auch Isaak musste lernen, seinen menschlichen Willen dem Willen und der Autorität Gottes unterzuordnen. Genauso wie später Jakob und Josef wurde er dadurch in seiner Persönlichkeit so verändert, dass er in großem Frieden und Vertrauen auf Gott und sein Wort sterben konnte.

Bei Josef war das der Moment, als er seinen Brüdern vergeben musste, die ihn übel behandelt und als Sklaven verkauft hatten (1Mo 45). Es hätte für ihn sehr nahegelegen, an seinen Brüdern Rache zu nehmen. Doch Josef entschied sich dafür, nicht seinem, sondern dem Willen Gottes zu folgen und das Unrecht zu vergeben.

Wer es zulässt, dass sein menschlicher Wille sich dem Willen und der Autorität Gottes unterordnet, der wird in seiner Persönlichkeit verändert werden. Er wird ein Mensch der Zuversicht werden. Er wird in Frieden und großer Erwartung in seine Sterbephase gehen und sich angesichts des Todes im Glauben bewähren.

Am 29. März 1661 starb der Pastor und Theologe der schottischen Kirche, Samuel Rutherford. Über sein Sterben liegt folgender Augenzeugenbericht vor:

Je näher Rutherfords Ende kam, desto mehr wurde seine Seele mit dem Vorgeschmack himmlischer Freude erfüllt. „Oft brach er auf seinem Sterbelager in ein heiliges Entzücken aus, indem er seinen herzlichgeliebten und hochgelobten Heiland seinen königlichen König nannte und laut pries. Einige Tage vor seinem Tode sagte er: ‚Ich werde ihn sehen, wie er ist, ich werde ihn herrschen sehen und die Seinen mit ihm. Ich werde mein großes Erbteil besitzen, und meine Augen werden meinen Heiland sehen; mit diesen meinen Augen werde ich ihn schauen. Dies ist keine Einbildung, keine Täuschung, es ist Wahrheit. Der

Name meines Herrn sei hoch erhoben. […] Ich habe jetzt überwunden, und Christus streckt beide Arme aus, mich zu empfangen.‘

[In der letzten Nacht, in der er noch ein herrliches Zeugnis von Jesus und von dem Frieden ablegte, den er in ihm genieße, kündigte er an, er werde morgens sterben. Und so geschah es auch.] Als er im Sterben lag, hörte man ihn ausrufen: ‚O, nur Arme, ihn zu umarmen! O, eine wohltönende Harfe her! Ich höre ihn zu mir sagen: Komm her zu mir!‘ Seine letzten Worte waren: ‚Gloria, Gloria, ich wohne in Immanuels Land!‘“ [75]

75 https://www.glaubensstimme.de/doku.php?id=autoren:r:rutherford:briefe:biographie abgerufen 02.07.2024.

KAPITEL 9

Mose – oder: Die Entscheidungen des Glaubens

Durch den Glauben wurde Mose, als er geboren war, drei Monate verborgen von seinen Eltern, weil sie sahen, dass er ein schönes Kind war; und sie fürchteten sich nicht vor des Königs Gebot. Durch den Glauben wollte Mose, als er groß geworden war, nicht mehr Sohn der Tochter Pharaos heißen, sondern wollte viel lieber mit dem Volk Gottes zusammen misshandelt werden, als einen flüchtigen Genuss der Sünde haben, und hielt die Schmach Christi für größeren Reichtum als die Schätze Ägyptens; denn er sah auf die Belohnung.

Hebräer 11,23-26 (LUT)

Es war eine sehr schwere Entscheidung, vor die der australische Landarzt Jeff Taylor vor ein paar Jahren urplötzlich gestellt wurde: Da brachte man einen elfjährigen Jungen zu ihm, der nach einem Unfall eine gefährliche Hirnschwellung erlitten hatte. Dem Jungen musste rasch geholfen werden, aber der nächste Gehirnchirurg befand sich weit weg in der 300 Kilometer entfernten Stadt Adelaide. Taylor musste nun entscheiden: selbst operieren oder den Tod des Kindes riskieren. Eine schwere Entscheidung, bei der viel auf dem Spiel stand. Nach kurzer Überlegung entschied sich Taylor für den Eingriff. Per Handy ließ er sich von dem Kollegen in Adelaide die einzelnen Schritte dazu erklären. Dann bohrte er den Schädel des Jungen mit einem alten Bohrer aus dem Handwerkskasten auf. Ein anderes Werkzeug stand ihm nicht zur Verfügung. Wider alle Erwartung verlief die Operation ohne Komplikationen. Der kleine Patient konnte gerettet werden und erholte sich bald.[76] Seine schwere Entscheidung aber wird Jeff Taylor wohl so bald nicht vergessen.

Um schwere Entscheidungen geht es auch bei der nächsten prominenten Persönlichkeit aus der „Hall of Fame“ der Bibel. Genau wie bei Jeff Taylor handelt es sich um eine Persönlichkeit, die Entscheidungen treffen musste, bei denen viel auf dem Spiel stand. Entscheidungen, die an die Substanz gingen: Entscheidungen des Glaubens. Solche Entscheidungen traf Mose.

Das Leben eines jeden Menschen besteht aus Entscheidungen. Immer wieder wählt er aus Möglichkeiten: bewusst und willentlich oder halbbewusst und unwillentlich. Durch seine Entscheidungen bestimmt er, was aus seinem Leben wird.

Es gibt Untersuchungen über Zwillinge: Beide hatten dasselbe Erbmaterial in ihren Genen. Beide wuchsen in demselben Elternhaus und in derselben Umgebung auf. Trotzdem wurde in manchen Fällen der eine ein angesehener Bürger und der andere ein Verbrecher. Woran lag das? Es lag an den Entscheidungen, den vielen einzelnen Entscheidungen (großen und kleinen), die jeder der beiden im Laufe seines Lebens traf. Weil diese Entscheidungen unterschiedlich ausfielen, fiel auch ihr Leben unterschiedlich aus.

Eines ist lästig, wenn es um Entscheidungen geht: Sie werden in jedem Fall getroffen. Wenn nicht von einem selbst, dann von jemand anderem. Aber getroffen werden Entscheidungen immer! Wer ihnen längerfristig ausweicht, der erlebt, dass sie

76 Hannoversche Allgemeine Zeitung, 15.07.1998.

unweigerlich jemand anderes für ihn trifft. Man kann ihnen also nicht entkommen.

> Der ehemalige US-Präsident Ronald Reagan hatte eine Tante, die ihn wegen eines Paars neuer Schuhe zu einem Schuster brachte. Der Schuster fragte den jungen Reagan: „Sollen die Schuhe vorne rund oder eher eckig sein?" Da Reagan sich nicht entscheiden konnte, gab ihm der Schuster ein paar Tage Zeit. Einige Tage später sah der Schuster Reagan auf der Straße und fragte ihn erneut, welche Art von Schuhe er haben wollte: vorne rund oder eher eckig? Aber Reagan konnte sich immer noch nicht entscheiden, also antwortete der Schuster: „Kommen Sie in ein paar Tagen vorbei. Ihre Schuhe werden dann fertig sein." Als der zukünftige Präsident dies tat, fand er einen Schuh vor, der vorne eckig war. Der andere aber war vorne rund. „Das wird Sie lehren, dass Sie niemals andere für sich entscheiden lassen sollten", sagte der Schuster zu seinem unentschlossenen Kunden. „Ich habe in diesem Moment gelernt", sagte Reagan später, „wenn du nicht deine eigenen Entscheidungen triffst, wird es jemand anderes tun."[77]

Echter Glaube zieht immer Entscheidungen nach sich: kleine Entscheidungen und große Entscheidungen. Entscheidungen, die in die Tiefe wirken und die man von außen zunächst gar nicht so sehr bemerkt. Und Entscheidungen, die in die Breite wirken und deren Auswirkungen man sofort wahrnimmt. Aber: Wo der Glaube echt ist, fallen immer Entscheidungen.

---

77 http://www.sermonillustrations.com/a-z/d/decision.htm abgerufen 03.07.2024.

Entscheidung für die Autorität Gottes

Durch den Glauben wurde Mose, als er geboren war, drei Monate verborgen von seinen Eltern, weil sie sahen, dass er ein schönes Kind war; und sie fürchteten sich nicht vor des Königs Gebot.

Hebräer 11,23 (LUT)

Um welches *„des Königs Gebot"* und welche Vorgehensweise der Eltern geht es hier genau? Das Alte Testament gibt Auskunft. Im 2. Buch Mose heißt es:

Da gebot der Pharao seinem ganzen Volk und sprach: Alle Söhne, die geboren werden, werft in den Nil, aber alle Töchter lasst leben. Und es ging hin ein Mann vom Hause Levi und nahm eine Tochter Levis zur Frau. Und sie ward schwanger und gebar einen Sohn. Und als sie sah, dass es ein feines Kind war, verbarg sie ihn drei Monate. Als sie ihn aber nicht länger verbergen konnte, machte sie ein Kästlein von Rohr für ihn und verklebte es mit Erdharz und Pech und legte das Kind hinein und setzte das Kästlein in das Schilf am Ufer des Nils. Aber seine Schwester stand von ferne, um zu erfahren, wie es ihm ergehen würde.

2. Mose 1,22–2,4 (LUT)

Die Entscheidungen des Glaubens fingen bereits bei der Geburt Moses an. Natürlich traf nicht er diese Entscheidungen, sondern seine Eltern. Aber sie wurden existenziell wichtig für sein Leben.

Einige Zeit vor der Geburt Moses hatte der regierende Diktator des Landes Ägypten, der Pharao, die Order gegeben, alle Neugeborenen der Hebräer direkt nach ihrer Geburt in den Nil zu werfen, sofern sie männlichen Geschlechts waren. Diese Anweisung hatte unbedingte Gültigkeit. Ihre Missachtung zog schwerste Bestrafung nach sich. Der Pharao galt als Gott. Seine Anordnungen waren darum unwiderruflich und von höchster Autorität. Wer sie missachtete, beging so etwas wie Gotteslästerung.

Das 2. Buch Mose berichtet weiter, dass Mose *„ein gesunder, schöner Junge war"* (2Mo 2,2; NGÜ) und dass seine Eltern ihn *„drei Monate"* zu Hause verbargen. Auch die Namen der Eltern sind bekannt: Sie hießen Amram und Jochebed (2Mo 6,20). *„Als sie sah, wie schön der Junge war, hielt sie ihn drei Monate lang versteckt"* (2Mo 2,2; NeÜ). Das ist zunächst schwer verständlich. Denn was wäre gewesen, wenn Mose nicht *„ein schöner Junge"* gewesen wäre? Hätten seine Eltern ihn dann nicht versteckt, sondern den Soldaten des Pharao ausgeliefert? Wie ist das hier gemeint?

Die Sache wird klar, wenn man eine kurze Notiz beachtet, die das Neue Testament liefert. Im Buch Apostelgeschichte (7,20) heißt es: *„Zu der Zeit wurde Mose geboren, und er war ein schönes Kind vor Gott und wurde drei Monate ernährt im Hause seines Vaters"* (LUT). Hier ist davon die Rede, dass Mose *„ein schönes Kind vor Gott"* war. Das bedeutet: Gott achtete in besonderer Weise auf ihn. Er sorgte in besonderer Weise für ihn. Warum? Weil Gott etwas Besonderes mit ihm vorhatte. Eben darum setzten auch die Eltern, Amram und Jochebed, alle Hebel in Bewegung, um das Leben dieses Kindes zu retten. Zu der natürlichen Elternliebe kam die Gewissheit hinzu: *Gott achtet besonders auf dieses Kind. Gott hat etwas Besonderes vor mit diesem Kind. Deshalb müssen auch wir besonders achtgeben auf dieses Kind. Es hat einen besonderen Auftrag und eine besondere Verheißung.*

Nun mussten sie eine Entscheidung treffen: Sie mussten sich für oder gegen die Befolgung der Anweisung des für gottgleich gehaltenen Pharao entscheiden. Eine Entscheidung des Glaubens. Sie wussten (wahrscheinlich hatte Gott es ihnen gesagt): Dieses Kind wird in Gottes Plänen eine besondere Rolle spielen. So trafen sie die richtige Entscheidung auf der Basis des richtigen Glaubens: Sie entschieden sich dafür, das Gebot des Königs nicht zu beachten, die mögliche schwere Strafe nicht zu fürchten, sondern Gottes Wort mehr zu gehorchen als den Menschen. Sie entschieden sich dafür, die Autorität Gottes höher zu achten als die Autorität von Menschen. Sie taten exakt das, was sehr viel später der Apostel Petrus als die Grundregel für Christen formuliert hat: *„Man muss Gott mehr gehorchen als den Menschen"* (Apg 5,29b).

Nun ist es so: Es liest sich immer aufregend und schön, wenn die Bibel von dem Mut und der Glaubenstreue einzelner Christen (Glaubender) berichtet. Innerlich liest man solche Berichte mit Freude und Zustimmung. Das ist auch gut so. Sie sollen einen erfreuen und ermutigen! Aber im eigenen Leben verhält man sich dann manchmal doch sehr anders: eher angepasst und gar nicht so mutig. Menschen haben gern die Tendenz, lieber nichts zu riskieren und den Kopf einzuziehen, anstatt Gott mehr zu gehorchen als den Menschen.

Wenn zum Beispiel irgendwelche sogenannten „Respektspersonen" auftauchen (das kann ein Vorgesetzter sein, ein Prominenter, ein bekannter Prediger, ein Superintendent, oder auch ein Bischof), dann ist man unwillkürlich geneigt, sich irgendwie anzupassen: „Ja" zu sagen, zuzustimmen und keinen Konflikt zu riskieren. Kaum ist die „Respektsperson" im Raum, ist man wie verwandelt. Man sagt Dinge, die man sonst vielleicht niemals sagen würde. Man sagt sie, weil man meint, sie würden von einem erwartet. So wird man plötzlich ein anderer Mensch. Man steht in der Gefahr, Überzeugungen zu verraten, die man sonst hoch und heilig hält. Man ist bestrebt, nur nicht vom Bannstrahl des Zorns der Respektsperson getroffen zu werden. Man lächelt, wo man nicht lächeln sollte. Man nickt, wo man nicht nicken sollte. Man schüttelt den Kopf, wo man ihn nicht schütteln sollte. Man schweigt, wo man reden sollte, und klatscht Beifall, wo man widersprechen sollte.

Doch kaum ist wenig später die „Respektsperson" wieder aus dem Haus oder aus dem Raum, fällt die Pose von einem ab. Man wird wieder normal. Wenn man jetzt sein Verhalten von eben auf einem Videomitschnitt sehen könnte, würde man sich bis auf die Knochen schämen!

Warum tun Menschen so etwas? Weil sie feige sind. Doch was steckt hinter der Feigheit? Wie kann man sie demaskieren und ihr auf die Schliche kommen?

Feigheit ist hässlich und sehr normal, und sie zeigt uns Menschen von unserer dunkelsten Seite. Die Feigheit speist sich aus einer einzigen Quelle: der Angst. Angst, nicht dazuzugehören; Angst, gemieden zu werden; Angst vor Entzug der Anerkennung; Angst, als dumm, uninformiert, unmodern oder altmodisch abgestempelt zu werden; Angst, vom gerade angesagten Main-Stream abgehängt zu werden; Angst, mit der eigenen Meinung allein gegen viele zu stehen; Angst, verachtet zu werden; Angst, für nicht liebenswert befunden zu werden; Angst, sich auf etwas „Falsches" festzulegen und dafür angegriffen zu werden; Angst, Verantwortung zu übernehmen; Angst, Nachteile in Kauf nehmen zu müssen; Angst vor der Macht des Vorgesetzten, der Geschäftsleitung, des Arbeitgebers; Angst vor den Launen, der Wut oder der Ablehnung des Ehepartners; Angst, von Freund oder Freundin verlassen zu werden; Angst, in irgendeiner Weise „anzuecken" und durch einen „Wald geschüttelter Köpfe" gehen zu müssen; Angst davor, sich als Person mit Kanten und Grenzen zu erkennen zu geben.

Feigheit macht Menschen schwach. Feigheit verrät schnöde, was der Person eigentlich heilig ist. Feigheit lässt Menschen im

Stich, die die Person achtet und liebt. Feigheit lässt massives Unrecht zu und schweigt. Feigheit gesteht sich selbst nicht ein, feige zu sein. Feigheit redet sich heraus. Feigheit weist darauf hin, dass andere es genauso machen wie sie. Feigheit macht Menschen zu einer manipulierbaren Masse von Lemmingen. Und: Gelebte Feigheit ruiniert auf Dauer das eigene Gewissen.

Je öfter Menschen feige handeln, desto schneller wird ihr Gewissen, ihr inneres Empfinden für Wahr und Unwahr, Richtig und Falsch, schwächer werden. Sie werden innerlich immer weniger in der Lage sein, standhaft zu bleiben. Sie werden sich immer schneller, immer ängstlicher und immer totaler sogenannten „Respektspersonen" anpassen, die ihnen begegnen. Mit der Zeit werden sie immer findiger darin werden, scheinbare Rechtfertigungen und Ausreden zu erfinden, die ihr Verhalten begründen und in einem guten Licht erscheinen lassen. Irgendwann werden sie gar nicht mehr merken, was sie tun. Sie werden es einfach machen. Und irgendwann wird noch etwas geschehen: Sie werden jeden als Bedrohung empfinden, der es anders macht.

Ein Pastor berichtet: „Sehr viele Menschen sind von Natur aus feige. Ich bin es auch. Im Laufe meines Lebens musste ich oft sehr viel mutiger sein, als ich mich innen drin fühlte. Ich musste meine Feigheit, die mich zum Schweigen, zum Kopfeinziehen und zum Weglaufen verleiten wollte, überwinden. Wie das funktionierte? Der Schlüssel war mein *Gewissen.*

Das Gewissen ist jene Instanz in uns, die uns in jeder Situation sagt, was richtig und was falsch ist, oder die zumindest die Richtungen andeutet, in denen Richtig und Falsch liegen könnten. Das Gewissen ist eine (akustisch) unhörbare Stimme, die sagt: ‚Du musst jetzt das Richtige tun, auch wenn es dir massiv Angst macht. Du musst jetzt das Richtige tun, einfach weil es das Richtige ist!'

Ich habe mit dem Gewissen als einem sehr aktiven Teil meiner Person gelebt. Es hat mich angetrieben, das Richtige zu tun, auch wenn es gefährlich wurde. Aber: Nicht immer bin ich ihm gefolgt. Als ich jedoch Christ wurde, bekam mein Gewissen ein stabiles, tragfähiges Fundament: den Willen Gottes. Fortan sagte es: ‚Du musst das Richtige tun, weil es dem Willen Gottes entspricht. Tu es, und Gott wird dich segnen und nicht im Stich lassen!'

So begann ein sehr spannender, aber manchmal auch sehr kräftezehrender Prozess. Im Laufe der Jahre geriet ich immer wieder in Situationen, in denen Menschen mich aus den unterschiedlichsten Gründen dazu bewegen wollten, dem Willen Gottes zuwiderzuhandeln. Manchmal ging es dabei direkt um meine Existenz. Das war eine große Herausforderung, insbesondere, als ich irgendwann Familie (und damit viel Verantwortung) hatte. Das bisschen Mut, das mir von Natur aus zur Verfügung stand, half in diesen Situationen nicht weiter. Meine Feigheit hätte locker gesiegt! Geholfen hat allein die Bindung meines Gewissens an den Willen Gottes, so wie die Bibel ihn unzweideutig präsentiert."[78]

Es gibt Situationen, in denen man sich völlig überfordert, hilflos, allein und verlassen fühlt. Alle inneren Weichen sind dann auf Nachgeben und Einknicken gestellt. In solchen Momenten hilft tatsächlich nur ein Gewissen weiter, das fest an die Maßstäbe Gottes gebunden ist. Die einzige Sicherheit, die dann bleibt, sind die Wirklichkeit Gottes und seine verbindlichen Zusagen für solche Krisensituationen. Aber die reichen auch völlig aus, um die kritische Situation zu bewältigen.

78 Eigener Erfahrungsbericht des Autors.

Feigheit kann also situativ überwunden werden. Sie kann aber nicht ein für alle Mal überwunden werden. Jede neue Situation, in der sich die Feigheit artikuliert, ist eine brandneue Herausforderung. Diese Herausforderung kann aber positiv bewältigt werden, wenn man bereit ist, *Gott auf jeden Fall mehr zu gehorchen als den Menschen.* Man muss das immer wieder üben. Das geschieht durch mehrere aufeinanderfolgende Entscheidungen:

1) Indem man sein Gewissen anhand von Gottes Wort schult und ausrichtet.
2) Indem man konsequent den anhand der Bibel geschulten Regungen seines Gewissens folgt.
3) Indem man bewusst damit aufhört, die eigene Feigheit durch kunstvolle Ausreden zu verschleiern. Man muss die selbsterfundenen Ausreden förmlich wie Unkraut ausreißen.
4) Indem man sich angewöhnt, lieber den Schmerz der Verachtung, der Isolation, der Häme und der Aggressivität anderer zu ertragen, als die Wahrheit Gottes zu verraten und damit Gott selbst zu beleidigen.
5) Indem man lernt, sich bei anderen konsequent zu entschuldigen, wo man ihnen Unrecht getan hat.

Es muss eine Haltung in einem wachsen, die sagt: „Ich will notfalls lieber sterben, als die Wahrheit Gottes durch meine Feigheit zu verraten.“ Natürlich: Aller Wahrscheinlichkeit nach wird man weder heute noch morgen als Zeuge Jesu Christi sterben müssen. Jeder, der in der westlichen Welt lebt, weiß das. Aber man muss innerlich die Bereitschaft dazu entwickeln, sonst wird man immer weiterhin geneigt sein, an den falschen Stellen Kompromisse zu schließen und die Wahrheit Gottes (Jesus Christus) zu verraten.

Amram und Jochebed, die Eltern Moses, mussten ebenfalls das frontale Gegenteil dessen tun, was man ihnen befohlen und von ihnen erwartet hatte. Sie mussten direkt gegen die Anweisung des ägyptischen Diktators handeln. Dabei riskierten sie in der Tat ihr Leben. Durch ihre Situation wussten sie etwas, das manche Christen heute vielleicht nicht mehr so recht wahrhaben wollen: Wer Gott folgt, muss bereit sein, notfalls alles zu verlieren – alles außer Gott!

Alle, die Jesus im Glauben nachfolgen, werden immer wieder vor Entscheidungen stehen, bei denen sie sich festlegen müssen: entweder für Gott und damit für die Bedrohung, die Angst und den Schmerz; oder gegen Gott und damit gegen die Bedrohung, die Angst und den Schmerz. Das sind die Entscheidungsmomente, in denen sie entweder in ihrer geistlichen Persönlichkeit wachsen oder geistlich Rückschritte machen.

Amram und Jochebed entschieden sich damals für Gott und damit die Bedrohung, die Angst und den Schmerz. Gott segnete diese ihre Entscheidung. Und später? Da mussten sie noch einmal solch eine Entscheidung des Glaubens treffen. Sie mussten Mose gehen lassen.

Entscheidung für die Fürsorge Gottes

Und als das Kind groß war, brachte sie (Jochebed) es (Mose) der Tochter des Pharao, und es ward ihr Sohn, und sie nannte ihn Mose; denn sie sprach: Ich habe ihn aus dem Wasser gezogen.

2. Mose 2,10 (LUT)

Mit Sicherheit war das eine sehr schwere Entscheidung für die Eltern Moses: Sie mussten zulassen, dass ihr Sohn aus ihrem Haus wegging und nun im Palast des ägyptischen (heidnischen) Pharao erzogen wurde. Sie konnten ihn nicht mehr schützen.

Sie konnten nichts mehr geraderücken, wenn man ihm etwas Falsches beibrachte. Sie mussten mit der Befürchtung leben, dass man ihr Kind im ägyptischen Königspalast völlig falsch prägen und beeinflussen würde. Immerhin gab es gerade unter den gelehrten Leuten in Ägypten enorm viel Okkultismus! Die Gefahr, dass Mose damit in Berührung kommen würde, war sehr hoch. Trotzdem mussten sie ihn gehen lassen.

Moses Eltern mussten auch mit der Tatsache leben, dass ihr Sohn nun in unmittelbarer Nähe jenes Mannes lebte, der einst seinen Tod gewollt hatte: des ägyptischen Pharao. Auch das muss schwer erträglich für sie gewesen sein. Dennoch akzeptierten die Eltern diesen Plan Gottes, obgleich sie ihn wahrscheinlich nicht (völlig) verstanden hatten. Sie entschieden sich dafür, Gottes Pläne nicht zu behindern, sondern sie laufen zu lassen und sich ihnen anzupassen. Wiederum trafen sie die richtige Entscheidung auf der Basis des richtigen Glaubens. Sie vertrauten darauf, dass Gott, der dieses Kind für eine besondere Aufgabe ausgewählt hatte, es auch schützen würde.

Das ist ein interessanter Punkt, an dem es Entscheidendes zu lernen gibt für alle, die Eltern sind. Eltern haben zwei Aufgaben: Solange ihre Kinder klein sind, müssen sie sie schützen, bewahren und prägen und in hohem Maß Verantwortung für sie tragen, Tag und Nacht. Doch irgendwann kommt der Punkt, da werden ihre Kinder groß und selbständig. Dann ist es die Aufgabe der Eltern, ihre Kinder gehen zu lassen, sie nicht mehr wie bisher zu schützen, zu bewahren und zu prägen, sondern die Verantwortung für sie herunterzufahren.

Das ist nicht leicht: Erst müssen die Eltern für ihre Kinder Verantwortung tragen, dann müssen sie diese Verantwortung wieder abgeben. Erst ist das eine richtig, dann das andere. Es gibt Eltern, denen fällt das schwer. Sie können (eigentlich müsste man besser sagen: sie wollen) ihre Kinder nicht gehen lassen, sobald diese erwachsen werden. Dann gibt es hässliche Konflikte, die schlecht heilende Wunden hinterlassen. Oder die Kinder werden nicht richtig erwachsen, bleiben in ihrem Innern für immer an ihr Elternhaus gebunden und gründen nie selbst eine Familie.

Deshalb ist das Beispiel Amrams und Jochebeds, der Eltern Moses, so wichtig: Sie gaben ihrem Kind allen Schutz und alle Bewahrung, die es brauchte, solange es klein war und bei ihnen leben konnte. Aber sie konnten ihr Kind auch gehen lassen, als es Zeit dafür war. Der Grund dafür, dass sie dazu fähig waren, war ihr Vertrauen in die Fürsorge Gottes.

Eltern, die ihre Kinder nicht gehen lassen können, sondern sie auch noch als Erwachsene an sich zu binden versuchen, sind im Stillen davon überzeugt, dass Gott sich nicht richtig um ihre Kinder kümmern wird. Sie misstrauen der Fürsorge Gottes. Sie meinen, der Vater im Himmel werde sich nicht richtig um ihre Kinder kümmern und sie versorgen. Sie meinen, nur sie selbst könnten das in ausreichendem Maß tun. Sie leben mit einem unausgesprochenen Misstrauensantrag Gott gegenüber. Dadurch können ihre Kinder nur mühsam frei und erwachsen werden, weil sie in ihrer Seele als Kinder gebunden bleiben. Sie werden nicht frei für die Rolle und die Aufgabe, die Gott für sie als erwachsene, selbstständige Menschen vorgesehen hat.

Amram und Jochebed hingegen hatten ein tiefes Vertrauen in die Fürsorge Gottes. So konnten sie Mose in Freiheit gehen lassen, als die Zeit dafür da war. Vielleicht ließen sie ihn mit einem zitternden Herzen gehen. Sehr wahrscheinlich sogar! Aber sie ließen ihn gehen im Vertrauen auf die Liebe und Fürsorge Gottes.

Entscheidung für die Belohnung Gottes

Über 40 Jahre hinweg war Mose ein ägyptischer Prinz: ausgebildet und gelehrt von den besten und fortschrittlichsten Männern des ägyptischen Volkes. Mose lernte Lesen, Schreiben, die Sprachen Kanaans, Mathematik (und natürlich Hebräisch von seiner Mutter). Aber er wusste immer ganz genau, dass Gott eine spezielle Aufgabe für ihn hatte. Im Buch der Apostelgeschichte (7,25) heißt es dazu: *„Mose dachte, seine Landsleute würden verstehen, dass es Gottes Plan war, sie durch ihn zu retten, aber sie verstanden es nicht"* (NGÜ).

Mose wusste, dass Gott durch seine (Moses) Hand Großes tun wollte. Damit stand er damals vor einer großen Entscheidung. Am ägyptischen Königshof hatte er die beste Ausbildung, das beste Essen, den höchsten Komfort, die besten Freizeit- und Erholungsmöglichkeiten, die höchste (äußerliche) Lebensqualität. Diese Dinge zu genießen, war keine Sünde. Aber: Sie wären irgendwann zur Sünde geworden! Wenn Mose an seinem angenehmen Leben festgehalten und nicht die spezielle Aufgabe ergriffen hätte, die er von Gott aufgetragen bekommen hatte, dann wären all diese angenehmen Dinge irgendwann zur Sünde geworden.

Deshalb stand Mose in der Entscheidung: Er musste entscheiden, ob er Gottes Auftrag befolgen und Ägypten verlassen oder Gottes Auftrag untreu werden und in Ägypten bleiben wollte. Er musste entscheiden! Weil auch er den richtigen Glauben hatte, entschied er sich richtig:

Durch den Glauben wollte Mose, als er groß geworden war, nicht mehr Sohn der Tochter Pharaos heißen, sondern wollte viel lieber mit dem Volk Gottes zusammen misshandelt werden, als einen flüchtigen Genuss der Sünde zu haben, und hielt die Schmach Christi für größeren Reichtum als die Schätze Ägyptens; denn er sah auf die Belohnung.

Hebräer 11,24-26 (LUT)

Vom weltlichen Standpunkt aus gesehen gab Mose all sein Ansehen, all seine Ehre, all seine Macht und all seinen Reichtum auf – für nichts! Denn: Er wollte nicht mehr der Sohn der Tochter Pharaos genannt werden. Vom biblischen (geistlichen) Standpunkt aus gesehen gab er nur unwesentliche Dinge auf, gewann aber viel: Er gewann Gottes Segen und Führung. Vom weltlichen Standpunkt aus gesehen handelte Mose töricht. Vom biblischen Standpunkt aus gesehen handelte er weise. Denn was die Welt groß nennt, ist vor Gott bedeutungslos.

> Im 19. Jahrhundert lebte der Baron Justinian von Weltz. Er stand vor einer ähnlichen Entscheidung wie Mose. Und er entschied genauso wie er. Baron von Weltz verzichtete auf seinen Titel in Europa – auf seine Ländereien und seine Einkünfte –, weil er Missionar in Britisch-Guayana werden wollte. Heute füllt sein Leichnam dort ein einsames Grab. Zu der Zeit, als er auf seinen Titel verzichtete, um Missionar zu werden, schrieb er: „Was geht mich der Titel ‚Wohlgeboren' an, wenn ich für Christus wiedergeboren bin? Was geht es mich an, den Titel ‚Herr' zu tragen, wenn ich der Diener Christi sein will? Was nützt es mir, ‚Euer Gnaden' genannt zu werden, wenn ich der Gnade Gottes bedürftig bin? All diese Eitelkeiten werfe ich weg und lege sie meinem lieben Herrn Jesus zu Füßen."[79]

Bei Mose war es ähnlich: Auch er musste entscheiden, von welchem Standpunkt aus er sein Leben ansehen, beurteilen und steuern wollte. Weil er den richtigen Standpunkt (den biblischen) wählte, fiel auch seine Entscheidung richtig. Er verzichtete auf

---

79 John MacArthur: *New Testament Commentary. Hebrews. Chicago:* Moody Publishers 1987; S. 350. https://www.gty.org/library/sermons-library/90-387/moses-the-decisions-of-faith abgerufen 03.07.2024.

alle Privilegien und wählte stattdessen die „Misshandlung" (zusammen mit seinem Volk) und die „*Schmach Christi*". Interessant ist dabei die Begründung, die der Hebräerbrief liefert: „*Denn er hatte die künftige Belohnung im Blick*" (Hebr 11,26; NeÜ).

Doch welche Belohnung? Die in der Ewigkeit! Der Apostel Paulus beschreibt sie im 2. Timotheusbrief (4,7-8) ausführlicher:

Ich habe den guten Kampf gekämpft, ich habe den Lauf vollendet; ich habe Glauben gehalten; hinfort liegt für mich bereit die Krone der Gerechtigkeit, die mir der Herr, der gerechte Richter, an jenem Tag geben wird, nicht aber mir allein, sondern auch allen, die seine Erscheinung lieb haben.

(LUT)

Alle wichtigen Entscheidungen im Leben sollten so getroffen werden, dass sie zu der „*Krone der Gerechtigkeit*" passen, die Gott einem in der Ewigkeit im Himmel geben möchte. Das kann bedeuten, dass man auf Privilegien (Vorrechte) und Annehmlichkeiten hier auf der Erde verzichtet und stattdessen die „*Schmach Christi*" wählt. Die Bibel betont das immer wieder. Zwei Kapitel weiter im Hebräerbrief (13,12-14) heißt es unmissverständlich:

Darum hat auch Jesus, damit er das Volk heilige durch sein eigenes Blut, gelitten draußen vor dem Tor. So lasst uns nun zu ihm hinausgehen vor das Lager und seine Schmach tragen. Denn wir haben hier keine bleibende Stadt, sondern die zukünftige suchen wir.

Hebräer 13,12-14 (LUT)

Theo Lehmann, ein Pastor aus Chemnitz, berichtet in einem seiner Bücher von einem Chinesen, der das Leben in der *„Schmach Christi“* genau kannte und dabei ganz gelassen blieb. Theo Lehmann schreibt über ihn:

> „Ein [...] Bruder aus China schilderte, wie er während der Kulturrevolution in ein Arbeitslager gesteckt wurde. Er hat dort anderen Gefangenen von Jesus erzählt und wurde dafür mit Sonderbehandlung gestraft: Er musste in die Jauchegrube. Musste dort tagelang im Kot stehen und dort arbeiten. ‚Eines war dort gut [...]‘, hat er gesagt. ‚Dort war ich ganz allein. Dort konnte mich niemand hören. Dort konnte ich laut beten und singen und Bibelverse aufsagen, was sonst alles verboten war.‘ Und so hat er den ganzen Tag laut gebetet, ‚und deshalb‘, so sagte er, ‚war ich gern in der menschlichen Jauchegrube. Dort habe ich meinen Herrn getroffen.‘ Und dann hat er uns eines von den Jesusliedern, die er dort in der Grube gesungen hat, vorgesungen. Und ich kann euch sagen: Als dieser kleine chinesische Mann mit seiner dünnen, brüchigen Stimme in der riesigen Konferenzhalle sein Lied sang, da standen vielen der 4000 Delegierten die Tränen in den Augen.“[80]

Viele Christen leben nicht in China und erst recht nicht im Arbeitslager. Klar! Ihr Leben hat einen anderen Zuschnitt. Aber auch sie stehen immer wieder einmal vor der Entscheidung, ob sie der Schmach Christi ausweichen oder sie annehmen wollen. Wenn sie geistlich einen klaren Kurs fahren, werden sie richtig und klar entscheiden: Sie werden lieber auf Privilegien und Annehmlichkeiten verzichten, als der Schmach Christi auszuweichen.

---

80 Theo Lehmann: *Nimm dein Haar aus der Suppe. Reden für junge Leute.* Neukirchen-Vluyn: Aussaat 1991; S. 92–93.

Es war jetzt viel von Entscheidungen die Rede. Der Bibeltext gab das auch so vor. Man könnte dadurch allerdings leicht den Eindruck gewinnen, Christen müssten ständig schwere Entscheidungen treffen. Dem ist jedoch nicht so! Denn das alltägliche Leben fließt meistens so dahin ohne andauernd große Entscheidungen.

Aber von Zeit zu Zeit geraten Christen an Knotenpunkte, an denen sie dann doch Entscheidungen treffen müssen – kleine oder auch große. Es wäre gut, wenn sie dann hellwach sind und an diesen Knotenpunkten des Lebens den anstehenden Entscheidungen nicht ausweichen, sondern sie richtig treffen.

Manchmal werden sie dabei den Rat und die Begleitung anderer Christen brauchen. In diesem Fall sollten sie solchen Rat und Begleitung auch in Anspruch nehmen, damit sie weise entscheiden können. Oft gibt Gott in solchen Gesprächen entscheidend wichtige Hinweise!

Klar ist aber in jedem Fall: Echter Glaube zieht immer Entscheidungen nach sich – kleine Entscheidungen und große Entscheidungen. Entscheidungen, die in die Tiefe, und Entscheidungen, die in die Breite wirken. Geistlich richtige Entscheidungen werden immer dann getroffen, wenn das eigene Gewissen fest an das Wort Gottes gebunden ist und man die „Schmach Christi“ für größeren Lohn hält als die Anerkennung und den Beifall von Menschen, die Jesus nicht kennen.

Darum ein paar persönliche Fragen am Ende dieses Kapitels:

- Wie sieht es in mir und in meinem Leben aus?
- Bin ich ein Mensch, der entscheidungsschwach ist und Entscheidungen lieber ausweicht und anderen überlässt?
- Bin ich ein Mensch, der der Feigheit, die allen eigen ist, nachgibt und sich ihr nicht stellen mag?
- Bin ich ein Mensch, dessen Gewissen bereits Schaden genommen hat?
- Neige ich zu Ausreden, und scheue ich Verantwortung?

Wenn Sie eine oder mehrere dieser Fragen mit „Ja" beantwortet haben, muss Ihnen eines klar sein: Niemand muss so bleiben, wie er ist. Wenn Sie Jesus als Ihren Herrn und Erlöser angenommen haben und im Glauben an ihn leben, können Sie ganz sicher davon ausgehen, dass Jesus Ihre Schwäche sieht und diese durch die Kraft seines Auferstehungslebens in eine Stärke verwandeln will. Er sieht längst, was los ist. Aber er ist nicht geschockt von dem, was er sieht.

Darum ist es gut, zu einem Seelsorger zu gehen und mit ihm ausführlich über die eigene Entscheidungsschwäche oder Feigheit zu sprechen. Man kann dann gemeinsam mit dem Seelsorger das eigene Leben vor Jesus bringen und seinen Retter bitten, einen zu einer Persönlichkeit werden zu lassen, die ein starkes Gewissen hat. Ein Gewissen, das fest im Wort Gottes gegründet ist. Ein Gewissen, das einen in die Lage versetzt, der Feigheit zu widerstehen und gute, klare Entscheidungen zu treffen. Dabei ist niemand auf sich allein gestellt. Das Entscheidende ist: *Ich in Christus* und *Christus in mir!* Sein Auferstehungsleben wird meinen Charakter so verändern, dass der Vater im Himmel dadurch geehrt wird.

KAPITEL 10

Mose – oder: Die Courage des Glaubens

Durch den Glauben verließ er (Mose) Ägypten und fürchtete nicht den Zorn des Königs; denn er hielt sich an den, den er nicht sah, als sähe er ihn. Durch den Glauben vollzog er das Passa und das Besprengen mit Blut, auf dass der Verderber ihre Erstgeburt nicht anrühre. Durch den Glauben gingen sie durchs Rote Meer wie über trockenes Land; das versuchten die Ägypter auch und ertranken.

Hebräer 11,27-29 (LUT)

„An einem Sommermorgen, als Ray Blankenship sein Frühstück zubereitete, sah er aus dem Fenster hinaus, wie ein kleines Mädchen im regenüberfluteten Entwässerungsgraben neben seinem Haus in Andover, Ohio, mitgerissen wurde. Blankenship wusste, dass der Graben weiter flussabwärts mit Getöse unter einer Straße verschwand und dann in den Hauptkanal mündete. Ray stürzte aus der Tür, rannte den Graben entlang und versuchte, dem treibenden Kind zuvorzukommen. Dann stürzte er sich in das tiefe, aufgewühlte Wasser. Blankenship tauchte auf und konnte den Arm des Kindes ergreifen. Sie stürzten übereinander. Etwa einen Meter vor dem gähnenden Durchlass ertastete Rays freie Hand etwas, das aus dem Ufer ragte, möglicherweise einen Stein. Er klammerte sich verzweifelt fest, aber die ungeheure Kraft des Wassers versuchte, ihn und das Kind wegzureißen. *Wenn ich mich nur festhalten kann, bis Hilfe kommt!,* dachte er. Er schaffte sogar mehr als das. Als die Rettungskräfte der Feuerwehr eintrafen, hatte Blankenship das Mädchen bereits in Sicherheit gebracht. Beide wurden wegen eines Schocks behandelt. Später wurde Ray Blankenship mit der Silbernen Lebensrettungsmedaille der Küstenwache ausgezeichnet. Die Auszeichnung ist angemessen, denn Blankenship hatte sich noch weitaus mehr in Gefahr begeben, als es den meisten Menschen damals bewusst war: Ray Blankenship konnte nicht schwimmen.“[81]

Es kommt vor, dass Menschen wie Ray Blankenship in sehr kritische Situationen geraten und dabei außergewöhnlichen Mut beweisen. Auch im Leben Moses gab es solche Situationen. Von Haus aus war Mose zwar etwas jähzornig, aber in Wirklichkeit kein besonders mutiger Mensch. Er hätte sich nur zu gern gedrückt, als Gott ihm den Auftrag erteilte, das Volk Israel aus Ägypten herauszubringen (2Mo 3,11; 4,1.10.13). Aber Gott ließ das nicht zu. Doch einmal in Ägypten angekommen, bewies Mose eine erstaunliche Courage, einen beeindruckenden Mut.

Wer immer mit der Masse schwimmt und ein Näschen dafür hat, woher und wohin der Wind weht, braucht keinen Mut – er braucht nur mitzuschwimmen. Er braucht nur zu „floaten“. Es gibt nicht gerade wenige, die diese feine Wahrnehmung haben, wohin der Zug der Zeit geht, wo die Mehrheit und die Masse gehen und stehen. Elegant und flexibel fädeln sie sich immer dort ein, wo die Sieger, die Gewinner und die stärksten Bataillone stehen. Sie benötigen keinen Mut. Sie brauchen sich nur anzupassen. Und genau das tun sie auch.

81 Paul Harvey, Los Angelos Times Syndicate. http://www.sermonillustrations.com/a-z/c/courage.htm abgerufen 04.07.2024.

Mose aber war anders. Er fädelte sich nicht ein. Er schwamm nicht mit. Er passte sich nicht der Mehrheit an. Sondern er folgte dem Willen des Höchsten. Das brachte ihn nicht selten in Schwierigkeiten. Doch am Ende war er es, der von Gott gesegnet wurde.

Beeindruckende Courage

Durch den Glauben verließ er (Mose) Ägypten und fürchtete nicht den Zorn des Königs; denn er hielt sich an den, den er nicht sah, als sähe er ihn.

Hebräer 11,27 (LUT)

Hier geht es um Angst und ihre Überwindung. Mose musste entscheiden, ob er den Zorn des für gottgleich gehaltenen ägyptischen Pharao fürchten (das heißt ihm nachgeben) wollte oder nicht. Er musste die Risiken abwägen, die vom „Zorn des Königs" ausgingen. Schließlich musste er also entscheiden, wen er mehr fürchten wollte: den ägyptischen Pharao, den er sah, oder den Gott Abrahams, Isaaks und Jakobs, der ihm einen Auftrag gegeben hatte und den er aber nicht sah. Diese Entscheidung traf er jedoch nicht nur einmal. Nein, viele Monate, wahrscheinlich sogar jahrelang musste Mose der wachsenden Wut des ägyptischen Diktators standhalten. Denn: Es brauchte zehn verschiedene furchtbare Plagen (2Mo 7–12), bis der Pharao Ägyptens endlich bereit war, das Volk Gottes ziehen zu lassen. Und selbst diese Bereitschaft nahm er wenig später wieder zurück. Mose war also für eine lange Zeit dem Zorn des Pharao ausgesetzt. Täglich musste er mit seiner Verhaftung und Hinrichtung rechnen. Er musste sich immer wieder entscheiden: gegen die Furcht und für die Courage.

Was war sein Fundament dafür? Es war das einzig mögliche Fundament, das in dieser Situation genügend Stabilität und Verlässlichkeit bot: das Wort des unsichtbaren Gottes. Dieses hatte Mose sehr konkret und praktisch von Gott bekommen, kurz bevor er nach Ägypten aufgebrochen war:

Und der HERR sprach: Ich habe das Elend meines Volks in Ägypten gesehen und ihr Geschrei über ihre Bedränger gehört; ich habe ihre Leiden erkannt. Und ich bin herniedergefahren, dass ich sie errette aus der Ägypter Hand und sie aus diesem Land hinaufführe in ein gutes und weites Land, in ein Land, darin Milch und Honig fließt, in das Gebiet der Kanaaniter, Hetiter, Amoriter, Perisiter, Hiwiter und Jebusiter. Weil denn nun das Geschrei der Israeliten vor mich gekommen ist und ich dazu ihre Drangsal gesehen habe, wie die Ägypter sie bedrängen, so geh nun hin, ich will dich zum Pharao senden, damit du mein Volk, die Israeliten, aus Ägypten führst.

2. Mose 3,7-10 (LUT)

Dieses Wort Gottes hatte Mose. Daran hielt er sich fest. *„Er hielt sich an den, den er nicht sah, als sähe er ihn“* (Hebr 11,27; LUT). Sein Fokus war immer und immer wieder neu auf den unsichtbaren Gott Abrahams, Isaaks und Jakobs gerichtet. Dadurch war Mose in der Lage, das Wort des unsichtbaren Gottes gegen die Drohungen des sichtbaren Pharao zu setzen. Doch das war nicht leicht! Denn man muss bedenken: Mit jeder der Plagen, die Gott schickte, wurde der Unmut des Pharao größer. Es verlangte einiges an Statur und Stehvermögen, sich immer wieder neu gegen die Furcht und für das Vertrauen auf Gott sowie die Standhaftigkeit zu entscheiden. Mit Bordmitteln allein hätte Mose das niemals geschafft. Es ging nur dadurch, dass er *„durch den Glauben“* dem Zorn des Pharao widerstand. Das bedeutet: Die Ehrfurcht, die Mose vor dem unsichtbaren Gott empfand, war größer als die Angst vor dem sichtbaren Pharao. So entwickelte sich seine beeindruckende Courage.

Wer feststellt, dass er ein ängstlicher Mensch ist und dazu neigt, der Angst widerstandslos nachzugeben, der lasse sich sagen: Jesus erwartet von niemandem, dass er die Zähne zusammenbeißt und sich künstlich mutiger macht, als er es in Wahrheit ist! Das hält sowieso niemand durch. Nein, sondern die Erwartung Jesu ist eine andere: Er erwartet eine Änderung der Blickrichtung. Er wartet darauf, dass diejenigen, die ihm in Treue nachfolgen, den Fokus nicht länger auf Menschen richten, die sie womöglich bedrohen. Denn dann sitzen sie wie das sprichwörtliche Kaninchen vor der Schlange.

Erst wenn der Fokus sich stattdessen auf Jesus richtet, kann das anders werden. Durch den Heiligen Geist wohnt Jesus bereits in jedem Christen und will dort seine Arbeit tun. Es ist gut, das konkret vor Augen zu haben und im Laufe des Tages bewusst kleine Pausen einzulegen, in denen man in die Anbetung Gottes hineingeht.

Gott anbeten heißt, ihm wahre Dinge über sich selbst zu sagen. Beten Sie also den lebendigen Gott zum Beispiel mit diesen Worten an:

> „Du bist der Gott, der mich sieht, auch in diesem Augenblick. Du bist der Schöpfer, der alles in seinen Händen hält, auch meine heutige Lage. Du bist der, der alles mit seinem kraftvollen Wort erhält, auch mich. Du bist der Richter, der einmal jeden Menschen zur Verantwortung ziehen wird, auch meine Vorgesetzten. Du bist der Heilige, in dem es

kein Dunkel und kein Zwielicht gibt. Du bist der König aller Könige und der Herr aller Herren. Du bist das Lamm Gottes, das sein Leben für mich gab. Du bist das Brot des Lebens, das mich sättigt. Du bist die Wahrheit und die Tür. Mit dir öffnet sich der Himmel für mich. Du bist der Auferstandene, der in mir lebt. Du bist der Lebendige, der Weinstock, der sein herrliches Auferstehungsleben auch *durch mich* und *in mir* leben will. Dieser Tag, diese Stunde gehört dir. Längst und für immer. Amen."

Wer so seinen Blick immer wieder auf Jesus richtet, der wird erleben, dass sich seine Persönlichkeit Schritt für Schritt verändert. In ihm wird eine Courage wachsen, die nicht von ihm selbst kommt, aber in ihm wirksam wird. Er wird ein Mensch werden, der der Angst nicht mehr widerstandslos nachgeben, sondern ihr standhalten wird.

Doch zurück zu Mose: Das Schwierigste an seiner Situation war nicht der *„Zorn des Königs"*. Sondern das Schwierigste war dieses: Moses eigene Leute fielen ihm in den Rücken! Zwar begrüßten sie es zunächst sehr, dass Mose zu ihnen kam und ihnen Gottes Hilfe ankündigte. Aber dann, als die Israeliten spürten, dass ihr Vertrauen auf Gott Konsequenzen hatte und der Pharao sie mit höheren Arbeitsanforderungen mächtig unter Druck setzte, wurden sie wankelmütig (2Mo 6,9). Später, als sie endlich aus Ägypten heraus waren und am Ufer des Schilfmeeres standen, das ihnen den Weg versperrte, da fielen sie Mose zum ersten Mal sogar in den Rücken. Im 2. Buch Mose, Kapitel 14, Verse 10-12 wird davon berichtet. Dort heißt es:

Und als der Pharao nahe herankam, hoben die Israeliten ihre Augen auf, und siehe, die Ägypter zogen hinter ihnen her. Und sie fürchteten sich sehr und schrien zu dem Herrn und sprachen zu Mose: Waren nicht Gräber in Ägypten, dass du uns wegführen musstest, damit wir in der Wüste sterben? Warum hast du uns das angetan, dass du uns aus Ägypten geführt hast? Haben wir´s dir nicht schon in Ägypten gesagt: Lass uns in Ruhe, wir wollen den Ägyptern dienen? Es wäre besser für uns, den Ägyptern zu dienen, als in der Wüste zu sterben.

(LUT)

Jetzt muss man sich das mal vorstellen: Mose war vollauf damit beschäftigt, nicht den Mut zu verlieren, als sie vor dem Schilfmeer standen und die Elitetruppen des Pharao am Horizont erschienen und auf sie zurasten. Ausgerechnet in diesem Moment fielen ihm seine eigenen Leute in den Rücken. Als es brenzlig wurde, als es wirklich gefährlich wurde, als eigentlich alle zusammenhalten müssten wie ein Mann, gerade dann fielen ihm seine eigenen Leute in den Rücken. Nun hatte Mose keinen mehr (außer seinen Bruder Aaron vielleicht). Nun musste er allein die Fahne des Glaubens hochhalten, während ihn seine eigenen Leute in ihrer Furcht und Kleinmütigkeit auch noch angriffen. Nun musste er standhalten.

Das war eine echt schwierige Situation. Von allen Seiten wurde Mose infrage gestellt und attackiert: Von vorne kamen Pharaos Soldaten, von hinten fielen ihm seine eigenen Leute in den Rücken. Doch auch in dieser Situation hat Mose sich gegen die Furcht vor dem Pharao und für den Glauben an den zwar unsichtbaren, aber höchst realen und lebendigen Gott entschieden. Er zeigte dadurch eine beeindruckende Courage. Daran zeigte sich auch seine enorme geistliche Reife. An ihr kann sich jeder orientieren.

Die Bibel schildert die Menschen so, wie sie sind. Ungeschminkt. Gerade dieser Bericht über die kritische Situation am Schilfmeer zeigt unverfälscht: Sogar die Leute vom Volk Gottes waren bereit, Mose mir nichts, dir nichts in den Rücken zu fallen. Als die Situation für sie kritisch wurde, gingen sie kalt lächelnd damit um und machten Mose Vorwürfe. Solange alles glatt lief, folgten sie ihm widerstandslos. Doch in dem Moment, als sie selbst unter Druck gerieten, klagten sie Mose an, als wäre er an allem schuld. Sie schoben alle Verantwortung auf ihn ab und fielen ihm in den Rücken. In ihrer Angst gaben sie alles preis, was sie von Gott wussten und ihnen Sicherheit hätte geben sollen. Doch sie schlugen alles in den Wind. Sie entschieden sich für das Nachgeben der Angst und nicht fürs Standhalten.

Es hätte nur noch gefehlt, dass sie sich mit den Feinden (den ägyptischen Soldaten) gegen Mose verbündet hätten: aus purer Angst und Feigheit. Das immerhin haben sie nicht getan. Aber man wagt nicht zu sagen, wie das Volk Israel sich damals am Schilfmeer entschieden hätte, wenn die Soldaten des Pharao sie vor die Wahl gestellt hätten, entweder wieder nach Ägypten zurückzukehren und zu leben oder aber weiter auf den Gott Moses zu vertrauen und getötet zu werden. Wie hätten sie sich in ihrer Angst wohl entschieden?

Fest steht, dass Gott die Courage und die Geradlinigkeit Moses gerade in der höchst brisanten Situation am Schilfmeer eindrucksvoll bestätigt hat. Es muss eine große Beschämung für die wankelmütigen Israeliten gewesen sein. Und auch eine kraftvolle Lektion in Sachen „Glauben"!

Wahrer, biblischer Glaube beugt sich nicht dem Druck und den Drohungen von Menschen, sondern gehorcht allein der Stimme Gottes. Wahrer Glaube zeigt gerade in Situationen der Angst eine erfrischende Courage. Er richtet den Fokus auf Jesus, bleibt mutig und treu und vertraut darauf, dass Gott zur rechten Zeit eingreifen und helfen wird. Hier ist das Beispiel eines Menschen unserer Tage, der in einer Situation der Angst Courage bewies.

„Es gibt möglicherweise keinen Gott. Hören Sie jetzt auf, sich zu sorgen und genießen Sie das Leben!“ So lautete die Botschaft auf Plakaten der Humanistischen Gesellschaft in England. Auf Bussen rollten sie vor einigen Jahren durch ganz Großbritannien. Der 62-jährige Busfahrer Ron Heather wollte damit nichts zu tun haben. Der Christ verweigerte darum die Fahrt mit einem der Busse.

„Mir war klar, dass ich diesen Bus nicht fahren konnte“, sagte er. Er sei gerade auf dem Weg zu seinem Fahrzeug gewesen, als er die atheistische Botschaft gelesen habe. Sie habe ihn geschockt. „Ich sagte meinen Vorgesetzten, dass ich diesen Bus nicht fahren werde, und als diese sagten, sie hätten keinen anderen Bus für mich, dachte ich, ich geh besser nach Hause.“

Am darauffolgenden Arbeitstag habe er seine Tätigkeit wieder aufgenommen, allerdings erst, als seine Vorgesetzten ihm garantierten, dass er ein Fahrzeug ohne die atheistischen Botschaften fahren dürfe. Ein Sprecher des Arbeitgebers betonte aber, dass Heather bereit sein müsse, auch Busse mit atheistischen Werbebannern zu fahren, wenn keine anderen zur Verfügung stünden. Dazu ist Heather aber nicht bereit. Er riskiert damit eine Abmahnung, vielleicht sogar die Kündigung“[82]

Es lohnt sich, an dieser Stelle sich selbst zu befragen: Bin ich bereit, (wie Ron Heather) zu handeln, wenn ich in Situationen der Angst gerate? Bin ich bereit, zu handeln, wenn es nur noch gilt, Jesus und der Bibel treu zu sein – auch wenn ich mich damit

---

82 Zusammenstellung des Autors aus:
http://news.bbc.co.uk/2/hi/uk_news/england/hampshire/7832647.stm abgerufen 22.07.2024.
https://www.theguardian.com/world/2009/jan/17/atheist-bus-campaign abgerufen 22.07.2024.

Konflikten aussetze oder zeitweise in der Minderheit bin? Auf welcher Seite stehe ich, wenn es ernst wird? Habe ich noch Courage, wenn andere sich schon längst umgewandt haben, um zu fliehen?

Rettende Demut

Durch den Glauben vollzog er das Passa und das Besprengen mit Blut, auf dass der Verderber ihre Erstgeburt nicht anrühre.

Hebräer 11,28 (LUT)

Zehn Plagen gab es in Ägypten. Die zehnte war die schlimmste von allen. In 2. Mose 11,4-6 heißt es dazu:

Und Mose sprach: So spricht der Herr: Um Mitternacht will ich durch Ägypten gehen, und alle Erstgeburt in Ägyptenland soll sterben, vom ersten Sohn des Pharao, der auf seinem Thron sitzt, bis zum ersten Sohn der Magd, die hinter ihrer Mühle hockt, und alle Erstgeburt unter dem Vieh. Und es wird ein großes Geschrei sein in ganz Ägyptenland, wie nie zuvor gewesen ist noch werden wird.

(LUT)

Um nun sein Volk vor dem großen Sterben zu schützen, das in Ägypten umgehen würde, gab Gott eine Anweisung. Sie lautete:

Sagt der ganzen Gemeinde Israel: Am zehnten Tage dieses Monats nehme jeder Hausvater ein Lamm, je ein Lamm für ein Haus. [...] Und sie sollen von seinem Blut nehmen und beide Pfosten an der Tür und den Türsturz damit bestreichen an den Häusern, in denen sie's essen. [...] Denn ich will in derselben Nacht durch Ägyptenland gehen und alle Erstgeburt schlagen in Ägyptenland unter Mensch und Vieh und will Strafgericht halten über alle Götter der Ägypter. Ich bin der HERR. Dann aber soll das Blut euer Zeichen sein an den Häusern, in denen ihr seid: Wo ich das Blut sehe, will ich an euch vorübergehen, und die Plage soll euch nicht widerfahren, die das Verderben bringt, wenn ich Ägyptenland schlage.

2. Mose 12,3.7.12-13 (LUT)

Das war eine sehr einfache Anweisung. Sehr wahrscheinlich haben jedoch viele Israeliten damals nicht verstanden, warum Gott ihnen ausgerechnet diese Anweisung gab. Vielleicht haben sie sich gefragt: „Was soll das mit dem Schafblut an den Pfosten unserer Haustüren? Was kann das denn schon bewirken?" Mit Sicherheit haben sie nichts davon geahnt, dass das Blut des Lammes an den Türpfosten ihrer Häuser ein Hinweis auf das Blut des Gottessohnes Jesus war, dessen Blut viele Jahre später vergossen werden würde, um die Menschheit vor dem ewigen Tod zu retten. Die Israeliten haben damals im Glauben Gottes Anweisungen akzeptiert und durchgeführt und wurden so vor dem Unheil bewahrt, das in jener Nacht in Ägypten geschah. Sie hatten die Demut, Gottes Anweisung anzunehmen und auszuführen, obwohl sie ihren Sinn wahrscheinlich nicht vollständig begreifen konnten.

Echter Glaube akzeptiert Gottes Wort auch dann, wenn er es nicht hundertprozentig versteht, und empfängt das Heil. Die

Israeliten haben das erlebt. Das Blut an den Türpfosten rettete sie vor dem Tod. Sie begriffen: Dieses Zeichen an ihren Haustüren war zwar ein einfaches, aber ein rettendes Zeichen. Darum war die Demut, mit der Gottes Volk damals Gottes rettendes Zeichen annahm, eine rettende Demut. Das ist vorbildlich bis heute!

Der Gott der Bibel hat jedem (ausnahmslos jedem) Menschen eine Anweisung gegeben, wie seine Schuld vergeben und er gerettet werden kann. Diese Anweisung ist denkbar einfach! Sie lautet sinngemäß: „Richte deinen Blick auf den Sohn Gottes! Er hat sein unendlich kostbares Leben für dich an einem Kreuz auf dem Kalvarienberg bei Jerusalem gegeben. Nimm sein Sühneopfer für deine Schuld persönlich an, und du wirst Vergebung erfahren. Glaube an den Herrn Jesus, und du wirst gerettet werden." Fertig. Das ist die Anweisung. Sie ist einfach.

Gott macht es den Menschen leicht. Kinderleicht! Es ist jedoch nur deshalb für jeden Menschen kinderleicht, die Vergebung seiner Schuld und dadurch ein neues Leben zu bekommen, weil es für ihn (Jesus) so unglaublich schwer war. *„Doch mit deinen Sünden hast du mir Arbeit gemacht, mich ermüdet mit deinen Vergehen! Ich, ich bin es doch, der deine Vergehen auslöscht. Um meinetwillen denke ich nicht mehr an deine Schuld"* (Jes 43,24; NeÜ). So ist es wirklich! Gott macht es den Menschen leicht. Doch für ihn war es schwer. Darum gilt: Wer gerettet werden will, muss aufhören, sich zu wehren, und lernen, vor Gott still zu werden und sich seine Schuld vergeben zu lassen. Er braucht die Demut, die rettende Demut, um Gottes einfaches Rettungsangebot vorbehaltlos anzunehmen.

Ein Pastor berichtet: „Die Frau, der ich auf einer Freizeit begegne, war immer schon kirchlich interessiert und für Glaubensfragen aufgeschlossen. Nun ist sie verunsichert durch Christen, die bezeugen, dass sie ihres Heils gewiss sind. Sie wehrt sich mit dem Hinweis: ‚So einfach ist das doch nicht!‘ Gleichzeitig bittet sie mich um ein Gespräch. Ich bezeuge ihr die letzte, verbindliche Liebeserklärung Gottes in Jesus Christus und frage sie, ob sie die persönlich annehmen wolle. Sie fragt: ‚Und was noch?‘ – ‚Nichts mehr‘, sage ich. – ‚Aber ich muss doch auch etwas dazu tun‘, meint sie. – ‚Wollen Sie sich den Himmel verdienen? Dann werden Sie nicht hineinkommen‘, ist meine Antwort. Schließlich wird ihr klar, dass es wirklich nur darum geht, Jesus in seiner Liebe anzunehmen. Sie tut es im Gebet. Danach strahlt sie: ‚Jetzt habe ich Gewissheit. So einfach ist das, so einfach!‘“[83]

Tiefes Vertrauen

Durch den Glauben gingen sie durchs Rote Meer wie über trockenes Land; das versuchten die Ägypter auch und ertranken.

Hebräer 11,29 (LUT)

Eine Frage stellt sich automatisch, wenn man diesen Vers aus dem 11. Kapitel des Hebräerbriefes liest: Wieso war Glauben nötig, um den Weg durch das Rote Meer zu gehen? Wieso heißt es hier, dass die Israeliten *„**durch den Glauben** durchs Rote Meer gingen wie über trockenes Land“?* Jedes Kind weiß doch, dass der Weg durch das Meer damals völlig frei war! Das Anderthalb-Millionen-Völkchen der Israeliten brauchte doch bloß hindurchzugehen! Sie brauchten Beine, ja, die schon, aber wozu Glauben?

83 Christian Schwarz, Fritz Schwarz: *Theologie des Gemeindeaufbaus.* Ein Versuch. Neukirchen-Vluyn: Neukirchener Verlag 1984; S. 109f.

Wenn man sich den Bericht über den Durchzug durchs Rote Meer jedoch näher ansieht, wird die Sache klar. Im 2. Buch Mose heißt es:

Und der HERR sprach zu Mose: Was schreist du zu mir? Sage den Israeliten, dass sie weiterziehen. Du aber hebe deinen Stab auf und recke deine Hand über das Meer und teile es mitten durch, dass die Israeliten hineingehen, mitten durch das Meer auf dem Trockenen. [...] Als nun Mose seine Hand über das Meer reckte, ließ es der HERR zurückweichen durch einen starken Ostwind die ganze Nacht und machte das Meer trocken, und die Wasser teilten sich. Und die Israeliten gingen hinein mitten ins Meer auf dem Trockenen, und das Wasser war ihnen eine Mauer zur Rechten und zur Linken.

2. Mose 14,15-16.21-22 (LUT)

Der biblische Bericht schildert, wie das Volk nach der dramatischen Flucht aus dem Land Ägypten an einem Seitenarm des Roten Meeres ankam, der ihnen den Weg versperrte. Psalm 106,9 verrät, dass man diesen Teil des Roten Meeres das „*Schilfmeer*" nannte. Daraus kann man wiederum schließen, dass dieser Meeresteil möglicherweise nur 10–15 Meter tief war, sodass Schilf darin wachsen konnte. Für ein Meer nicht sehr tief, aber dennoch viel zu tief, um hindurchwaten zu können. Das Volk befand sich in heller Aufregung, wurde es doch von Hunderten von Kampfwagen der ägyptischen Armee verfolgt. Doch Mose beruhigte die Menschen und kündigte an, dass Gott selbst sie aus dieser gefährlichen Lage befreien würde. Wenig später setzte ein starker Ostwind ein, der im Laufe der Nacht das Wasser des Schilfmeeres zur Seite drückte. So entstand eine breite Furt, über die das Volk entkam. Als die Kampfwagen der ägyptischen Armee ebenfalls in die Furt einfuhren, kamen sie wegen des Gewichts der Gespanne jedoch nur mühsam vorwärts. Wenig später kehrten die Wassermassen abrupt zurück und begruben sämtliche Kampfwagen unter sich.

Viele Jahre lang galt dieser biblische Bericht als vollkommen unglaubwürdig: Ein Märchen, glaubten viele. Dann jedoch fanden Forscher heraus, dass der biblische Bericht einer wissenschaftlichen Überprüfung durchaus standhielt. Die Wochenzeitschrift „DER SPIEGEL“, die sonst nicht für eine zustimmende Einstellung zur Religion bekannt ist, berichtete in einem eigenen Artikel von den erstaunlichen Erkenntnissen der Wissenschaftler.[84] Dabei bezog sie sich auf das Fachjournal „PloSOne“[85], das nach umfangreichen Untersuchungen zu dem Ergebnis gekommen war, dass „starke Ostwinde in der Region [am Schilfmeer] tatsächlich zeitweilig eine breite Furt freilegen“[86] konnten. DER SPIEGEL zitiert auch den Studienleiter Carl Drews: „Die

84 DER SPIEGEL: *Biblisches Wunder. Der Ostwind soll das Meer geteilt haben.* 22.09.2010. https://www.spiegel.de/wissenschaft/natur/biblisches-wunder-ostwind-soll-das-meer-geteilt-haben-a-718966.html abgerufen 04.07.2024.

85 Fachjournal „PloSOne“: *Dynamics of Wind Setdown at Suez and the Eastern Nile Delta.* August 30, 2010. „Under a uniform 28 $\frac{m}{s}$ easterly wind forcing in the reconstructed model basin, the ocean model produces an area of exposed mud flats where the river mouth opens into the lake. This land bridge is 3–4 km long and 5 km wide, and it remains open for 4 hours. Model results indicate that navigation in shallow-water harbors can be significantly curtailed by wind setdown when strong winds blow offshore.“ („Bei einem gleichmäßigen Ostwind von 28 $\frac{m}{s}$ im rekonstruierten Modellbecken erzeugt das Ozeanmodell dort, wo die Flussmündung in den See mündet, einen Bereich mit freiliegendem Watt. Diese Landbrücke ist 3–4 km lang und 5 km breit und bleibt 4 Stunden lang bestehen. Die Modellergebnisse zeigen, dass die Schifffahrt in Flachwasserhäfen bei ablandigem Starkwind durch Windstillstand erheblich beeinträchtigt werden kann.“) https://doi.org/10.1371/journal.pone.0012481 abgerufen 04.07.2024.

86 DER SPIEGEL: *Der Ostwinde soll das Meer geteilt haben.*

Menschen waren von der Geschichte des Exodus immer fasziniert und fragten sich, ob sie auf historischen Fakten beruht. [...] Die beschriebene Teilung des Wassers basiert tatsächlich auf physikalischen Gesetzen und lässt sich mithilfe der Flüssigkeitsdynamik verstehen."[87]

Ein Problem lässt die wissenschaftliche Bestätigung allerdings weiterhin bestehen: Dieses spezielle Wetterphänomen trat nicht regelmäßig auf, sondern konnte jahrzehntelang auf sich warten lassen. Das flüchtende Volk Israel hatte jedoch keine Zeit, auf das Eintreten dieses Phänomens zu warten – schon gar nicht jahrzehntelang. Dass sich der Ostwind aber genau rechtzeitig einstellte, ist nur damit zu erklären, dass der Gott der Bibel dieses Wetterphänomen benutzte und dafür sorgte, dass es die Furt zum richtigen Zeitpunkt freilegte.

Die Israeliten hatten nur dieses eine Wort von Gott: *„Du aber hebe deinen Stab auf und recke deine Hand über das Meer und teile es mitten durch, dass die Israeliten hineingehen, mitten durch das Meer auf dem Trockenen"* (2Mo 14,16; LUT). So hatte Gott es Mose und ihnen allen gesagt. Dieses Wort Gottes war ihre Sicherheit. Denn sie alle wussten: Wenn der starke Wind auch nur etwas zu früh aufhören würde zu wehen, dann würden sie alle elend untergehen. Ja, selbst wenn der Wind nur ganz kurz an Stärke verlieren oder auch nur eine Sekunde lang Windstille eintreten würde, dann würden die Wasser sie alle gleichgültig wegschwemmen.

Die drohenden Wassermassen *„zur Rechten und zur Linken"* (2Mo 14,22) konnten sie sehen! Aber den unsichtbaren, lebendigen Gott konnten sie nicht sehen. Sie hatten „nur" sein Wort.

So sind sie wahrscheinlich alle mit wild klopfendem Herzen durch das Rote Meer gezogen. Angstvoll haben sie auf die furchterregenden Wassermauern geblickt und sich gefragt, ob wohl alles gut gehen würde. Außer dem Wort Gottes hatten sie keine

---

87 Ebd.

Garantie! Sie hatten zum Beispiel keinen Wetterbericht, der ihnen glaubwürdig versichert hätte, dass der Sturm aus Osten noch mehrere Stunden andauern würde. Sie hatten nichts, außer das Wort Gottes und den Blick auf die gläsernen Wasserwände. Doch auf dieses Wort hin haben sie sich alle auf den Weg gemacht. Sie haben sich mit ihrem ganzen Leben dem unsichtbaren Gott und seinem Wort anvertraut und sind durch die bedrohlichen Wassermassen hindurchgeeilt.

Es brauchte also eine gehörige Portion Glauben, um den Weg durch das Rote Meer zu gehen. Das Volk Israel hatte an jenem Tag unter der Führung Moses diesen Glauben.

Die ägyptischen Elitetruppen unter der Führung des Pharao hingegen hatten diesen Glauben nicht. Genauer: Sie hatten einen anderen Glauben, nämlich den Glauben an ihre eigene Kraft. Den Glauben, dass sie mit ihren Waffen kurzen Prozess machen könnten mit dem Israel-Völkchen. Doch dieser „Glaube" ist ihnen schlecht bekommen. Das merkten sie spätestens dann, als das Wasser brausend über ihren Köpfen zusammenschlug.

Durch den Glauben gingen sie (die Israeliten) durchs Rote Meer wie über trockenes Land; das versuchten die Ägypter auch und ertranken.

Hebräer 11,29 (LUT)

In der Tat, so war es!

Für alle Israeliten war es damals eine echte Entscheidung des Glaubens, den Weg durchs Schilfmeer anzutreten. Sie hatten keine irgendwie gearteten Sicherheiten. Trotzdem entschieden sie sich dafür, der Verlässlichkeit des Wortes Gottes zu vertrauen. Und sie fuhren gut damit.

Und die Christen heute? Sie leben in einer Zeit, in der die Sicherheiten mehr und mehr abhandenkommen. Der Frieden ist nicht sicher. Die Renten sind nicht sicher. Das Gesundheitssystem ist nicht sicher. Der Wohlstand ist nicht sicher. Die Öl- und Gaspreise sind nicht sicher. Der wirtschaftliche Aufschwung ist nicht sicher. Der Euro ist nicht sicher. Die Zukunft ist nicht sicher. All das, was vor dreißig Jahren noch halbwegs solide und verlässlich aussah, ist heute irgendwie brüchig geworden.

Das schafft Unruhe. Ganz klar! Aber es schafft auch einen klaren Blick. Es eröffnet nämlich den Blick darauf, dass nur Gott und sein Wort sicher und verlässlich sind. Tatsächlich: Es gibt nur eine wirkliche „Lebensversicherung“: den lebendigen Gott in seinem Wort. Ganz allmählich und Stück für Stück begreifen viele Christen heute, was die Israeliten am Schilfmeer damals im „Crashkurs“ lernen mussten, nämlich: dass es außerhalb von Gott und seinem Wort keine Sicherheiten gibt. Und dass Gottes Wort als Sicherheit vollkommen ausreicht.

Darum: Wenn der Tag kommen sollte, an dem man sich von lauter bedrohlichen Dingen eingekreist fühlt: von Terrorismus, Weltwirtschaftskrisen, Kriegen, Geldentwertung oder Klimaveränderungen, die sich bedrohlich rechts und links von einem erheben; dann wäre es gut, sich nicht einschüchtern oder bannen zu lassen, so wie das Kaninchen vom Blick der Schlange. Dann wäre es gut, an die Israeliten zu denken, wie sie durchs Schilfmeer hasteten! Denn auch sie hatten keine Sicherheit außer Gottes Wort. Aber diese Sicherheit brachte sie wohlbehalten durch alle Schwierigkeiten hindurch.

Wer auf diese Sicherheit baut und sich immer wieder dafür entscheidet, der Verlässlichkeit von Gottes Wort zu vertrauen, der wird erleben, dass der lebendige Gott, der Vater Jesu Christi, ihn ebenfalls durch dieses Leben bringen wird, bis er wohlbehalten bei ihm im Himmel angekommen ist.

KAPITEL 11

Rahab – oder: Die Klugheit des Glaubens

Durch den Glauben fielen die Mauern Jerichos, als Israel sieben Tage um sie herum gezogen war. Durch den Glauben kam die Hure Rahab nicht mit den Ungehorsamen um, weil sie die Kundschafter in Frieden aufgenommen hatte.

Hebräer 11,30-31 (LUT)

„Der Automobilhersteller Henry Ford beauftragte das Elektrogenie Charlie Steinmetz mit dem Bau der Generatoren für seine Fabrik. Eines Tages blieben die Generatoren stehen, und die Mechaniker konnten das Problem nicht finden. Also rief Ford Steinmetz an, der ein paar Stunden lang an den Maschinen herumbastelte und dann den Schalter umlegte. Die Generatoren erwachten zum Leben – aber Ford erhielt von Steinmetz eine Rechnung über 10 000 Dollar. Verblüfft erkundigte sich der eher geizige Autobauer nach dem Grund für die hohe Rechnung. – Steinmetz' Antwort: Für das Herumbasteln an den Generatoren 10 Dollar. Für das Wissen, wo man basteln muss, 9990 Dollar. Ford bezahlte die Rechnung."[88]

88 Today in the Word, MBI, April 1990; S. 27. https://www.sermonillustrations.com/a-z/w/wisdom.htm abgerufen 05.07.2024.

Ohne zu übertreiben, kann man sagen, dass Henry Ford ein geiziger, Charlie Steinmetz aber ein sehr weiser Mann war. In der Begegnung der beiden siegte am Ende die Klugheit von Charlie Steinmetz – und das zu Recht.

Die neunte Persönlichkeit, die einem in der „Hall of Fame" der Bibel entgegentritt, fällt besonders auf. Sie ist anders. Sie ist, auf den ersten Blick wenigstens, auch unpassend. Sie ist eine schillernde Persönlichkeit, eine Frau aus dem Rotlicht-Milieu, die es mit der Wahrheit nicht so genau nahm. Sie ist aber auch eine Frau, die an der alles entscheidenden Stelle ihres Lebens eine außergewöhnliche Klugheit zeigte, die ihr einen Platz in der „Hall of Fame" sicherte. Ihr Name ist Rahab, und sie war eine Bewohnerin der Stadt Jericho zur Zeit Josuas.

Rahab gehört zu den Vorfahren des Messias (Jesus) und war die Ururgroßmutter von König David. Das geht aus dem Stammbaum Jesu im Matthäusevangelium hervor. Dort heißt es über sie und ihre Familie:

Salmon heiratete Rahab, eine ehemalige Hure, und wurde der Vorfahr von Boas. Boas wurde der Vater von Obed – die Mutter war Rut, eine Moabiterin. Obed wurde der Vorfahr von Isai und Isai der Vater von König David.

Matthäus 1,5-6a (NeÜ)

Rahab war eine Frau aus dem Volk der Amoriter, noch dazu eine Prostituierte, hat also in einem jüdischen Stammbaum rein gar nichts zu suchen. Dasselbe gilt für Rut, die Ehefrau des Boas, die zum Volk der Moabiter gehörte. Trotzdem genießen beide im Alten Testament einen hohen Respekt. Warum? Weil sie beide an den Gott Abrahams, Isaaks und Jakobs glaubten, den das Neue

Testament als den Vater Jesu Christi offenbart. Daran wird deutlich: Schon zur Zeit des Alten Testaments rangierte der persönliche Glaube höher als die ethnische Zugehörigkeit.

Der Theologe und Buchautor James Innell Packer hat einmal geschrieben: „Weisheit ist die Fähigkeit, zu sehen, und die Neigung, das beste und höchste Ziel zu wählen, zusammen mit den sichersten Mitteln, es zu erreichen."[89]

Genau diese Weisheit trifft auf Rahab in der Stadt Jericho zu. Sie war nicht nur eine intelligente, sondern auch eine kluge Frau. Sie sah weiter als die anderen Bewohner in ihrer Stadt, wählte in schwieriger Lage im Gegensatz zu ihnen das richtige Ziel und erreichte es mit sicheren Mitteln.

Die Stadt Jericho

Die antike Stadt Jericho lag etwa acht Kilometer vom Jordanfluss und zwölf Kilometer vom Toten Meer entfernt. Auf die von Josua ausgesandten Kundschafter, die das Land Kanaan erforschen sollten, machte sie einen verheerenden Eindruck. So berichteten die Spione nach ihrer Rückkehr:

Wir sind in dem Land gewesen, in das du uns geschickt hast. Es ist wirklich ein Land, das von Milch und Honig überfließt. Sieh dir nur diese Früchte an! Allerdings ist das Volk, das dort wohnt, stark, und seine Städte sind groß und gut befestigt. Und dann haben wir auch noch die Söhne Anaks dort gesehen! […] Dieses Land verschlingt seine Bewohner. […] Alle Leute, die wir gesehen haben, sind sehr groß, besonders die Nachkommen

89 James Innell Packer: *Knowing God;* S. 80. https://www.sermonillustrations.com/a-z/w/wisdom.htm abgerufen 05.07.2024.

Anaks, die Gewaltigen. Ihnen gegenüber kamen wir uns wie Heuschrecken vor. Und so haben sie auch uns angesehen.

4. Mose 13,27-28.32b-33 (NeÜ)

Die Schilderung der Kundschafter passt zu den Erkenntnissen der Archäologie. William D. Dever schreibt über die Städte Kanaans:

Der archäologische Befund nahezu jeder Stadt weist auf kontinuierliche Verteidigungsanlagen hin. […] Nicht nur die größeren Städte sind befestigt […], selbst kleine Städte und sogar Dörfer von zwei bis vier Morgen Grundfläche sind von Stadtmauern umgeben. […] Man kann tatsächlich behaupten, dass kaum eine mittelbronzezeitliche[90] *Stadt in Palästina darauf verzichtet hat, gigantische Verteidigungsanlagen zu errichten.*[91]

Dass die Bewohner Jerichos sich solche Mühe mit ihrer Stadtmauer gaben, war kein Wunder. Denn Jericho lag an einer Jordanfurt und gleichzeitig an einer der Haupt-Handelsstraßen, die nach Jerusalem und dann weiter zu den Küstenstädten am Mittelmeer führte. Dadurch kamen viele Waren und natürlich auch viel Geld in die Stadt. Jericho hatte also viel zu verlieren. Das war Grund genug, für ein hohes Maß an Sicherheit zu sorgen. So war die Stadtmauer Jerichos beispielsweise so breit, dass zwei Kampfwagen auf ihr nebeneinanderher fahren konnten.[92]

---

90 Die mittelbronzene Zeit ist die Zeit Josuas.

91 W. D. Dever: *The Middle Bronze Age: The Zenith of the Urban Canaanite Era.* Biblical Archaeologist 50/ 3, 1987; S. 154.

92 John F. MacArthur: *New Testament Commentary. Hebrews.* Chicago: Moody Publishers 1983; S. 361f.

Die Reste der Stadt Jericho wurden seit dem Jahr 1948 schon mehrmals genauestens untersucht. Der Archäologe John Garstang[93] war einer der Ersten, die die Überreste der vergangenen Jahrhunderte systematisch sichteten und ihre Zerstörung dem biblischen Josua zuordneten. Dabei stellte sich heraus, dass Jericho tatsächlich einmal bis auf seine Grundmauern zerstört worden war. Die freigelegten Reste der Stadtmauer ließen nämlich erkennen, dass die Mauersteine nach außen gekippt waren. Normalerweise jedoch fielen Stadtmauern nach innen, wenn von außen mit einem Rammbock gegen sie gedrückt wurde. In Jericho aber waren sie nach außen gefallen, sodass sie eine Art Treppe bildeten, die von den Israeliten bei der Erstürmung benutzt werden konnte. Das wiederum passt zu einem nachweisbaren markanten Bevölkerungsrückgang in der Stadtbevölkerung Kanaans. Schließlich wurde im Zuge der Landeinnahme durch die Israeliten an den Bewohnern der Städte in aller Regel der Bann vollzogen. Der Archäologe Z. Herzog beschreibt die signifikante zahlenmäßige Verringerung der Stadtbewohner Kanaans mit diesen Worten: „Ein solcher Bevölkerungsrückgang muss die Folge irgendeiner Katastrophe gewesen sein, selbst wenn dieser mehrere Jahrzehnte umfasst haben sollte.“[94]

Im Jahr 2015 stellte der Archäologe Israel Finkelstein mit seinem Buch *Keine Posaunen vor Jericho*[95] Garstangs Zuordnung allerdings infrage. In seiner Untersuchung führt er aus, dass es zu Josuas Lebzeiten (er ordnete Josua in die späte Bronzezeit

---

93 J. und J. B. E. Garstang: *The Story of Jericho.* London: Marshall 1948; S. 122. Vgl. Uwe Zerbst, Peter van der Veen: *Von Ur bis Nazareth. Eine biblisch-archäologische Zeitreise.* Holzgerlingen: SCM Hänssler 2009; S. 14–19.

94 Z. Herzog: *Archaeology of the City: Urban Planning in Ancient Israel and its Social Implications.* Tel Aviv: Emery and Yass Archaeology Press 1987; S. 164f.

95 Israel Finkelstein, Neil Silberman: *Keine Posaunen vor Jericho: Die archäologische Wahrheit über die Bibel.* München: C. H. Beck 2015.

ein) gar keine bewohnte Stadt Jericho gegeben habe.[96] Parallel zu Finkelsteins Forschungen kam es jedoch auch zu einer genaueren Untersuchung der sogenannten „Ägyptischen Chronologie“[97], an der sich die Archäologie in Bezug auf das Palästina des Alten Testaments bisher mehrheitlich orientiert hatte. Nun stellte sich allerdings heraus, dass diese Chronologie Lücken, Ungenauigkeiten und Fehler enthielt. Der Ägyptologe Aidan Dodson fasste die Sachlage mit folgenden Worten zusammen: „Für eine wachsende Zahl von Wissenschaftlern ist es heute augenscheinlich, dass der chronologische Status Quo [die ägyptische Chronologie; Anm. des Autors] nicht aufrechtzuerhalten ist.“[98]

Im Zuge der kritischen Neubewertung der Ägyptischen Chronologie wurden sowohl der Auszug der Israeliten aus Ägypten als auch die Landeinnahme Kanaans und die in der Bibel geschilderten Ereignisse rund um die Stadt Jericho zeitlich neu eingeordnet.[99] Die Zerstörung und die Einnahme der Stadt Jericho durch die Israeliten unter Josua fanden demnach nicht wie bisher angenommen in der Späten Bronzezeit (um 1400 v. Chr.), sondern bereits in der Mittleren Bronzezeit um

---

96 Ebd.
Vgl.: Uwe Zerbst & Peter van der Veen (Hg.): *Keine Posaunen vor Jericho? Beiträge zur Archäologie der Landnahme.* Holzgerlingen: SCM Hänssler 2022; S. 75–99.

97 Uwe Zerbst & Peter van der Veen (Hg.): *Keine Posaunen vor Jericho?*; S. 85–99. Die Diskussion zur ägyptischen Chronologie ist ausführlich dokumentiert in: Uwe Zerbst & Peter van der Veen (Hg.): *Biblische Archäologie am Scheideweg? Für und Wider einer Neudatierung archäologischer Epochen im alttestamentlichen Palästina.* Holzgerlingen: Hänssler 2002.

98 A. Dodson: *Towards a Minimum Chronology of the New Kingdom and Third Intermediate Period.* The Bulletin of the Egytological Seminar 14, 2000; S. 16.

99 Einen guten Überblick zu Fragen des Auszugs des Volkes Israel aus Ägypten und insbesondere zur Diskussion um die Ägyptische Chronologie präsentiert der Dokumentarfilm „Patterns of Evidence: Auf der Suche nach den Spuren des Exodus“ von Timothy Mahoney, 2014.

1550 v. Chr. statt. Die Stadt fiel durch ein massives Erdbeben und eine sich daran anschließende gravierende Feuersbrunst ein,[100] so wie es die Bibel in Josua 6,20.24 berichtet.

Die Schlichtheit des Glaubens

Aufgrund des Glaubens stürzten die Mauern Jerichos ein, nachdem die Israeliten sieben Tage um die Stadt gezogen waren.

Hebräer 11,30 (NeÜ)

Als die Israeliten um das Jahr 1550 v. Chr. herum den Jordan durchquerten und die nahegelegene Stadt Jericho erreichten, hatten sie der militärisch hochgerüsteten Stadt kaum etwas entgegenzusetzen. Das Heer der Israeliten hatte zwar immerhin ca. 40 000 Kämpfer (Jos 4,13), aber ihre Bewaffnung konnte mit dem, was die Stadt Jericho an militärischem Gerät aufbieten konnte, kaum mithalten. Sie waren militärisch also hoffnungslos unterlegen, und das wussten sie auch. Sie hatten jedoch ein Wort Gottes. Dieses Wort war sehr klar. Anders als die Generation vor ihnen, die 40 Jahre in der Wüste verbracht hatte und dort gestorben war, nahmen die Israeliten dieses Wort nun vorbehaltlos an und richteten sich danach. Sie wiederholten also nicht den Fehler ihrer Väter und Mütter, die sich dem Wort Gottes aus Furcht verweigert hatten.

Dieses Wort Gottes an Josua und an das gesamte Volk lautete:

100 Peter van der Veen: *Jericho (AT)*. Juli 2008. https://bibelwissenschaft.de/stichwort/22344/ abgerufen 05.07.2024.

Jedes Stück Land, das ihr betretet, wird euch gehören – wie ich es Mose versprochen habe –, und zwar von der Wüste im Süden bis zum Libanongebirge im Norden. Euer Land wird nach Osten zu das ganze Gebiet der Hetiter bis zum Euphrat umfassen und im Westen bis ans Mittelmeer reichen.

Josua 1,3-4 (NeÜ)

Die Israeliten konnten nichts von dem sehen, was Gottes Wort ihnen versprochen hatte. Das Land Kanaan gehörte den dort lebenden Völkern. Ihnen gehörte gar nichts. Deshalb konnten sie sich auch nicht vorstellen, wie das Land vom Euphrat bis zum Mittelmeer in ihren Besitz kommen sollte. Sie sahen nur die machtvolle Stadt Jericho und deren beeindruckenden Mauern. So mussten sie den schweren Schritt wagen und ihre gesamte Existenz auf ein Wort des unsichtbaren Gottes bauen. Bestimmt betrachteten damals viele Israeliten gedankenvoll die turmhohen Stadtmauern Jerichos. *Wie soll das werden?*, haben sie vielleicht gedacht. *Ob das wohl gut geht?* Aber einknicken wollten sie auch nicht. Das war ihren Vätern und Müttern schließlich gar nicht gut bekommen. So stellten sie sich dieser schwierigen Situation, in der sie nur eine einzige Sicherheit hatten: das Wort, das Gott ihnen gegeben hatte. Ob sie sich dabei gut gefühlt haben? Wohl nicht. Eher sehr, sehr angespannt. Dennoch lebten sie die Schlichtheit des Glaubens. Es ist nichts Geringes, das eigene Leben gegen den Augenschein auf Gottes Wort zu bauen. Man fühlt sich nicht gut dabei. Und doch ist es genau das Richtige.

In die Situation vor Jericho hinein bekamen sie dann noch ein Wort Gottes. Er teilte ihnen mit, wie das mit der Einnahme Jerichos im Einzelnen ablaufen sollte. Doch auch dieses Wort war eine massive Herausforderung:

Ich gebe Jericho mitsamt seinem König und allen seinen Kämpfern in deine Gewalt. Sechs Tage lang sollt ihr jeden Tag einmal mit allen bewaffneten Männern um die Stadt herumziehen. Sieben Priester sollen mit je einem Schofar-Horn vor der Bundeslade hergehen. Am siebten Tag sollt ihr sieben Mal um die Stadt herumziehen, wobei die Priester den Schofar blasen sollen. Wenn dann der langgezogene Ton des Schofar dröhnt, soll das ganze Volk ein lautes Kriegsgeschrei anstimmen. In diesem Moment wird die Mauer in sich zusammenstürzen, und jeder soll von der Stelle aus, wo er sich gerade befindet, in die Stadt eindringen.

Josua 6,2b-5 (NeÜ)

Diese Anordnung war in ihrer Anwendung nicht schwierig. Im Gegenteil, sie war kinderleicht umzusetzen. Jeden Tag einmal um die Stadt ziehen, begleitet vom Klang der Schofar-Hörner der Priester: Das war kein Problem. Aber es war auch beschämend. Denn diese Stadtumrundung zeigte ihre Hilflosigkeit! Das war peinlich und demütigend. Das war zum Schämen. Dann, am siebten Tag, sollten sie das Ganze gleich sieben Mal veranstalten, um danach zu schreien, was Lungen und Kehlen hergaben. Das war noch mehr beschämend! Schließlich hatten sie keinerlei Möglichkeiten, die hohen Mauern der Stadt zu überwinden. Da konnten sie schreien, so viel sie wollten. Doch da war dieses Versprechen Gottes: „*In diesem Moment wird die Mauer in sich zusammenstürzen, und jeder soll von der Stelle aus, wo er sich gerade befindet, in die Stadt eindringen*“ (Jos 6,5b; NeÜ). Dieses Versprechen war ihr Trumpf. Auf den sollten sie bauen und alle militärischen Strategien einmal glatt vergessen. Sie sollten abwarten, bis die Mauern von selbst einfielen, und dann in die Stadt eindringen.

Doch warum hat Gott das damals so gemacht? Warum hat er seinem Volk nicht die unendliche Peinlichkeit erspart, schweigend die Stadt Jericho zu umkreisen? Weil der Gott der Bibel es liebt, den Stolz der Menschen (in diesem Fall den Stolz der Bewohner Jerichos) zu beschämen. Der Gott der Bibel liebt es, den Menschen zu zeigen, dass militärische Macht vor ihm bedeutungslos ist und dass er weder menschliche Kraft noch Intelligenz benötigt, um seine Ziele zu erreichen. Der Gott der Bibel liebt es, sich scheinbar unzureichender Mittel zu bedienen, um Großes zu bewirken. Und er liebt Menschen, die sich darauf einlassen und es wagen, in der Schlichtheit des Glaubens leben.

Als ein Mann namens Gideon, der in der „Hall of Fame" übrigens als Nächster genannt wird (Hebr 11,32), später in der Zeit der Richter gegen die Midianiter kämpfen musste und 32 000 Kämpfer aufbot, war Gott damit nicht einverstanden. Er sagte: *„Dein Heer ist zu groß! So kann ich euch den Sieg über die Midianiter nicht geben. Die Israeliten sollen sich nicht vor mir rühmen können und sagen: ‚Wir haben uns aus eigener Kraft befreit!'"* (Ri 7,2). Daraufhin schickte Gott fast alle Kämpfer wieder nach Hause. Nur etwas weniger als ein Hundertstel durfte bleiben: ganze 300 Leute (Ri 7,7-8). Jeder Militärberater hätte gesagt: „Völlig unmöglich. 300 Kämpfer sind viel zu wenig! Diese kleine Truppe stellt ein völlig untaugliches Mittel dar, um das Riesenheer der Midianiter[101] in die Flucht zu schlagen!" Dennoch besiegte Gott mit diesen 300 Leuten die machtvollen Streitkräfte der Midianiter (Ri 7,16-25). Gott forderte damals von Gideon und seinen Leuten, dass auch sie die Schlichtheit des Glaubens praktizierten und sich auf Gottes scheinbar untaugliche Mittel einließen. Zu dieser Situation passen auch die Worte sehr gut,

---

101 *„Die Midianiter, die Amalekiter und die Nomaden aus dem Osten waren wie Heuschrecken in die Talebene eingefallen. Ihre Kamele waren zahllos wie der Sand am Meeresstrand."* (Ri 7,12)

die Gott nochmals ca. 800 bis 900 Jahre später dem Statthalter Serubabbel ausrichten ließ: „*‚Nicht durch Heeresmacht und menschliche Gewalt wird es geschehen, sondern durch meinen Geist', spricht der Herr, der allmächtige Gott*" (Sach 4,6b; NeÜ).

Im Fall der Eroberung der Stadt Jericho wurde zwar niemand nach Hause geschickt, aber kämpfen durfte auch niemand. Erst als die Mauern in sich zusammenfielen, wurde es ernst. Dann waren Israels Kämpfer gefordert. Das Entscheidende jedoch hatte Gott getan, und das mit scheinbar unzureichenden Mitteln. So ist es oft. Gott arbeitet meistens mit Mitteln, die Menschen für völlig unzureichend oder sogar schädlich halten. Der Journalist und Buchautor Jürgen Werth schreibt:

> *Gott scheint eine Schwäche für Schwache zu haben. Das ist unser Glück. Man muss nicht stark sein, um bei Gott gut anzukommen, nicht reich, nicht klug, nicht bedeutend. Paulus schreibt das den Christen in Korinth ganz deutlich: „Was schwach ist vor der Welt, das hat Gott erwählt."*
>
> *Paulus schreibt das in 1. Korinther 1,27, nachdem er auf Jesus Christus hingewiesen hat (Verse 17-18) – den Sohn Gottes, der die ersten Tage seines Lebens in einer Futterkrippe verbracht hat und dessen irdisches Leben auf skandalöse Weise an einem römischen Hinrichtungskreuz zu Ende ging.*
>
> *Mit diesem Jesus kann man keinen Staat machen. Aber, so Paulus:* „Denn das Wort vom Kreuz ist denen, die verloren gehen, Torheit; uns aber, die wir gerettet werden, ist es Gottes Kraft" *(1Kor 1,18; ELB). Gott will den Menschen durch solche Aussagen und durch solche Geschehnisse wie bei Jericho wohl deutlich machen, dass letzten Endes alle Muskelspiele und alle Hirnakrobatik scheitern müssen. Man kommt nicht zu Gott, indem man sich auf seine Hinterbeine stellt. Sondern man kommt zu Gott, indem man sich tief bückt. Wer am Ende ist mit seiner Kraft und mit seinem Latein, wer*

niederkniet vor dem Mann am Kreuz, der entdeckt die Macht und die Weisheit Gottes, die so ganz anders sind als unsere. Niemand kann Gott beeindrucken. Niemand kann vor ihm glänzen. Wer sich auf sich selbst und auf seine eigenen Fähigkeiten verlässt, der findet die Tür in Gottes Welt nicht.[102]

Die Klugheit des Glaubens

Aufgrund des Glaubens blieb die Hure Rahab bei dem Untergang Jerichos bewahrt. Sie hatte die Kundschafter freundlich aufgenommen, während die anderen Einwohner sich Gott widersetzten.

Hebräer 11,31 (NeÜ)

Rahab ist eine interessante Persönlichkeit. Als Prostituierte war sie alles andere als perfekt. Aber an einem sehr entscheidenden Punkt ihres Lebens handelte sie anders als sämtliche Bewohner ihrer Stadt: Sie handelte mit großer Klugheit.

Das Buch Josua berichtet:

Von Schittim aus hatte Josua heimlich zwei Männer als Kundschafter losgeschickt und sie beauftragt, das Land und besonders Jericho zu erkunden. Die Kundschafter kamen in die Stadt und kehrten im Haus einer Hure namens Rahab ein, um dort zu übernachten. Kurz darauf wurde dem König von

102 Jürgen Werth: *Eine Schwäche für Schwache.* ERF Deutschland 04.01.2003. https://www.jesus.ch/news/diverse/109048 abgerufen 05.07.2024.

Jericho gemeldet: „Kundschafter von den Israeliten sind heute Nacht in die Stadt gekommen." Da schickte der König einige Wachen zu Rahab und befahl: „Gib die Männer heraus, die bei dir eingekehrt sind. Sie sind nur gekommen, um das Land auszukundschaften." Die Frau hatte die beiden Männer jedoch versteckt und sagte: „Ja, die Männer sind bei mir gewesen, aber ich wusste nicht, woher sie waren. Kurz vor dem Schließen des Stadttors, bei Einbruch der Dunkelheit, sind sie wieder gegangen. Ich weiß aber nicht, wohin. Wenn ihr sie gleich verfolgt, werdet ihr sie bestimmt einholen." – Rahab hatte die beiden aber auf die Dachterrasse ihres Hauses gebracht und unter aufgeschichteten Flachsstängeln versteckt.

Josua 2,1-6 (NeÜ)

Rahab ging ein hohes Risiko ein. Sie setzte ihr Leben aufs Spiel. Außerdem brachte sie dadurch, dass sie die Spione bei sich aufnahm und versteckte, auch die ganze Stadt in Gefahr. Wäre man ihr auf die Schliche gekommen, hätte sie das ihr Leben gekostet.

Offenbar hatten wachsame Stadtbewohner mitbekommen, dass verdächtige Fremde in Rahabs Haus verschwunden waren. Wenig später wurde aus dieser Beobachtung eine Eilmeldung an den König der Stadt: *„Kundschafter von den Israeliten sind heute Nacht in die Stadt gekommen"* (Jos 2,2). Wenig später tauchte die königlichen Wache bei Rahab auf und forderte sie auf: *„Gib die Männer heraus, die bei dir eingekehrt sind. Sie sind nur gekommen, um das Land auszukundschaften"* (Jos 2,3). Eine brandgefährliche Situation! Doch Rahab reagierte mit großer Kaltblütigkeit: *„Ja, die Männer sind bei mir gewesen, aber ich wusste nicht, woher sie waren. Kurz vor dem Schließen des Stadttors, bei Einbruch der Dunkelheit, sind sie wieder gegangen. Ich weiß aber nicht, wohin. Wenn ihr sie gleich verfolgt, werdet ihr sie bestimmt einholen"* (Jos 2,4; alle NeÜ).

War das die Wahrheit? Nein, das war eine Lüge. War diese Lüge notwendig? Nein, sicher nicht. Hätte Rahab die Wahrheit gesagt, wäre die Geschichte zwar mit Sicherheit anders weitergegangen, als sie jetzt in der Bibel steht. Aber Gott hätte die beiden israelitischen Kundschafter gewiss nicht im Stich gelassen. Fakt ist: Rahab tat in einem sehr entscheidenden Moment exakt das Gegenteil dessen, was wohl alle anderen Stadtbewohner spontan getan hätten. Sie schützte die beiden hebräischen Spione und riskierte dabei ihr Leben. Was in aller Welt hat sie dazu bewogen, dieses hohe Risiko einzugehen?

Als der Abend anbrach, legte sie ihre Handlungsmotive vor den beiden Spionen offen:

Noch bevor die beiden Israeliten sich schlafen gelegt hatten, kam Rahab zu ihnen aufs Dach und sagte: „Ich weiß, dass Jahwe euch das Land geben wird. Uns hat ein derartiges Entsetzen vor euch überfallen, dass alle Bewohner des Landes wie gelähmt sind. Denn wir haben gehört, dass Jahwe das Wasser des Schilfmeeres vor euch ausgetrocknet hat, als ihr aus Ägypten zogt, und wir wissen auch, was ihr mit den beiden Königen der Amoriter auf der anderen Jordanseite gemacht habt, mit Sihon und Og. Ihr habt den Bann an ihnen vollstreckt und sie vernichtet. Als wir das hörten, haben wir allen Mut verloren. Keiner von uns wagt es noch, gegen euch zu kämpfen.“

Josua 2,8-11a (NeÜ)

Schon an ihren ersten Worten wird erkennbar, wie Rahab zu ihrer Entscheidung gekommen ist. Sie wird direkt sehr persönlich und sagt: „*Ich weiß, dass Jahwe euch das Land geben wird*“ (Jos 2,9). „*Ich weiß …*“ – aber woher wusste sie das? Sehr wahrscheinlich haben die Nachrichten vom Durchzug der Israeliten durch das Schilfmeer und von ihren ersten militärischen Erfolgen die Stadt Jericho und das gesamte Umland umgehend erreicht. Es waren Informationen aus zweiter oder dritter Hand. Dennoch hatten sie bei Rahab eine bemerkenswerte Wirkung: Sie begann, den Gott des Volkes Israel zu fürchten. Sie entwickelte eine Gottesfurcht. Sie fürchtete in erster Linie nicht die militärische Schlagkraft der Israeliten. Sondern sie fürchtete den Gott Abrahams, Isaaks und Jakobs. Am Ende des Gesprächs auf dem Dach fasste sie diese Gottesfurcht in ein klares Bekenntnis: *„Ja, euer Gott, Jahwe, er ist Gott im Himmel oben und auf der Erde unten*“ (Jos 2,11b; alle NeÜ).

Rahab hatte eine große Ehrfurcht vor dem lebendigen Gott und bekannte ihn folgerichtig als *„Gott im Himmel oben und auf der Erde unten*“. Rahabs Entscheidung war also die Folge ihrer Gottesfurcht. Sie entschied richtig und klug, weil sie Gott fürchtete. Genauer: Sie fürchtete Gott mehr als die Menschen ihrer Stadt, die sie mit Sicherheit getötet hätten, wenn sie ihr auf die Schliche gekommen wären.

Psalm 111,10 betont: *„Der Anfang aller Weisheit ist die Ehrfurcht vor Jahwe*“ (NeÜ). Beides zeigte sich im Leben Rahabs: die Gottesfurcht und die Weisheit. In der Publikation *Weise werden – Gottes Größe begreifen*[103] wird das näher erklärt. Dort heißt es:

> *Warum wird man weise, wenn man sich vor Gott fürchtet? Martin Luther hat einmal gesagt: „Wenn du die Furcht und das Zittern, das Staunen und das Wundern nicht kennst, so meine nur nicht, dass du Gott kennst!“ Die Personen des Alten Testaments, denen Gott oder seine Engel begegnet*

---

103 Termine mit Gott: *Weise werden – Gottes Größe begreifen (Sprüche 1,1-7).* Gießen: Brunnen 25.04.2007. https://www.jesus.ch/news/diverse/134232 abgerufen 05.07.2024.

sind, waren zutiefst erschrocken. Sie sind erschauert vor der heiligen Gegenwart Gottes und haben erkannt, dass sie Gott nichts entgegenzusetzen haben. Was zählt noch, wenn wir vor Gott stehen? Was ist wirklich wichtig? Wir merken, wie nichtig der Erfolg von morgen, die Verletzung von gestern und die Sorgen von heute sind. Wichtig ist einzig und allein, wer Gott ist, und nicht, wer ich bin. […] Wenn ich ihn erkenne, bin ich ihm ganz nahe. Das ist der Anfang der Weisheit.

Gelebte Gottesfurcht lehrt einen, Erstrangiges von Zweitrangigem zu unterscheiden. Darum sind Entscheidungen, die in der Gottesfurcht getroffen werden, immer Entscheidungen mit Weitblick und Tiefgang. Es sind Entscheidungen, die vor Gott Bestand haben können. Darum sind es weise Entscheidungen. Hier ist ein Beispiel:

„William Wilberforce war ein britischer Politiker, der vor ca. 200 Jahren lebte. Zeitlebens kämpfte er im Parlament um die Abschaffung der Sklaverei. Auf dem Höhepunkt seiner Karriere wollte der damalige Premierminister Lord Addington ihn in seine Regierung holen. Das wäre ein echter Karriereschritt für ihn gewesen, aber gleichzeitig hätte es bedeutet, dass er sich nicht mehr für die Rechte der Sklaven einsetze könnte. Wilberforce betete und überlegte. Er entschied sich […] gegen ein vordergründiges ‚Ich zuerst', arbeitete weiter an einem Wandel und akzeptierte die Unsicherheit, was seine Bemühungen ausrichten würden. Im Nachhinein gesehen war seine Entscheidung weise, nicht in die Regierung zu gehen. Denn tatsächlich konnte er nach 18 Jahren Kampf den ‚Slave Trade Act' durchsetzen, das Gesetz, das den Sklavenhandel verbot. Dafür kennt man William Wilberforce bis heute. Und Lord

Addington? Keiner außer ein paar Historikern weiß noch etwas von ihm …“[104]

Die anderen Stadtbewohner Jerichos hatten zu denselben Informationen Zugang, die Rahab hatte. Sie wussten genauso viel wie die Prostituierte in ihrem Haus direkt an der Stadtmauer (Jos 2,15). Doch sie entschieden sich nicht für die Gottesfurcht. Sie fürchteten zwar das Heer der Israeliten. Aber zur Gottesfurcht (wie bei Rahab) kam es bei ihnen nicht. So entschieden sie falsch und kamen um, als ihre Stadt in einem gewaltigen Erdbeben unterging.[105] Nur Rahab und ihre Familie wurden gerettet (Jos 2,12-21; 6,17b.22-23).

An dieser Stelle wird der Unterschied zwischen Intelligenz und Klugheit deutlich. Bestimmt gab es in Jericho intelligente Stadtbewohner. Allein ihre riesige Stadtmauer war eine herausragende technische Leistung, die Intelligenz voraussetzt. Aber ihre Intelligenz führte sie nicht in die Gottesfurcht. Ihre Intelligenz führte sie möglicherweise dazu, die Stadtmauer noch einmal zu inspizieren und zu verstärken. Ihre Intelligenz führte sie vielleicht auch dazu, den Wachdienst zu verdoppeln und weitere

---

104 Autor: Hauke Burgarth: *Eine Frage der Weisheit. Wie die Bibel auf ein gesellschaftliches Problem antwortet.* Livenet 20.07.2020. https://www.jesus.ch/magazin/spiritualitaet/376518-wie_die_bibel_auf_ein_gesellschaftliches_problem_antwortet.html abgerufen 05.07.2024.

105 Manche fragen: „Hat Gott das Recht, eine ganze Stadt untergehen zu lassen? Ist das nicht Massenmord?“ Die biblische Antwort lautet: Jericho war eine Stadt, die reif zum Gericht war. Die Verkommenheit ihrer Bewohner zeigte sich zum Beispiel daran, dass sie beim Bau der Stadtmauer Babys in Tonkrügen lebendig einmauern ließen. Der Gott der Bibel ist der Schöpfer, der Erhalter und der Richter der Menschheit. Er hat immer das Recht, Gericht über Sünde zu üben, weil er als der allein Heilige immer gerecht richtet.
Vgl. dazu John MacArthur: *A Conquering, Courageous Faith, Part 1.* https://www.gty.org/library/sermons-library/90-388/a-conquering-courageous-faith-part-1 abgerufen 05.07.2024.

Sicherheitsmaßnahmen einzuleiten. Aber immer machten sie ihre Rechnung ohne den lebendigen Gott. So kamen sie nie dort an, wo Rahab angekommen war: bei der Gottesfurcht. Denn sie entschieden zwar intelligent, aber eben nicht klug.

Was folgt aus dem Bericht über Rahab für die geistliche Persönlichkeitsentwicklung? Gottesfurcht ist nicht nur der Anfang der Weisheit. Sie ist auch die Voraussetzung für das Wachstum und die Entfaltung einer geistlich geprägten Persönlichkeit. Der Jesus, der sein Auferstehungsleben in und durch jeden einzelnen Christen leben will, ist nicht einfach ein guter Freund auf Augenhöhe. Er ist der Herr! Jesus hat das schon seinen Jüngern sehr deutlich gesagt: *„Ihr nennt mich Meister und Herr und sagt es mit Recht; denn ich bin es auch"* (Joh 13,13; SLT). Die Jünger haben das auch so empfunden. Als Jesus ihnen nach seiner Auferstehung am See Genezareth begegnete und ein Frühstück für sie bereithielt, breitete sich eine große Scheu in ihnen aus. Der Evangelist Johannes berichtet: *„Niemand aber unter den Jüngern wagte, ihn zu fragen: Wer bist du? Denn sie wussten: Es ist der Herr"* (Joh 21,12b; LUT). Bei aller Liebe, Vertrautheit und Nähe zu Jesus bleibt er doch immer der Herr, demgegenüber eine tiefe Ehrfurcht angemessen ist. Diese Ehrfurcht stellt sich immer dann ein, wenn Menschen Gott in seinem Wort mit offenem Herzen begegnen: bei der persönlichen Lektüre der Bibel, im Gottesdienst und im Gebet.

Aus der Ehrfurcht vor Jesus (Gottesfurcht) wird im Laufe der Zeit auch die Fähigkeit zu klugen Entscheidungen in einem wachsen. Genauer: Im Wachsen der Gottesfurcht wird man fähig, erstrangige von zweitrangigen Dingen zu unterscheiden und entsprechend zu entscheiden, wenn das notwendig ist. Das heißt: Man wird zu einer Persönlichkeit, die sich nicht einfach von Trends oder Mehrheitsmeinungen mitziehen lässt, sondern die Entscheidungen trifft, die vor Gott Bestand haben und darum kluge Entscheidungen sind. Dann kann es geschehen, dass andere

Menschen aus dem Lebensumfeld darauf aufmerksam werden und bei einem Rat in schwierigen Situationen suchen werden. Man kann ihnen dann dienen und möglicherweise ein Fragen nach Gott in ihnen auslösen. So ist die Klugheit des Glaubens zu einem Merkmal der eigenen Persönlichkeit geworden.

EPILOG

Ausblick

Die „Hall of Fame“ der Bibel, das elfte Kapitel des Hebräerbriefes, zeigt auf ermutigende Weise, was es bedeutet, eine geistliche Persönlichkeit zu sein. Eines aber ist sie auf keinen Fall: Sie ist kein Forderungskatalog für zu erbringende geistliche Höchstleistungen.

Die „Hall of Fame“ der Bibel zeigt, was geschehen kann, wenn der auferstandene Jesus Christus durch den Heiligen Geist in den Christen wohnt und sein Auferstehungsleben *in ihnen* und *durch sie* lebt. Jesus ist immer der Handelnde. Er allein ist es auch, der echte und bleibende Veränderung bringt. Wir haben in diesem Buch gesehen, wie die durch Jesus veränderten Persönlichkeiten beschaffen sein sollen:

- Persönlichkeiten, bei denen Gottesdienst und praktisches Leben zusammenpassen – wie Abel.
- Persönlichkeiten, die in unwandelbarer Treue zum Gott der Bibel leben – wie Henoch.
- Persönlichkeiten, die die Einsamkeit um Jesu willen nicht scheuen und beharrlich in der Beziehung zu Jesus leben – wie Noah.
- Persönlichkeiten, die mit ihrem alten Leben brechen, auf Gottes Zeit warten können, ihm über den harten Fakten ihres Lebens die Ehre geben und Gott auch dann noch gehorsam folgen, wenn es sehr dunkel um sie herum wird. Persönlichkeiten, die den Schmerz ihres Lebens zur Anbetung machen – wie Abraham.
- Persönlichkeiten, die eine große Zuversicht ausstrahlen, gerade auch angesichts des Todes – wie Isaak, Jakob und Josef.

- Persönlichkeiten, die nicht wankelmütig oder entscheidungsschwach sind, weil ihr Gewissen fest an das Wort Gottes gebunden ist. Persönlichkeiten, die die Schmach Christi nicht scheuen, couragiert durchs Leben gehen, Gott mehr fürchten als Menschen und Gottes Wort auch dann folgen, wenn sie es nicht vollumfänglich verstehen – wie Mose.
- Persönlichkeiten, die in der Furcht Gottes leben und darum weise Entscheidungen treffen können – wie Rahab.

Zu solchen Persönlichkeiten werden all diejenigen werden, die ihren Blick kontinuierlich auf den unsichtbaren Gott ausrichten, der sich durch sein Wort mit ihnen bekannt gemacht hat. Zu solchen Persönlichkeiten werden all diejenigen werden, die ihren Fokus auf Jesus ausrichten und nicht auf sich selbst. Zu solchen Persönlichkeiten werden all diejenigen werden, die Jesus sein herrliches Auferstehungsleben *durch sich* und *in sich* leben lassen. Zu solchen Persönlichkeiten werden all diejenigen werden, die mit ihrem Tun dem entsprechen, was Jesus, der Lebendige, schon längst in ihnen tut. Zu solchen Persönlichkeiten werden all diejenigen werden, die durch den Glauben leben, also ihre ganze Hoffnung auf Jesus setzen und von ihm alles erwarten.

Aufgabe und Herausforderung der Christen ist es entsprechend, ihren Fokus konsequent auf Jesus gerichtet zu halten, der in ihnen lebt und ihnen durch das biblische Wort begegnet. Im Auf und Ab der geistlichen Persönlichkeitsentwicklung ist das die durchlaufende Konstante: die Hingabe an Jesus und die nachhaltige Fokussierung auf ihn. Jesus bewirkt *„das Wollen und das Vollbringen*" (Phil 2,13; LUT) im geistlichen Wachstumsprozess. Gleichzeitig ist auch er selbst das Ziel dieses Prozesses. Die geistliche Persönlichkeitsentwicklung sucht darum nicht die Aufmerksamkeit, die Anerkennung oder gar die Bewunderung von *Menschen.* Sondern sie hat das eine und einzige Ziel, *Jesus* in allem die Ehre zu geben.

Geistliche Persönlichkeitsentwicklung ist eine Frucht des Heiligen Geistes.

Wir alle aber spiegeln
mit aufgedecktem Angesicht
die Herrlichkeit des Herrn wider,
und wir werden verwandelt in sein Bild
von einer Herrlichkeit zur andern
von dem Herrn, der der Geist ist.

2. Korinther 3,18 (LUT)

Vom selben Autor erhältlich

Zuhören und verstehen
Menschen zu Jesus begleiten

Tb., 160 S., 11 × 18 cm
Best.-Nr. 271886
ISBN 978-3-86353-886-6

Die Frage, die mich von Anfang an in meiner Arbeit als Seelsorger am meisten bewegte, lautete: Was kann ich tun, um glaubensferne Menschen auf Jesus aufmerksam zu machen und sie zu ihm hinzubegleiten?

Meine Antwort präsentiere ich in diesem Buch. Es ist vor allem für Christen gedacht, die in ihrem Lebensumfeld mit Menschen zu tun haben, die dem Glauben an Jesus fernstehen und gleichzeitig bei ihnen Rat und seelsorgerische Hilfe suchen.

Im Kern besteht das Konzept aus fünf Schritten bzw. Aspekten:

1) Hören
2) Begleiten
3) Verstehen
4) Strukturieren
5) Jesus bekennen.

Jeder der fünf Schritte baut auf dem vorhergehenden Schritt auf.

24x
Ein Blick hinter die Kulissen von Weihnachten

Gb., 112 S., 11 × 16,5 cm
Best.-Nr. 271629
ISBN 978-3-86353-629-9

„Weihnachten ist ein Fest mit ‚Haken'. Es zieht uns hin zu dem, der als unser Retter in diese Welt gekommen ist. Wer es ohne Haken haben will, geht leer aus. Oder anders gesagt: Weihnachten ist ein Fest zum Graben: Wer nicht bereit ist, die Ärmel aufzukrempeln und sich durchzugraben zu dem, worum es bei diesem Fest in Wirklichkeit geht, der wird kalt ausgesperrt von jeder Weihnachtsfreude! Und wahrlich: Es gibt viel zu graben gerade bei diesem Fest aller Feste."

Rudolf Möckel erfrischt den Leser mit klugen Denkanstößen, erhellenden Perspektiven und überraschenden Einsichten zum wichtigsten christlichen Fest der Gegenwart. Wer meint, er wäre schon fertig damit, sollte sich seine facettenreichen Wortbilder und Gedanken nicht entgehen lassen.

Weitere Literatur zum Thema

John Meador
Comeback
Rückschläge und Enttäuschungen überwinden

Pb., 192 S., 13,5 × 20,5 cm
Best.-Nr. 271894
ISBN 978-3-86353-894-1

Wir alle erleben Rückschläge und Enttäuschungen. Unternehmen gehen Konkurs, Beziehungen scheitern, Entmutigung und Zweifel machen sich breit und die Umstände überfordern uns immer mehr. Dieses Buch zeigt anhand von neun erstaunlichen „Comeback-Geschichten" der Bibel, wie Gott alles Nötige gibt, damit wir schwierige Rückschläge überwinden können.

Die Geschichten von Mose, David, Abigail, Esther, Josef, Jona, Elia, Hiskia und Petrus zeigen nicht nur, wie Menschen Notlagen durch einfachen Mut überwinden können, sondern auch, wie Gott in allen Dingen zum Wohl derer wirkt, die ihn lieben. Der Leser bekommt so eine neue Perspektive auf seine Kämpfe und wird ermutigt, Gott in solchen Situationen zu vertrauen.

Ein mutmachendes Buch für alle, die nach Antworten auf die Herausforderungen des Lebens suchen. Und eine hilfreiche Ideen-Fundgrube für Mitarbeiter und Älteste, um anderen beizustehen.

John C. Lennox
Gegen den Strom
Von Daniel lernen, unangepasst zu leben

Gb., 592 S., 13,5 × 20,5 cm
Best.-Nr. 271795
ISBN 978-3-86353-795-1

Daniel praktizierte seinen Glauben öffentlich in der pluralistischen Gesellschaft Babylons. Würde er heute leben, stünde er an vorderster Front in einer öffentlichen Debatte, in der die Ausübung des Christentums zunehmend ins Private abgedrängt wird. Was gab ihm die Kraft und Überzeugung, gegen den Strom zu schwimmen, oft unter großem Risiko?

David Gooding
Mit Jesus unterwegs im Johannesevangelium
Wie Begegnungen mit dem Sohn Gottes Menschen verändern

Pb., 224 S., 13,5 × 20,5 cm
Best.-Nr. 271837
ISBN 978-3-86353-837-8

Das Johannesevangelium stellt uns Männer und Frauen vor, deren Erfahrungen bis heute nachklingen, da sie unseren Blick auf die Person lenken, die ihre Geschichte für immer verändert hat.

Jeder dieser Menschen hatte seine Probleme, sei es der landesweit bekannte Lehrer, der aber ohne neues Leben war, oder die Frau mit dem gebrochenen Herzen, die aus den falschen Gründen bekannt war. Sie alle mussten eine Entscheidung treffen, wie sie auf Jesus Christus reagieren wollten – der selbstbewusste Jünger, der unter Druck einknickte, genauso wie die Frau, die ihn ohne Angst vor den Reaktionen anderer anbetete.

Mit seinen Fähigkeiten als Ausleger und Erzähler zeichnet David Gooding einige dieser individuellen Glaubenswege nach, deren Richtung Jesus Christus selbst vorgab. Wenn wir ihre Lebensgeschichte betrachten und zuhören, wie Christus ihre Probleme anspricht, haben wir nicht nur das Gefühl, diese Menschen zu kennen, sondern erkennen auch, dass derjenige, der zu ihnen sprach, durch ihre Geschichten auch heute noch zu uns spricht.

Bruce Baker
Weiter wachsen
Auf dem Weg zu geistlicher Reife

Pb., 384 S., 13,5 × 20,5 cm
Best.-Nr. 271653
ISBN 978-3-86353-653-4

Wie kann ich als Christ im Glauben wachsen und reifen? Wie Gottes Ruhe erleben, auch wenn die äußeren Umstände turbulent sind? Und ist geistliche Reife überhaupt optional?

Bruce Baker setzt sich intensiv mit dem auseinander, was die Bibel zu diesem Thema zu sagen hat, und macht Mut, sich auf diese spannende Reise in Richtung geistlicher Reife zu begeben. Dabei schreibt er auf Augenhöhe, humorvoll und doch tiefgehend und immer voller Ehrfurcht vor Gott und seinem Wort.

Jedes Kapitel beginnt mit einem Bild und einem Zitat aus „Alice im Wunderland", die das jeweilige Thema perfekt veranschaulichen, und endet mit Diskussionsfragen, sodass das Buch gut in Kleingruppen durchgearbeitet werden kann. Ergänzt wird das Ganze durch eine fiktive Geschichte, die die erläuterten Prinzipien in Aktion zeigt. Herausfordernd, einladend, motivierend!